프시

프시

미래를 예측하는 통찰력의 힘

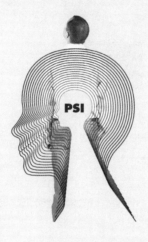

페이얼투 지음 | 조영숙 옮김

스노우폭스북스

미래를 예측하는 통찰력의 힘

프시

앞으로 일어날 일을 지각하는 통찰력 '프시'
오감을 뛰어넘는 초감각적 블링크의 정체와 훈련법을 밝힌다!

───────────── **책 소개** ─────────────

자신의 초감각적 지각을 무시하지 않을 때 인생이 바뀐다!
내면에서 느껴지는 불길한 예감을 존중하라!

───────────────────────────────────

『프시』는 인간이 느낄 수 있는 모든 감각의 최고 수준의 '예감능력'이다. 그저 모든 일이 잘 되기를 바라는 마음에서, 우려되는 걸림돌을 못 본 척하다 일을 그르치는 대부분의 사람이 꼭 알아야 할 내면의 강력한 '촉'이라고도 할 수 있다.

'프시'란 초감각적 지각과 관련된 정신감응, 예감, 직관, 촉 등의 현상을 통틀어 일컫는 말로서, 이 책에서는 주로 '미래를 보는 능력'으로 한정 지어 설명한다.

당신은 누군가의 표정이나 어떤 단서를 본 후, 앞으로 일어날 사건을 예측한 적 있는가? 주변 사람 모두 일이 잘 되고 있으니 이제 성공을 이루는 일만 남았다고 설파할 때, 왠지 모를 내면의 '감'은 상황이 반대로 느껴진 경우는 없는가?

가족이나 가까운 친구의 안위, 장래, 운명에 마치 '무슨 일이 일어날 것' 같은 예감을 느낀

적은 없는가?

예를 들어, 친구가 아프거나 불행한 사고를 당하는 꿈을 꾸었는데 때마침 당신이 꿈을 꾼 그때 정말로 그 친구가 병에 걸렸다거나 뜻하지 않은 사고를 당한 경우가 있는가?

이런 예감이 바로 초감각적 지각이다. 하지만 안타깝게도 많은 사람들은 이런 내면의 '촉'을 무시해 버린 나머지 앞으로 일어날 불행을 대비하지 못한다.

프시의 존재를 증명한 역사 속 사건들

1967년 1월 영국 초심리학회(British Society for Parapsychology)가 문을 열었다. 영국의 두 심리학자 G. W. 램버트(George W. Lambert)와 루이자 라인(Louisa E. Rhine)이 설립한 곳으로, 재난과 관련된 예감에 대해 보고를 받아 자료를 수집하고 확인하여 예감을 깊이 있게 연구하는 곳이다. 설립 첫해에만 각종 교통사고, 사망, 암살 및 정치적 사건과 관련된 3,500건의 보고를 받았다고 한다.

초감각적 지각을 통해 자신의 죽음을 내다봤던 링컨 외에도 역사 속에는 프시로 설명될 수밖에 없는 많은 사건들이 기록되어 있다. 미국의 9·11테러가 발생한 날 세계무역센터와 출동한 비행기 중 한 대는 이날 탑승률이 평소보다 현저히 저조했으며, 납치당한 세 번째 비행기 역시 평소의 절반밖에 승객을 태우지 않았다. 단순히 우연일 뿐이라고? 그렇다면 다음의 사례는 어떤가.

오코너라는 남자는 타이타닉호가 침몰하는 꿈을 꾼 뒤 승선을 포기하여 목숨을 구했고, 러시아의 화학자 드미트리 멘델레예프는 꿈속에서 원소주기율표를 착상했고 밝혔다. 노벨문학상을 수상한 콜롬비아 작가 가브리엘 가르시아 마르케스 역시 자신의 예측 능력을 주장했다.

프시는 예지력 외에도 '육감'으로 증명되기도 한다. 책은 프시의 다양한 능력을 여럿 소개하며 우리가 내면의 '경고'를 경청해야 하는 이유를 명확하게 제시한다.

누구나 프시의 소유자가 될 있다!

초감각적 지각을 깨우기 위해서는 내면의 소리에 귀를 기울여야 한다. 그래야 진정한 감각을 찾고 자신이 원하는 것을 명확히 알 수 있다. 또한 의식을 집중해 계속목표를 생각하면 초감각적 지각이 깨어나 그 목표를 이루도록 돕는다. 잠들기 전 알파파가 고조되는 각성 상태에서 초감각적 지각은 깨어나기도 한다. 무엇보다 중요한 것은 초감각적 지각이 많은 정보를 얻을 수 있도록 언제나 사물을 예민하게 관찰하는 것이다. 구체적인 실천을 위해 책은 각 장마다 '정보 포착하기', '주의력 집중하기', '내면 정리하기' 등 손쉽게 연습할 수 있는 훈련법도 소개한다.

당신도 미래를 예측할 수 있다,
'프시'만 있다면!

'내 앞에 있는 이 사람이 이제 무슨 말을 하려는 걸까?' '일주일 뒤에 주가지수가 급등할까 아니면 폭락할까?' '한 달 후에 경쟁기업들은 어떤 신제품을 출시할까?' 한 번쯤은 이런 문제에 대해 궁금해한 적이 있을 것이다. 그리고 대개는 "앞으로 일어날 일을 무슨 수로 알겠어? 설령 안다고 어떻게 할 수 있는 것도 아닌데"라고 생각했을 것이다. 그렇다. 미래의 일을 누가 알 수 있겠는가!

정말 미래를 내다볼 수는 없는 걸까? 이 세계는 하나의 시간선상에 존재하며 이 시간은 세 부분, 즉 과거, 현재 그리고 미래로 이뤄져 있다. 대다수 사람들은 과거를 연구하고 오늘을 사고한다. 그렇다면 내일을 예측하는 것도 가능하지 않을까?

믿기 어렵겠지만 인류 역사를 살펴보면 미래를 예측하는 능력은 고대 그리스 시대부터 지금까지 수천 년 동안 줄곧 존재해왔다. 다만 이런 능력을 가진 사람이 많지 않았고 그 능력의 존재에 대해 일부 책에서 간략히 언급되었을 뿐 대부분의 사람들은 알지 못했다.

오늘날도 미래를 예측하는 능력을 가진 사람들이 세계 각지에 살고 있으며 그들은 자신의 능력을 이용해 다른 사람과 세상에 영향을 미치고 있다. 대뇌 속의 의식에 기반하는 이 능력을 우리는 '프시(psi)'라 부른다.

프시는 초감각적 지각(Extra Sensory Perception, ESP)과 염력 등 초능력 현상을 통틀어 일컫는 말이다. 나는 이 책을 통해 초감각적 지각을 중심으로 프시에 대해 설명하고 독자들이 미래 예측 능력을 가질 수 있게 도와줄 것이다.

초감각적 지각과 관련돼 아주 오래된 이야기가 있다. 최초의 인류에게는 원래 꼬리가 있었다고 한다. 그 꼬리는 모두 열 마디로 나뉘어 있었는데, 그 중 아홉 마디가 노랗게 변하면 그 사람의 생명이 종착지에 가까워졌다는 것을 의미했다. 그런데 어느 날, 이 꼬리의 존재가 너무 잔혹하다고 생각한 신이 꼬리를 없애 버렸다. 이후로 인류는 더 이상 자신의 운명에 대해 알 수 없게 되었다. 그러나 인류는 줄곧 이 '꼬리'를 다시 찾기 위해, 즉 자신의 운명을 알아내기 위해 노력해 왔다. 내가 해석하기에 그 꼬리는 초감각적 지각이다.

인류는 언제나 미래 예측을 꿈꿔왔다. 어떤 사람들은 자신이 지닌 초감각적 지각을 통해 재난, 이를 테면 화산 폭발과 지진 같은 치명적인 사고를 예언할 수 있다고 굳게 믿는다. 그들에 따르면 스스로 놀라운 예지력을 가지고 있어서 재난이 발생하기 전에 암시를 받을 수 있다고 한다. 그들은 어떤 인물들일까?

미국의 링컨 대통령은 암살당하기 사흘 전에 자신이 암살당하는 꿈을 꾸었다. 정신분석학자 칼 구스타프 융도 미래를 정확히 예견하는 꿈을 여러 번 꾸었다. 노벨문학상을 받은 콜롬비아 작가 가브리엘 가르시아 마르케스 역시 사람에게 예측 능력이 있다고 주장했다. 안전기술자 프레드 콜브(Fred Kolb)는 베비 제이거스(Bevy Jaegers)라는 사람이 챌린저호의 폭발사고를 정확히 예언했다고 증언하기도 했다. 미 공군의 한 정비사는 여러 차례 항공기 사고를 예언했을 뿐만 아니라 이를 통해 부하직원들의 생명을 구하기도 했다. 이들 모두는 정말 보통사람들을 능가하는 예측 능력을 가지고 있던 걸까? 아니면 단순한 우연의 일치일까?

당신은 누군가의 표정 혹은 어떤 단서를 통해 이후 발생할 사건을 예측한 적이 있지 않은가? 가족이나 가까운 친구의 안위, 장래, 운명이 중요한 고비에 이르렀을 때 '무슨 일이 일어날 것' 같은 예감을 종종 느끼지 않았는가? 예를 들어, 친구가 아프거나 불행한 사고를 당하는 꿈을 꾸었는데 때마침 당신이 꿈을 꾼 그때 정말로 그 친구가 병에 걸렸다거나 뜻하지 않은 사고를 당한 경우가 있지는 않은가? 이처럼 기이하고 황당무계에 가까운 예감을 직접 체험한 사람이 적지 않다.

이러한 예감이 바로 초감각적 지각이다. 초감각적 지각은 인간의 모든 활동을 관통한다. 하지만 이런 강렬한 예감을 경험해본 사람일지라도 그것이 어디에서 비롯되는지 또 어떻게 발생하는지 전혀 알지 못한다. 그런 까닭에 이처럼 믿기 힘든 신기한 현상은 오랫동안 합리적 해석이 제대로 이루어지지 못한 채 줄곧 신비한 안개로 뒤덮여 있었다.

초감각적 지각은 미래를 예측하게 해줄 뿐만 아니라 미래를 창조하게 해준다. 예컨대 위대한 음악가들도 초감각적 지각으로 위대한 작품을 창조해냈다. 모차르트는 펜을 들어 작곡하기에 앞서 머릿속으로 먼저 오페라의 선율을 구상했고 구상이 끝나면 한 치의 오차도 없이 정확하게 악보를 기록해 내려갔다. 별도의 수정 없이도 곧바로 연주가 가능할 정도였다. 모두 알다시피 베토벤은 귀가 들리지 않았지만 세상에 길이 남을 교향곡을 창작해냈다. 그 역시 교향곡을 짓기 전에 이미 머릿속에서 교향곡의 선율을 들었던 것이다! 물리학자 스티븐 호킹 박사는 루게릭병을 앓고 있어 휠체어에 의지해서만 움직일 수 있다. 그럼에도 그는 초감각적 지각의 힘에 의지해 저명한 과학책 『시간의 역사』를 완성했다. 미래의 일을 예측할 수 있을 때 미래의 세계를 창조할 기회도 생긴다. 그리고 이 모든 것은 초감각적 지각을 깨울 수 있는지 여부에 달려 있다!

인간은 아주 오랫동안 초감각적 지각의 비밀을 풀고 싶어 했다. 수많은 과학자들은 미래를 예측하는 대뇌의 신비한 통찰력을 밝히기 위해 노력해왔다. 그러나 안타깝게도 과학기술이 발달한 오늘날에도 설득력 있는 해답을 내놓지 못하고 있다. 문제가 지나치게 복잡한 탓에 사람들의 이해 범주를 벗어난 것 같기도 하다.

그러나 언제나 가장 간단한 문제의 답이 가장 복잡한 것처럼 가장 심오한 문제의 해답은 바로 우리 곁에 있다. 다만 우리가 그것을 아직 발견하지 못했을 뿐이다. 한 가지 좋은 소식이라면 초감각적 지각이 우리가 상상하는 만큼 신비하지는 않다는 것이다. 초감각적 지각은 사람이면 누구나 가지고 있는 능력이다. 그것은 우리가 태어나고 성장하는 동안 항상 우리와 함께했다. 특히 유년시절 우리는 그것과 아주 친했다. 이제 우리가 그동안 내팽개쳤던 능력을 다시 되찾아오기만 하면 된다. 이때 필요한 것은 '소울(soul, 프시를 실행하는 근본으로서 일반적인 의미에서의 '영혼'은 아니다)'의 도움이다.

소울은 한 가지 특별한 능력이 있는데, 바로 능동적이면서도 일정한 질서에 따라 우주의 정보를 하나씩 하나씩 받아들인다는 것이다. 또한 시시각각 우주의 에너지, 그것이 좋은 것이든 나쁜 것이든, 쓸모 있는 것이든 쓸모없는 것이든, 긍정적이고 능동적인 것이든, 부정적이고 피동적인 것이든 가리지 않고 흡수한다. 충분한 정보를 흡수하면 소울에 점차 감응력이 생겨 감각기관을 통하지 않고도 정보를 전할 수 있게 된다. 더욱이 소울이 예지 능력도 지닌다면, 우리는 중대한 사건이 발생하기 전에 무슨 일이 발생하리라는 예감을 할 수 있다.

"초감각적 지각이 있으면 정말 미래를 예측할 수 있나요?"라고 나에게 묻는다면 나는 "확실히 가능하다!"고 대답할 것이다. 십몇 년 전 처음으로 초감각적 지각을 접한 후, 나는 정신이 나간듯 이 연구에 매달렸다. 수많은 사람들을 직접 찾아다녔으며 여러 방법을 실천해봤다. 그러는 동안 나는 초감각적 지각의 신비함을 찾았고 또 그것을 통해 스스로를 변화시킬 수 있었다. 현재 내가 개설한 한 강좌에는 매년 수천 명의 정재계 거물급 인사들이 참여하고 있다. 강좌가 끝나면 그들 역시 나처럼 삶에 엄청난 변화가 일어났다고 말한다.

초감각적 지각에 대해 알게 된 후 나와 수강생들은 또 다른 자신, 즉 미래를 예측할 수 있는 자신을 발견했다. 이러한 힘을 우리만 독점할 생각은 추호도 없다. 오히려 더욱더 많은 사람들이 초감각적 지각을 통해 스스로를 변화시키고 함께 더 아름다운 세상을 창조했으면 하는 바람이다. 이러한 변화가 모두에게 일어나기를 바란다.

차례

7장 끊임없이 프시를 강화하라

1초 후에
누가 나타날까?

미래를 예측하는 것이 불가능하다고 확신하는 사람이라도 미래의 일에 대해서는 생각할 것이다. 우리는 살면서 어떤 사람들을 만나고 어떤 일을 경험할지 상상한다. 그렇다면 1초 후에 당신 앞에 누가 나타날까? 다른 사람은 이 질문의 답을 알려줄 수 없다. 하지만 당신이라면 예측할 수 있다. '예측할 수 없는 미래'라 하더라도 짐작이 아예 불가능한 것은 아니다. 그렇다고 통계나 현장 조사를 통해 앞으로 발생할 일을 미리 점칠 필요는 없다. 당신의 초감각적 지각 속에 정확하고도 확실한 정보가 존재하기 때문이다.

스탠퍼드연구소의
육감 테스트

일반적으로 건강한 정상인이라면 누구나 시각, 청각, 후각, 미각, 촉각이라는 다섯 가지 감각을 지닌다. 우리는 이런 오감을 통해 이 세상을 이해하고 느끼며 또 외부세계와 정보를 교환한다. 그렇다면 오감 외에 우리 몸에 이와 같은 다른 감각은 없을까?

이 문제에 답하기 전에 한번 생각해보자. 당신이나 당신 주변의 사람들 중에서 순간적으로 이상한 느낌이 들었던 경험을 해본 사람이 있을 것이다. 이를테면 무언가와 마주한 그 찰나에 '어? 어디선가 경험한 것 같아, 나 예전에 여기 와본 것 같은데'라거나 '어디서 들어본 말이야' 또는 '맞아, 그때도 이런 불빛이었어⋯⋯'라고 느낀 적 말이다. 이러한 현상을 흔히 데자뷔(Deja-vu) 또는 기시감(既視感)이라고 한다.

신기한 현상 아닌가? 그렇다. 육감이란 이처럼 신기한 것이다. 육감이란 정확히 말해 미래에 대한 예감을 말한다. 생리학자들은 이런 감각을 유기적 감각(organic sensation) 혹은 인체의 제육감이라고 말한다. 육감은 초감각적 지각이라고도 불린다. 이런 신기한 감각은 직감(intuition), 예감(hunch), 영감(inspiration), 통찰력(insight), 내면의 목소리(inner voice), 전조(foreboding) 등의 개념과 밀접한 관련이 있다.

미국 뉴저지 주의 한 광고회사 직원인 길 레굴루스(Gill Regulus)는 안대로 두 눈을 가린 채 오로지 정신감응에만 의지해 교통이 매우 복잡한 대로에서 자전거를 타고 15킬로미터나 주행했지만 어떤 장애물과도 부딪치지 않았다. 당신은 그것이 우연일 뿐이라고 말할지 모른다. 어쩌면 그럴지도 모른다. 하지만 우연도 신비한 힘이라고 생각되지 않는가? 레굴루스의 말에 따르면 그가 이 실험을 성공적으로 마칠 수 있던 데는 한 가지 비밀이 있다. 그의 뒤를 따르는 세 사람이 보내는 멘탈 웨이브(mental wave)를 따라 움직였다는 것이다. 대부분의 사람은 이처럼 신기한 전자파를 느낄 수 없다. 하지만 느낄 수 없다고 그것이 존재하지 않는다고 할 수 없다.

내가 알기로 미국의 스탠퍼드연구소에는 더 신기한 사례가 있다. 스웨인이라고 불리는 사람이 육감에 관한 테스트를 받았을 때 그의 나이는 43세였다. 그는 투시력으로 세계 각지를 꿰뚫어볼 수 있었는데 정확도가 무려 90퍼센트였다. 그는 투시력을 이용해 인도양의 디

에고가르시아(Diego Garcia) 섬에 있는 미국의 비밀기지를 그려냈다. 놀랍게도 정찰위성이 찍은 사진보다 더 정확했다. 게다가 미국 내에 존재하는 나이키 미사일(Nike missile, 미국의 지대공(地對空) 및 대(對)미사일 요격용(邀擊用) 미사일-옮긴이) 기지의 위치를 한 치의 오차도 없이 찾아내 군부를 어리둥절하게 만들기도 했다. 당신이라면 이와 같은 사례를 어떻게 해석할 것인가?

이제 이 신기한 육감에 대해 제대로 살펴볼 때가 됐다. 육감은 마치 내면 깊숙이 자리한 토템처럼 보이지 않는 신비한 힘이자 형체가 없는 끌림이다. 그것은 마치 유가의 사(思), 불가의 선(禪), 도가의 오(悟)처럼 눈에 보이지 않지만 세상의 어느 한구석, 생명의 한구석에 분명하게 존재하고 있다.

이미 당신도 알고 있는 사실일지 모르지만 살다 보면 어떤 사람은 후각이 특별히 발달했고 어떤 사람은 청각이 또 어떤 사람은 미각이 특별히 발달했다는 것을 알 수 있다. 다시 말해 이런 감각은 모든 사람에게 보편적으로 존재하지만 그 감각을 느끼는 정도에는 차이가 있다. 육감이 바로 그러하다.

그렇다면 당신의 육감은 어느 정도로 뛰어난가?

아래의 간단한 테스트를 통해 자신의 감응력을 측정해볼 수 있다. 다음의 질문에 네 또는 아니오로 답해보자.

1. 며칠 전 혹은 몇 년 전에 꾸었던 꿈이나 꿈 속 광경이 현실이 된 적이 있다.

2. 처음 가본 곳의 풍경을 어디선가 본 것 같다고 느낀 적이 있다.

3. 보통 다른 사람들이 입을 열기도 전에 그가 무슨 말을 하려고 하는지 이미 알고 있다.

4. 설령 가족들과 떨어져 있을지라도 그들의 마음을 느낄 수 있다.

5. 이따금 몸에 이상한 느낌, 예를 들어 피부 혹은 신체기관을 찌르는 듯한 아픔이 느껴진다.

6. 전화벨이 울리기 10초 전쯤 이미 전화벨이 울리리라는 것을 예감할 수 있다.

7. 아주 오랫동안 만나지 못한 사람이 생각난 지 일주일도 안 되어 그 사람과 만난 적이 있다.

8. 갑자기 호흡곤란을 느끼고 온몸에 힘이 빠지는 증상이 일어났는데 곧이어 안 좋은 일이 생겼다.

9. 사장이 월급을 올려주거나 해고할 것을 완벽하게 예측한 적이 있다.

10. 뭐라 설명할 수 없는 소리를 들었지만 순식간에 사라져버린 적이 있다.

11. 누군가 뒤에서 당신을 바라보고 있다거나 혹은 낯선 사람이 갑자기 나타나리라는 것을 예감한 적이 있다.

12. 행운 혹은 악운이 언제 닥칠지 정확하게 느낄 수 있다.

만약 '네'가 3개라면 당신에게도 육감이 존재한다. 6개 혹은 그 이상이라면 육감이 제법 뛰어난 사람이다. '네'가 8개 이상이라면 당신은 육감이 아주 뛰어난 사람이라고 할 수 있다. 하지만 그런 사람은 흔치 않다. 내가 만난 사람들 중에서 육감이 아주 뛰어난 사람은 5명이 채 되지 않는다.

내가 연구한 바에 따르면 일반적으로 쌍둥이 특히 일란성 쌍둥이 사이에는 아주 강한 육감이 존재한다. 많은 사람들이 쌍둥이들 사이에 정신감응이 존재한다고 생각한다. 한쪽에 어떤 증상이 나타나면 다른 쪽에도 똑같은 증상이 나타나기도 하는데, 심리학자들은 정신감응을 증명할 수 있는 증거를 찾으려고 시도해왔다.

1960년대 미국 중앙정보국은 쌍둥이의 뇌파를 연구해 신기하게도 뇌파가 그들 사이에 연결되어 있다는 것을 발견했다. 비록 지금도 대부분의 과학자들은 이러한 현상이 단지 우연일 뿐이라고 생각하지만 말이다. 여하튼 이 정신감응에 의해서 쌍둥이 사이에 더 강한 육감이 존재하는지도 모른다.

이처럼 신기한 육감은 인간이 아닌 동물에게도 나타난다. 심지어 육감은 동물이 더 뛰어나다고도 할 수 있다. 동물은 아주 미세한 환경 변화도 알아차려 눈앞에 닥친 위험을 감지한다. 지진이 발생하기 전 수많은 동물이 보이는 이상 행동이 대표적 예다. 인류가 여전히 지진에 의해 심각한 피해를 입고 있는 것을 보면, 안타깝게도 인간은 이 방면으로는 그리 발달하지 못한 듯하다.

실제로 아주 많은 동물이 인간보다 월등한 감각 시스템을 가지고 있다. 이를테면 살무사는 적외선을 감지할 수 있으며, 코끼리와 고래는 초저주파(가청음파보다 낮은 진동수 영역인 진동수가 20헤르츠 이하의 소리-옮긴이)를 느낄 수 있다. 개는 후각이 예민할 뿐만 아니라 초음파도 들을 수 있다. 그런데 동물이 뛰어난 육감을 발휘하는 데는 이처럼 예민한 감각을 지닌 것 말고도 더 중요한 요인이 있다. 바로 대자연과 밀접히 연결돼 있다는 것이다.

인간은 콘크리트 도시에 살면서 자연뿐만 아니라 본래의 본성과도 점점 더 멀어져, 신비한 신호를 느끼기가 더욱 어려워졌다. 결국 육감이라는 신비한 힘을 더욱더 느끼지 못하게 된 것이다. 이런 이유로 예측 능력을 사용할 수 있는 인간이 적어진 이유 중 하나다.

미스터리한
예지몽

　언젠가 꿈속에서 본 곳을 현실에서 가게 된 경험을 한 적 있지 않은가? 또는 어떤 사람을 만났는데 그가 왠지 낯설지 않아 곰곰이 생각하다 꿈속에서 본 사람인 경험은 없는가?

　인류에게 꿈은 줄곧 미스터리로 가득 찬 것이었다. 인간이 잠을 잘 때 겪는 형상, 소리, 사유, 느낌은 능동적 경험인 동시에 수동적 경험이다. 꿈의 내용은 일반적으로 자신의 의지와 상관없어서 우리는 꿈속에서 자신의 뜻과 무관하게 행복하거나 혹은 슬픈 경험을 한다.

　많은 과학자들은 모든 인간이 꿈을 꿀 뿐만 아니라 매번 잠을 잘 때마다 동일한 빈도로 꿈을 꾼다고 믿는다. 어떤 사람들은 자신이 밤새 꿈을 꾸지 않은 것 같다고 느끼지만 사실은 꿈을 기억하지 못할 뿐이다. 다시 말해 모든 사람은 잠들면 반드시 꿈을 꾼다. 사람에 따라 내용은 다르지만 꿈을 꾸는 것만은 모두 같다.

그렇다면 이처럼 내용도 뒤죽박죽인 무수히 많은 꿈은 우리 인생에 어떠한 영향을 미칠까? 일반적으로 길몽이든 흉몽이든 잠에서 깨어나면 꿈은 모두 흔적도 없이 사라진다. 하지만 어떤 꿈은 실제로 일어나기도 한다. 즉, 꿈속 광경이 진짜 현실이 되기도 한다. 이는 꿈이 앞으로 발생할 일을 예견할 수 있다는 뜻이기도 하다. 이러한 꿈을 예지몽이라고 한다.

심리학자들은 모든 꿈은 나름대로 의미가 있는 동시에 현실 상황과 관련이 있다고 생각한다. 그러나 모든 꿈이 현실 상황을 반영하는 것은 아니다. 경우에 따라서 꿈의 내용은 긍정적으로든 부정적으로든 현실 상황의 정반대일 수도 있다. 또한 어떤 꿈은 미래를 예언하기도 한다. 이 논리는 뼛속까지 과학자인 사람들조차 인정할 수밖에 없는데, 간혹 꿈이 정말로 미래의 일을 리허설하듯 하기 때문이다. 극히 드물지만 확실히 존재한다. 이런 현상은 꿈의 실체를 더욱 모호하게 만드는 요소가 된다.

미국의 초심리학자(parapsychologist) 조지프 뱅크스 라인(Joseph Banks Rhine)은 어느 군인이 꾼 꿈에 대해 이야기해주었다.

1918년 겨울. 나는 그날을 아주 또렷하게 기억하고 있다. 그날 나는 부대에서 휴가를 나와 어느 누구에게도 알리지 않고 집으로 향했다. 그런데 그날 새벽 4시 15분에 끔찍한 일이 발생했다. 바로 내가 탄 기차가 탈선을 한 것이다. 다행히 나는 전혀 다치지 않았다. 그렇게 기차는 15시간이나 늦게 목적지에 도착했고 나는 한밤중에야 비로소 집에 도착했다. 집에 들어서자 어머니는 내게 '오늘 새벽 4시 15분쯤 어디에 있었니?'라고 물으셨다. 나는 너무 놀랐지만 아무 일도 없었다는 듯 태연한 표정으로 그건 왜 묻느냐고 되물었다. 그때 어머니가 들려준 이야기는 정말 놀라운 것이었다.

어머니는 나와 내가 탄 말이 심하게 공격받는 꿈을 꾸었다고 했다. 내 말은 공격을 당하고도 멀쩡했지만 내가 괜찮은지는 알 수 없었다고 말했다. 놀라서 잠이 깬 어머니가 시계를 보니 시계가 4시 15분을 가리키고 있었다고 한다. 정말 기이하지 않은가?

신기한 일이 또 있다. 루이스라는 사람은 우리에게 어느 여성이 경험한 일을 들려주었다.

"16살 때, 나는 캔자스를 여행하고 돌아오는 길에 홀브룩(Holbrook)시에서 하룻밤을 묵었다. 그런데 그날 밤 나는 가슴이 심하게 짓눌리는 듯한 꿈을 꾸었다. 꿈속에서 나는 로스앤젤레스에 있는 집에 도착해서 이웃이 그의 앞뜰에 막 파놓은 무덤을 발견했다. 궁금해진 나는 이웃집 남자에게 무슨 일인지 영문을 물었고 그는 자신의 딸 레인(Ryan)이 자동차에 치여 죽었다고 말했다. 그는 이 이야기를 하면서 손바닥으로 차바퀴가 누르고 지나가는 동작을 해보였다. '맙소사, 아이의 머리가 차에

짓눌려 계란처럼 부서져버렸어요……'

　이튿날 아침, 내가 꾼 흉몽을 어머니에게 말했더니 어머니는 그저 꿈일 뿐이라며 웃어넘겼다. 그 뒤 나는 어머니와 함께 우체국에 들렀다. 우체국 창구 앞에는 사람들이 긴 줄을 서서 기다리고 있었다. 그때 내 앞에 서 있던 한 멕시코 사람이 마침 어떤 사람에게 방금 발생한 교통사고에 대해 이야기하고 있었다. 그는 불과 몇 시간 전에 한 멕시코 사람이 기차에 치여 죽는 광경을 목격했던 것이다. 그는 내가 꿈속에서 본 이웃 남자가 하던 손짓 그대로 다른 사람에게 말하고 있었다. '맙소사, 그의 머리가 차에 짓눌려 계란처럼 부서져버렸어."

　예지몽과 보통 꿈에는 차이가 있다. 예지몽은 현실을 배경으로 하며 상징으로 나타나지 않는다. 즉, 예지몽 속에서는 호랑이가 말을 하거나 자신이 하늘을 나는 등의 초현실적인 장면은 나오지 않는다.

　어떤 사람은 일생 동안 예지몽을 겨우 몇 번 꿀 뿐이지만 또 어떤 사람은 자주 꾼다. 여기에는 타고난 차이도 있지만 예지몽을 믿는지, 심리적으로 건강한지의 여부도 영향을 미친다. 어쩌면 당신은 이와 같은 신비한 꿈은 믿을 것이 못 된다고 생각할지도 모른다. 확실히 이러한 꿈 때문에 수많은 과학자들도 골머리를 앓고 있다.

　현실이 된 꿈이라는 화두를 언급하면서 위대한 정신분석학자 프로이트는 다음과 같이 말했다. "10여 년 전, 내가 처음으로 이 문제에 주목했을 때 나는 그것이 우리의 과학적인 우주관을 위협할까 봐 두려웠다. 만약 몇몇 신비한 현상이 사실로 증명될 경우, 과학적인 우주관은 심령술 혹은 점술로 대체될 것이 분명하다고 여겼다. 그러나 현재 나는 더 이상 그렇게 생각하지 않는다. 이제 나는 과학이 신비주의자들의 예언 중 일부 증명할 수 있는 사실들을 받아들여 새로이 이론을 정립하지 않는다면 우리가 여전히 과학의 힘을 깊이 신뢰하지 못한다는 의미라고 생각한다. 우리의 과학적 우주관이 흔들릴까 봐 두려워 이미 증명된 사실조차 피한다는 뜻이니 말이다."

나는 과학이 줄곧 진보해왔다고 믿지만 지금도 과학은 수많은 현상에 대해 여전히 사람들이 납득할 수 있는 해석을 내놓지 못하고 있다. 과학은 신중한 학문이고 증명된 사실만을 받아들이지만, 그렇다고 과학적으로 해석할 수 없는 현상을 무턱대고 부정하지도 않는다. 미래를 예측하는 꿈은 현재는 과학적 해석이 불가능하지만 어쩌면 우리 소울에 있는 미지의 잠재력이 반영된 것일지 모른다. 이 잠재력은 무척 신비한 힘을 가지고 있다.

의식, 잠재의식, 그리고 프시

심리학에서 의식('자각'이라고도 불린다)은 인간 특유의 객관적 현실에 대한 심리적 현상의 총체라고 정의한다. 이 말의 어원은 인식이라는 의미를 가진 라틴어 consciencia에서 유래했다.

의식이란 일종의 지각능력으로 선천적으로 타고나는 것이다. 인간의 두뇌에 바로 이런 의식 기능이 있어 사고하고 자신의 존재도 인식할 수 있는 것이다. 우리는 의식을 통해 문제를 사고하고 말하며 행동으로 옮긴다. 이처럼 우리는 말과 행동을 여러 이해관계로 깊이 따지고 고려한다. 누구도 무의식적으로 혹은 무심코 행동 하지 않는다. 그러므로 우리가 하는 말과 행동은 모두 의식적인 작용에 의해 이루어진다. 이 때문에 누군가 정신을 잃었을 때 우리는 '의식이 없다'라고 한다.

프로이트는 잠재의식과 관련된 의식과 초감각적 지각이 대부분의 사람에게 낯설지 않다고 말했다. 그의 빙산 이론에 따르면 사람의 정신은 의식과 잠재의식으로 나뉘는데, 의식은 빙산 중 물 위에 나와 있는 작은 부분에 불과할 따름이다. 사실 인간의 심리 행위 중 대부분은 수면 아래 잠겨 눈에 보이지 않는 거대한 삼각형의 밑부분에 해당한다. 바로 이 눈에 보이지 않는 부분이 인간의 행동을 결정한다. 전쟁, 파시즘, 사람들 사이의 다툼 등이 여기에 포함된다.

여기서 놀라운 사실은 우리가 평소에 하는 말과 행동의 대부분이 무의식의 영향을 받는다는 점이다. 누군가와 이야기 나눌 때 자신도 모르는 사이 이런저런 말이 튀어나오는 경우가 그렇다. 관계가 돈독하고 익숙할수록 자신도 모르게 나오는 말이 더 많아지며 자신의 본성이 드러나는 경우가 번번해진다. 간혹 다른 사람의 마음을 상하게 하거나 불쾌하게 만들고도 스스로는 모를 때가 있다. 그러고는 되돌리기에는 너무 늦게 사실을 알아차린다. 이렇게 그동안 당신이 힘들게 쌓은 인간관계가 몇 마디 말로 하루아침에 무너지기도 한다. 왜 그럴까? 바로 잠재의식이 말썽을 일으켜서다.

인간에 관한 수많은 오묘한 이치가 잠재의식 속에 존재한다. 학자들의 연구에 따르면 한 개인의 일상적 활동에서 90퍼센트는 생각할 필요 없이 자동으로 움직인다. 이런 자동적인 움직임이 바로 습관이다. 습관의 힘은 무시무시하다. 습관이 장기화되면 한 사람에게 엄청난 영향을 미치기 때문이다.

　잠재의식은 인간의 사고와 언어를 통제할 뿐만 아니라 개인의 행동에도 아주 큰 영향을 미친다. 예를 들어, 눈과 손 및 발의 3박자가 맞아야만 운전을 할 수 있는 것처럼 말이다. 눈은 도로를 살피고 손은 방향을 조절하며 발은 가속페달과 브레이크를 담당한다. 이 모든 행동이 의식적인 명령에 의해 이루어지는 것은 아니다. 장애물을 보고 핸들을 돌리는 행동은 잠재의식에 따른 것이다. 이런 경우는 무수히 많다. 길을 가거나 밥을 먹거나 잠을 자거나 일을 할 때의 수많은 행동은 무의식과 잠재의식에 의해 이뤄진다. 이런 작용에 대해서는 모두가 익숙할 것이다.

　잠재의식에 대해서는 어느 정도 이해했을 테니, 이제 초감각적 지각에 대해 알아보자. 앞서 언급했듯 우리의 의식은 다섯 가지 감각기관, 즉 청각·시각·미각·후각·촉각을 통해 외부세계의 자극을 받아들이며 이를 정리하고 분석하여 최종적으로 인식을 한다. 이에 반해 잠재의식은 의식에서 누락된 부분을 더 많이 받아들이는데 이렇게 얻어진 정보는 오랜 기간 동안 대뇌에 저장되어 있지만 우리는 알아채지 못한다. 그러한 잠재의식이 의식으로 표출되어 식별 가능해지는 것이 바로 이 책에서 다루고 있는 초감각적 지각이다.

　이쯤 되면 의문이 생길 것이다. '초감각적 지각이 바로 육감 아닌가?' 하고 말이다. 아주 좋은 질문이다. 육감은 초감각적 지각의 한 가지 표현 형태로서 감각에 더 가깝다. 반면 초감각적 지각은 의식상의 인지 능력으로 미래를 예측하는 능력이라고 할 수 있다. 예를 들어 좋은 일이 생길 것 같은 느낌과 회사에서 승진할 것 같은 예감이 바로 육감과 초감각적 지각의 차이다. 한마디로 육감은 모호하고 추상적인 것이지만 초감각적 지각은 정확하고 구체적인 것이다.

초감각적 지각은 정신감응·투시력·천리안·예지력 등을 아우르는 종합적인 능력으로 잠재의식의 부유물이라고 할 수 있는데 그 중에서도 의식을 통해 식별 가능한 부유물이다. 의식이든 잠재의식이든 초감각적 지각이든 모두 의식의 총체에 속하는 생명의 에너지로, 이 생명의 에너지는 반드시 유동해야만 한다. 이 유동하는 생명의 에너지 속에서 자각되는 '수면'이 의식이고, 우리가 볼 수 없는 '수면 아래' 부분이 잠재의식이며, 물 위를 떠다니는 '부유물'이 바로 초감각적 지각이다. 초감각적 지각을 포착하기란 쉬운 일이 아니며 항상 존재하는 것도 아니다. 하지만 아주 유용한 것만은 사실이다.

안타깝게도 18세기 이후 과학으로 설명되지 않는 모든 현상은 흔히 미신으로 간주되는 경향이 있는데, 우리는 그렇게 쉽게 결론을 내리지 않는 편이 좋을 듯하다. 이 우주에는 인간이 해석할 수 없는 아직 밝혀지지 않은 미스터리가 무수히 많다. 우리 자신이 그것을 인식할 수 없다고 그것의 존재마저 부정해서는 안 된다.

어떤 사람들은 누구나 의식과 잠재의식을 가지고 있지만 초감각적 지각과 같은 신비한 힘은 소수의 특별한 사람만 있다고 생각한다. 그러나 그렇지 않다. 사람은 누구나 초감각적 지각을 가지고 있다. 단지 그것을 억누르고 있는 대뇌 신피질 때문에 다수의 사람이 그 능력을 제대로 발휘하지 못하고 있을 뿐이다.

따라서 지금 우리가 할 일은 효과적이면서 정확하게 이 신비한 힘을 계발하는 것이다. 우리 마음속 잠재의식은 무한한 가능성을 지닌다. 단, 그것은 우리가 얼만큼 마음속 잠재의식을 자극해 의식으로부터 초감각적 지각의 혁명을 이뤄내는가에 달렸다.

잠재의식은
현재만 집중한다

지금부터 내가 들려주는 이야기를 듣고 잘 따져보기 바란다.

사부실에 늘어섰을 때 잭상 위에 놓인 서류 더미를 보면 경생심이 더 생긴다. 벽에 도서관 그림이 걸려 있으면 자신도 모르게 작은 목소리로 속삭인다. 어렴풋이 세척제 냄새를 맡으면 무의식적으로 탁자 위의 물건을 가지런히 정리하게 된다. 차가운 콜라보다 따뜻한 커피를 들었을 때 더 쉽게 남을 돕게 된다. 두꺼운 서류 파일 속에 든 이력서를 보면 왠지 그 사람이 더 성실해 보인다.

여기서 중요한 것은 이런 의식과 행동은 자신도 인식하지 못한 상태에서 저절로 이루어진다는 점이다. 이것이 바로 잠재의식이다.

네덜란드 위트레흐트 대학의 로드 쿠스터스(Ruud Custers) 교수와 헨크 아츠(Henk Aarts) 교수는 매우 흥미로운 논문 하나를 과학저널 《사이언스(Science)》지에 발표했다. 그들은 수많은 사례를 들어 인간의 잠재의식이 얼마나 큰 에너지를 가지고 있는지 밝혔다.

"인간의 행동은 보통 자신이 바라는 결과를 이루기 위한 것이다. 따라서 사람들은 의지가 인간의 행동을 결정한다고 믿는다. 그러나 세상에 자각되는 생각만 존재하는 것은 아니다. 오히려 우리는 자신이 무엇을 하는지도 모른 채 행동하는 경우가 더 많다."

이러한 그들의 이야기는 나를 매료시켰다. 나 역시 실제로 그러하다고 확신하기 때문이다.

이 논문에서 두 교수는 하나의 실험 사례를 인용했다. 먼저 실험에 참여한 모든 학생들의 눈앞에 모니터를 설치했다. 그리고 학생들에게 모니터를 통해 퍼즐, 이를테면 가로세로 낱말퍼즐, 조각그림 맞추기에 관련된 단어를 보여줬다. 이들 단어는 밝고 긍정적인 장면과 함께 제시되었는데, 예를 들어 햇볕이 내리쬐는 해변이나 웃음을 머금은 친구와 행복한 가정 등이다. 그런 다음 학생들에게 가로세로 낱말퍼즐과 뒤죽박죽 엉망으로 섞인 조각그림 퍼즐을 나눠주었다. 그 결과 긍정적인 단어를 접했던 학생들이 퍼즐 맞추기에 더 열심인 동시에 놀이를 훨씬 즐기는 것으로 나타났다.

이처럼 믿기 어려운 사례는 아주 많다. '마시다' 혹은 '음료'와 관련된 여러 단어를 보면 물을 더 많이 마시거나, 눈앞에 자신이 사랑하는 사람의 이름 혹은 '간호사', '미소' 등과 같이 사랑으로 충만한 단어가 계속 보이면 더 친절해지는 것이 그런 예다. 어쩌면 이것은 심리적 암시일지도 모른다. 그러나 자신이 어떤 암시를 받았다는 사실을 전혀 인식하지 못한 채 마치 주문에 걸린 것처럼 자신도 모르게 이런 행동을 한다.

실제로 우리의 행동과 결정은 흔히 잠재의식의 영향을 크게 받으며 그 순간의 느낌에 따라 쉽게 흔들린다. 우리는 곧잘 자신이 도대체 무엇을 원하는지, 또 자신이 왜 그렇게 행동하는지 전혀 의식하지 못할 때가 많다. 우리는 매일 무수한 결정을 내려야 한다. 이를테면, 말 한마디, 행동 하나도 대뇌가 먼저 그렇게 행동하도록 결정하고 명령을 내린 결과다. 하지만 잠재의식이 이런 일들을 무의식 중에 처리하도록 도와주지 않는다면 불가능한 일이다.

그렇다면 잠재의식은 어떤 기능을 할까? 잠재의식은 우리가 무의식적으로 행동할 수 있게 한다. 예를 들어, 밥을 먹을 때 젓가락을 어떻게 사용할지 생각없이 곧장 밥을 입속에 떠 넣거나, 길을 걸을 때 왼발과 오른발 중 어느 쪽을 먼저 내디딜지 고민하지 않아도 발이 알아서 걸음을 내딛도록 말이다. 즉, 잠재의식은 생각할 필요 없이 곧장 반응하기에 대뇌의 결정도 필요 없다. 이렇게 잠재의식은 일상생활을 둘러싼 수많은 자질구레한 일 속에 대뇌가 매몰되는 것을 방지함으로써 대뇌가 더 중요한 일에 몰두할 수 있도록 한다.

현명한 당신이라면 이와 같은 잠재의식의 중요한 기능을 이미 눈치 챘으리라 생각한다. 이것이 바로 우리가 말하는 습관이다. 우리가 걷거나 밥을 먹거나 춤을 추거나 운전을 하는 행동 등은 의식의 인도에 따라 잠재의식 속에 깊이 각인될 때까지 계속 반복적으로 학습한 결과 이뤄진다. 이렇게 잠재의식 속에 각인이 되면 우리는 무심결에 습관적으로 각인된 행동을 한다. 이러한 습관적인 동작이 우리 일상생활의 행동을 결정하는 것이다.

이러한 이유로 나는 잠재의식을 좋아하는 한편 그것을 원망스러워하기도 한다. 잠재의식은 우리의 습관 형성을 돕기는 하나 그러한 습관에는 좋은 것도 있고 나쁜 것도 있기 때문이다. 잠재의식은 옳고 그름을 판단하지 못한다. 즉, 옳고 그름을 떠나 우리가 중요시하거나 혹은 오랜 기간 지속적으로 실행하면 잠재의식은 그것을 확실히 기억한다. 어떤 사람의 잠재의식 속에 올바른 가치관이 대량으로 저장되어 있다면 그의 행동도 올바를 것이며 그가 원하는 이상적인 결과도 얻을 수 있다. 이에 반해, 어떤 사람의 잠재의식 속에 옳지 않은 가치관이 저장되어 있다면 올바른 자아의식을 잃고 형편없는 결과를 얻을 확률이 높다.

그러나 다행히 후자라 하더라도 전혀 희망이 없는 것은 아니다. 잠재의식에 쌓인 기억과 그에 따른 반응 기능은 우리를 위해 스스로 가장 초보적인 사고와 주관 및 사유 패턴 등의 기억장치를 세우고, 서로 관련된 일을 처리할 때면 대뇌 사유를 거치지 않고 곧바로 행동할 수 있도록 한다. 그럼에도 이러한 잠재의식에는 한 가지 중요한 특징이 있는데, 바로 현재에만 집중한다는 점이다. 잠재의식은 '오늘'에만 영향을 미친다. 그러므로 '내일'에 관해서라면 우리는 초감각적 지각의 능력에 도움을 구할 수밖에 없다.

과연 미래 예측은 가능한가

먼저 나는 내가 무슨 점성술사나 타로카드 전문가가 아님을 미리 밝혀둔다. 따라서 나는 내일 당신이 1등 복권에 낭첨될지, 미래에 누구를 만날지 또는 당신의 일생이 어떠할지에 대해 아무것도 알려줄 수 없다. 나는 그저 당신에게도 미래를 예측하는 능력이 있으며, 스스로 봉인을 풀기만 하면 그 능력을 이용할 수 있다는 점을 알려줄 뿐이다. 미래를 예견하는 능력인 초감각적 지각에 콧방귀를 끼는 사람도 있을 것이다. 그들은 인간이 미래를 예측한다는 것은 말도 안 되는 일이라고 믿는다.

내가 무척 좋아하는 동화인 『이상한 나라의 앨리스』에서 앨리스와 하얀 여왕이 마지막으로 대면하는 장면이 있다. 앨리스는 "사람들은 불가능한 일 따위는 믿지 않아요"라고 말한다. 그러자 하얀 여왕은 "넌 아직 연습이 부족한 것 같구나. 내가 너만 할 때는 매일 30분씩 연습했어. 나는 아침을 먹기도 전에 불가능한 일을 여섯 가지나 믿어!"라며 반박한다.

미래를 예견하는 것이 불가능하다고 믿는 사람들은 모두 앨리스다. 그러나 동화 속 앨리스는 결국 불가능한 일을 해내고 만다. 당신도 당신이 굳게 믿고 있는 불가능에 대해 다시 한 번 생각해보기 바란다.

전 세계를 충격에 빠트린 9·11테러는 사실 언급하기조차 조심스럽다. 하지만 9·11테러 당시 기적적으로 화를 모면한 생존자들이 겪은 수많은 불가사의한 이야기는 깊이 생각해볼 만하다. 그들의 이야기는 언론 매체에서도 많이 보도되었다.

보도에 따르면 테러가 발생하기 직전 많은 생존자들이 말로는 설명할 수 없는 직감에 따라 원래 하려던 일을 수정했다고 한다. 세계무역센터 쌍둥이 빌딩과 충돌한 비행기 두 대 중 한 대는 9월 11일의 탑승률이 평소보다 현저히 저조했다는 점이다. 그날 납치된 세 번째 비행기 역시 평소의 절반밖에 안 되는 승객을 태우고 있었다. 어쩌면 당신은 이를 우연일 뿐이라고 말할지도 모른다. 그럼 다음과 같은 현상은 어떻게 설명하면 좋을까?

2000년 에어프랑스의 콩코드 여객기 한 대가 추락한 사고가 있었다. 불행하게도 그 여객기에 탑승한 승무원들은 모두 사망했다. 비행기가 추락하기 전 이미 사고의 징조가 있었지만 안타깝게도 그것을 심각하게 받아들인 사람은 없었다. 사망한 승무원의 동료는 인터뷰에서 사고 여객기에 탑승한 승무원들이 "이상하리만큼 사고가 발생하기를 기다리는 사람들 같았다"라고 밝혔다. 그 중 사망한 한 승무원은 그에게 "나, 꼭 무슨 사고가 나길 기다리는 것 같아"고 말했다고 한다. 결국 그 뒤에 정말 사고가 발생하고 말았다.

미국의 과학자인 에다드 콕스의 연구 결과를 보면 불의의 사고를 당한 기차의 경우에 승객 수가 평소보다 현저히 적음을 알 수 있다. 캘리포니아 대학의 통계학자인 제시 위트스 박사는 이런 현상을 두고 "아마도 알 수 없는 어떤 불길한 예감을 느낀 일부 승객들이 계획을 변경했기 때문에 죽음의 여행을 피할 수 있었다"고 해석한다. 이런 일이 빈번히 발생하는데도 당신은 그것을 단지 우연의 일치라고만 말할 텐가?

어쩌면 미래는 줄곧 우리들의 상상 속에 존재하는지도 모른다. 공상과학 소설가인 브루스 스털링(Bruce Sterling)의 말을 인용하면, 미래는 이미 와 있다. 단지 널리 퍼져 있지 않을 뿐이다. 당신이 이 말을 어떻게 해석했는지 모르지만 이미 와 있는 미래를 볼 수 있는 사람은 결코 많지 않다는 뜻인 듯하다. 게다가 이처럼 미래를 볼 수 있는 사람은 흔히 정신상태가 독특하거나 정상적이지 않은 사람으로 여겨 비웃음의 대상이 되기 일쑤다. 그들의 미래 예측 역시 정신 나간 소리로 치부되는 것이 다반사다.

19세기 프랑스에 알베르 로비다(Albert Robida)라고 하는 한 만화가가 살았다. 나처럼 작가였으나 그는 패러디 작가였다. 19세기를 살다 간 그는 20세기를 묘사한 수많은 책과 소설에(일부는 그가 직접 쓴 것) 삽화를 그렸다. 그의 삽화에는 미래의 전기제품, 비행기, 여성해방 등 당시 현실에서는 상상조차 할 수 없는 여러 발상들이 담겨 있다. 그의 삽화는 지금 봐도 크게 이상하지 않다. 그의 예언이 대부분 실현됐기 때문이다. 한 세기 전 그의 예측은 너무도 정확했다. 마치 그가 직접 미래를 본 듯 말이다.

이런 모든 것이 바로 초감각적 지각의 힘이다. 이처럼 유기체의 감각은 우리가 미래를 예측하도록 돕는다. 하지만 이런 예감은 때로 너무 모호해 그것에 기대어 정확한 결정을 내릴 수 없기에 육감이라고 부른다. 어쩌면 미래는 줄곧 우리가 예측하는 모습 그대로 조용히 겨울잠을 자고 있는지 모른다. 이제 우리는 이런 모호한 감각이 더 또렷해지도록 노력해야 한다.

당신은 여전히 의심스러울 것이다. '초감각적 지각이 정말 존재할까'라고 말이다. 나는 당신에게 사과를 꺼내 보여주듯 초감각적 지각을 꺼내 보여주지 못한다. 하지만 설득력 있는 사례를 들려줄 수는 있다. 믿고 안 믿고는 스스로 결정하면 그만이다.

우리는 줄곧 미래 예측을 꿈꾸지 않았는가? 그렇다면 이제 가장 풍부한 잠재력을 가진 초감각적 지각에 대해 함께 파헤쳐보도록 하자. 초감각적 지각은 진작부터 우리 몸에 숨겨져 있었지만 능력으로 자각되지 않았을 뿐이다. 이를 그냥 썩힌다면 너무 안타깝지 않은가.

저는 타이타닉호에
타지 않겠습니다

한 사람의 초감각적 지각은 꿈, 환각, 직관 등으로 미래 정보를 미리 감지할 수 있다. 하지만 실제 사건은 그가 예감한 시간보다 몇 시간 혹은 며칠, 심지어 몇 년이나 늦게 일어날 수도 있다. 사실 예감이란 생각만큼 그렇게 신비하고 알 수 없는 감각이 아니다. 예감은 조금만 주의를 기울이면 객관적 현상으로 생활 속 어디서나 발견할 수 있다.

우리는 누구나 매일 수천 가지 사소한 일을 예측할 수 있다. 이를 테면 버스가 곧 정류장에 도착할 것 같다거나, 누군가 집에 찾아올 것 같다거나 혹은 실수로 컵을 깨뜨릴 것 같은 예감 등이다. 가족이나 친구, 동료가 무언가를 예감하는 말을 들어보았다든지 자신도 딱히 뭐라 표현하기 어렵지만 무서우리만치 정확한 이런저런 예감을 경험해보았을 것이다. 이제 이 놀랍고도 의아한 초감각적 지각의 구체적인 예를 살펴보자.

1967년 1월, 영국 초심리학회(British Society for Parapsychology)가 문을 열었다. 영국의 두 심리학자 G. W. 램버트(George W. Lambert)와 루이자 라인(Louisa E. Rhine)이 설립한 곳으로, 재난과 관련된 예감의 더 깊은 연구가 목적이었다. 루이자 라인은 "만약 예감 능력이 더 계발되는 동시에 발달한다면, 또 모호한 이미지 특히 사전에 재난을 암시하는 이미지가 설명될 수 있다면 인류에게 헤아릴 수 없는 혜택을 가져다줄 것이다"라고 했다. 영국 초심리학회는 그 설립 첫해에만 3,500건의 보고를 받았다. 그 중 많은 것이 각종 교통사고, 사망, 암살 및 정치적 사건과 연관돼 있었다. 흔히 초감각적 지각과 관련된 가장 전형적인 사례가 수집된 것이다.

세상을 놀라게 한 영화 〈타이타닉〉은 침몰한 타이타닉호의 재난을 다뤘다. 잘 알고 있겠지만 타이타닉호가 첫 항해를 시작하기 전에 이미 배의 침몰을 예감하고 타이타닉호의 첫 항해표를 포기했던 사람이 있다. 영국의 사업가 오코너다.

타이타닉호의 첫 항해가 있기 일주일 전쯤 오코너는 런던에 있는 한 고급 클럽에서 타이타닉호의 승선을 포기하겠다고 말했다. 그러자 수많은 사람들은 그의 배표를 사려고 들었다. 그의 행동을 이해할 수 없다는 듯 많은 사람이 "오코너 선생, 이렇게 좋은 기회를 왜 포기하려는 겁니까? 명문 귀족만이 그 영광을 누릴 수 있는데다 배에는 미인들로 넘쳐날 텐데, 얼마나 안타까운 일이오!"라며 충고 했다.

오코너는 한참을 망설이다 이렇게 말했다. "맞습니다. 그런데 이유를 설명하면 아마도 제가 너무 예민하다고 생각할 겁니다. 사실 저는 며칠 전에 이상한 꿈을 꾸었습니다. 타이타닉호가 침몰하는 꿈입니다. 꿈을 꾼 후 저는 이번 기회를 포기하기로 결정했습니다." 오코너의 말이 끝나자 클럽의 모든 사람은 그를 비웃었다. 세계에서 가장 크고 가장 호화로운 여객선인 타이타닉호가 침몰한다는 것은 불가능한 일처럼 보였기 때문이다. 그러나 오코너는 꿈 때문에 승선을 포기했다. 사람들의 이해를 얻기는커녕 심지어 비웃음거리가 되었지만 오코너는 자신의 예감을 믿고 남들이 보기에 정말 아까운 기회를 포기한 것이다.

1912년 4월 25일, 타이타닉호는 대서양의 뉴펀들랜드 해역에서 결국 침몰했다. 1,513명이 차가운 바다 속으로 가라앉은 이 사고는 세상을 충격에 빠트린 최악의 해상 참사로 기록됐다. 오코너는 남들의 조롱거리가 된 이 기이한 꿈 때문에 목숨을 구했다. 이런 힘은 어디에서 비롯된 걸까? 다른 사람들은 왜 오코너와 같은 기이한 경험을 하지 못했을까? 이런 편파적인 초감각적 지각은 어떻게 일어나는 걸까?

심리학자 칼 구스타브 융은 초감각적 지각이 누구나 가진 자산이며 예견 능력은 자연적으로 타고나는 것으로 보았다. 단지 일부 사람은 크게 발달하지 못한 반면, 다른 일부는 특별히 더 발달했을 뿐이라고 여겼다. 융의 이론에 따르면 초감각적 지각은 흔히 억압되기 마련이라 직접적으로 표출되지 않는다.

다시 말해, 어떤 계기 혹은 외부적인 자극에 의해 촉발된 초감각적 지각이 우리 자신도 알아차리지 못한 내면세계를 외부 사물이나 사건 속에 투영하면, 이것이 예감이 된다. 이러한 예감의 표출 형식 가운데 하나가 꿈인 것이다. 가령 우리가 앞서 이야기한 몇 가지 사례가 이에 속한다.

오코너는 타이타닉호의 침몰을 꿈꾸기 전에 이미 어떤 징조를 보았을 수도 있다. 이를테면 날씨의 변화라든가 술집의 선원들 또는 조선소의 검은 연기 등은 오코너의 주의를 끌지는 못했겠지만 꿈을 통해 배가 침몰한다는 예감을 하도록 영향은 미쳤을 것이다.

다른 측면에서 보면 지금 우리가 겪고 있는 일이 우연인 듯 보일지라도 과거로 거슬러 올라가면 이미 하루, 일주일, 한 달, 1년 전에 이런 일의 발생 요소를 발견할 수 있다. 우리는 현재 혹은 과거에 발생한 일에서 무수한 실마리를 찾을 수 있는데, 이미 발생한 일이라 그 실마리가 합리적으로 보이기 때문이다. 물론 실제로도 합리적이긴 하다. 이와 마찬가지로 일이 일어난 뒤에 그 원인을 찾는 것이 아니라 미래로 미리 가서 앞날에 발생할 일의 실마리를 찾아 미래를 예측할 수도 있다. 이처럼 미래로 거슬러 올라가는 능력 역시 초감각적 지각을 이루는 중요한 요소라고 할 수 있다.

이처럼 초감각적 지각은 암흑과 같은 미지의 앞길에 눈부신 한 줄기 빛이 되어 미래에 대한 우리들의 두려움을 물리쳐줄 뿐더러 중요한 결정을 하는 데도 도움을 준다. 이는 우리 모두에게 더할 나위 없는 좋은 경험이라고 할 수 있다.

머피의 법칙에
숨겨진 비밀

다음과 같은 일련의 현상들에 대해 경험 한 적 없는지 생각해보자. 회사 동료와의 승진 경쟁에서 당신이 걱정하던 대로 동료가 승진했다든가, 카드 게임에서 상대가 가지면 절대로 안 되는 카드를 상대방이 가졌다든가, 평소에 마주치고 싶지 않은 사람이 있는데 걸핏하면 그 사람과 마주친다든가, 우산을 들고 외출할까 말까 엄청 고민한 끝에 그냥 나왔는데 결국 비가 내렸다든가, 왠지 옆줄이 더 빨리 줄어드는 것 같지만 귀찮아서 줄을 바꾸지 않고 서서 기다리는데 결국 자신의 예감이 적중했다든가, 확신 없이 내린 결정은 대부분 실패로 끝났다든가, 비행기가 제시간에 출발하기를 마음속으로 조용히

기도했건만 결국 몇 시간이나 지연되었다든가…….

운이 없어서일까? 왜 항상 이 모양일까? 불길한 예감은 항상 맞아 떨어진다. 이것이 바로 머피의 법칙이다. 머피의 법칙은 『메리엄 웹스터 사전(The Merriam-Webster Dictionary)』에도 등재되어 있다. 이 법칙은 1949년에 일어난 한 사건에서 유래했다.

미 공군 기지에서 근무하던 에드워드 머피(Edward A. Murphy) 대위에게는 항상 운이 나쁜 불운아 동료가 한 명 있었다. 머피 대위는 그에게 별 뜻 없이 "뭔가 일이 잘못되면 틀림없이 네 탓일 거야"라며 농담을 했다. 아나나 다를까, 인체의 가속 감수 능력을 측정하는 실험에서 장치의 조립을 맡은 이 동료가 16건의 가속표를 모두 잘못 조립해 실험은 결국 실패로 끝났다. 그렇게 머피 대위의 농담이 검증되었다.

이 사건과 농담은 불과 몇 달 사이에 공군 내부에 빠르게 퍼져나갔다. 그리고 다시 미국 전역으로, 그리고 세계 각지로 확산되었다. 소문이 확산되는 과정에서 머피 대위의 농담은 점차 그 원래의 의미에서 각양각색의 형식으로 변했다. 그 중 가장 잘 알려진 것이 '나쁜 일은 생기려면 그 가능성에 상관없이 발생하기 마련이며 그로 인한 손실은 무척 심각할 수 있다'라는 명제다.

이처럼 사람을 난감하게 하는 법칙은 그 탄생부터 줄곧 인간을 괴롭히면서 우리에게 문제를 해결하는 능력이 뛰어날수록 앞으로 직면해야 할 골칫거리도 더욱 심각해진다는 사실을 일깨워준다. 사고는 어쨌든 발생할 것이다. 그것도 반드시 말이다.

예감이 안 좋을 때는 반드시 조심해야 한다. 머피의 법칙이 탄생한 지 34년 후인 1983년 로스앤젤레스에 있는 J. 폴 게티 미술관(J. Paul Getty Museum)에 한 예술품 중개상이 방문했다. 그는 자신에게 기원전 6세기경의 대리석상인 쿠로스(그리스어로 '소년'이라는 뜻으로, 그리스 아르카익 시기에 제작된 젊은 남성 누드인물상들을 지칭하는 용어-옮긴이)가 있는데 그것을 팔고 싶다고 했다. 높이가 대략 2미터 30센티미터인 이 조각상들은 그리스에서 출토되었다. 현재 세계 각지 박물관에 겨우 200여 개 정도가 진열되어 있을 뿐인데 그마저도 대부분은 훼손되어 온전하지 않다. 그런데 이 중개상이 보유한 쿠로스는 보존 상태가 훌륭할 뿐만 아니라 그가 제시한 가격도 천만 달러가 되지 않았다. 솔직히 말해 정말 싼 편이었다.

여기서 문제는 과연 이 조각상이 진품인가라는 것이었다. 게티 미술관은 매우 신중한 조사 작업을 벌였다. 지질학자를 초빙해 첨단 기계로 대리석의 연대를 측정했는데 무려 14개월에 달하는 조사를 거쳐 진품이라는 결론을 내렸다. 그렇게 게티 미술관과 중개상의 거래가 성립되었다.

그런데 미술관이 조각상을 사들인 후부터 서서히 미심쩍은 말들이 들려오기 시작했다. 세계적으로 손꼽히는 그리스 조각상 전문가 여러 명과 미술관 관장들이 이 조각상을 참관한 후 하나같이 진품이 아니라고 말했다. 이들 전문가들은 따로 특별한 검증 작업을 거치지 않았지만 조각상을 처음 본 순간 무언가 이상한 느낌을 받았다. "도대체 뭐가 이상하다는 거야?"라고 물으면 그들도 정확한 이유를 꼬

집어 설명하지 못했다. 다만 한 미술관 관장은 첫눈에 봤을 때 '새것' 같은 느낌이 들었다고 말했다. 그리고 역사학자는 이 조각상을 봤을 때 조각상의 손톱에서 이상한 느낌을 받았다고 했다. 또 다른 박물관 관장은 "이 조각상을 본 사람이라면 누구나 이것이 땅속에 묻힌 적이 없다는 걸 느낄 수 있을 것이다"라고 했다. 그렇지만 그들 모두 단지 느낌에 따라 판단했을 뿐 앞선 전문가들처럼 치밀한 조사 작업을 거친 것은 아니었다.

게티 미술관은 이들 전문가들의 의견에 귀를 기울였다. 미술관 측은 그것을 '직관'으로 여겨 의견을 묵살하지 않았다. 게티 미술관은 조각상을 재조사 했고 수많은 의문점을 발견했다. 결국 전문가들의 이상한 느낌이 옳은 것으로 드러났다.

큰돈을 주고 위작을 산 사람이 우리가 아니기에 마음이 아프기보다는 오히려 강한 호기심이 드는 것이 사실이다. 어떻게 순간의 느낌이 14개월 동안 진행된 검사보다 더 믿을 만하단 말인가? 이것이 바로 머피의 법칙 배후에 있는 힘이다. 그 무엇보다도 강력한 조감각석 지각 말이다. 당신의 직관과 느낌이 뭔가 불길하다면 틀림없이 뭔가 잘못될 것이다. 그러므로 평소에 뭔가 알 수 없는 불길한 예감이 든다면 각별히 주의해야만 한다.

그렇다면 이와 같은 경각심을 일으키는 느낌은 어디서 비롯될까? 세상의 거의 모든 일은 제 나름대로의 원인이 있다. 만약 당신이 그 원인을 찾지 못했다면 당신이 아직 발견하지 못했을 뿐 그것이 존재하지 않는다고 말할 수 없다. 우리가 어떤 일의 원인을 아직 제대로 이해하지 못했을 경우 그 결과는 신비한 베일에 싸여 있다. 그럼 이제 머피의 법칙의 베일을 벗겨보자.

예를 들어, 손에 들고 있던 생크림 케이크 한 조각을 떨어뜨렸다고 하자. 제발 생크림이 있는 쪽이 바닥으로 떨어지지 않기만을 간절히 바라지만 이런 경우 생크림이 있는 쪽이 카펫 위로 떨어지는 게 대부분이다.

잠시 머피의 법칙 배후에 존재하는 심리적인 원인을 분석해보자. 일반적으로 당신은 각종 손실이 최대한 적게 발생하기를 희망한다. 그렇지만 어디까지나 우리의 주관적인 의식일 뿐이다. 초감각적 지각은 에고의 통제를 받지 않으며 의식의 영향도 받지 않는다. 즉 초감각적 지각은 아주 객관적이면서도 냉정하게 우리가 꺼리는 가능성을 보여준다. 초감각적 지각은 주관적인 의지의 영향을 전혀 받지 않기 때문에 흔히 의식적인 행동보다 훨씬 정확한 결론을 내린다. 다시 말해, 초감각적 지각은 우리의 행동 예측 능력을 강화시킨다고 할 수 있다. 하지만 의식은 보통 더 좋은 결과 쪽으로 치우치는 경향이 있어, 초감각적 지각은 흔히 부정적인 결과를 예측하게 된다.

사정이 이렇다 보니 의식적으로 좋은 일이 생기기를 바라고 잠재의식은 이를 위한 철저한 준비를 한다. 하지만 초감각적 지각은 당신에게 문제가 생길 수 있음을 미리 알려주기 위해 주의를 당부한다. 그렇다면 이제 현실성 없는 환상을 계속해서 품고 살지, 아니면 초감각적 지각의 경고를 다시금 되새길지 선택해야 한다. 당신이라면 어느 쪽을 선택하겠는가?

이제부터 이와 같은 신비한 능력을 계발해보자. 준비됐는가?

나는 직업적인 이유로 평소에도 주변 사람이나 주변에서 벌어지는 일을 자세히 관찰하는 편이다. 그렇게 글의 소재를 축적하고 초감각적 지각 속에서 영감을 찾는다. 이때문에 나에게 예민한 마음과 날카로운 두 눈은 무척 중요하다. 나는 매일 수많은 정보를 접한다. 하지만 초감각적 지각이 더 잘 발휘되도록, 다른 사람보다 더 많은 정보를 얻도록, 또 초감각적 지각으로부터 정확한 정보를 얻도록 하기 위해서는 초감각적 지각에 풍부한 자료를 제공해야만 한다. 이처럼 더 많은 정보를 포착하기 위해서는 관찰력을 높이는 연습이 꼭 필요하다. 다음은 나의 연습 과정이다. 모두에게 참고가 되었으면 한다.

1단계: 하나의 정보 포착하기

손목시계, 책, 사인펜, 화분 등 그것이 무엇이든 임의로 하나를 선택한 후 주의력을 집중해 그것을 주시한다. 온 정신을 쏟아 관찰하는 동시에 마음속으로 조용히 60이나 90까지 수를 센다. 처음에는 쉽지 않을 것이다. 마음속으로 숫자를 세다 보면 산만해지기 쉽기 때문이다. 만약 그렇다면 알람시계를 이용해 1분에서 1분 30초 정도의 시간을 설정해도 된다.

이 후 눈을 감고 머릿속으로 방금 본 사물의 모습을 그리도록 노력한다. 이때 최대한 자세하게 묘사하도록 한다. 이를테면 식물을 보았다면 화분의 높낮이, 잎의 빛깔과 윤곽, 잎맥의 무늬까지도 자세하게 그려내야 한다. 마음속 묘사가 끝났으면 눈을 뜨고 다시 자세히 관찰하면서 눈앞의 사물과 마음속에서 묘사한 사물이 서로 일치하는지, 혹 다르다면 어디가 다른지 또 어떻게 수정해야 할지 살핀다.

2단계: 움직이면서 정보 포착하기

멈춘 상태에서 정보를 포착하는 능력이 더욱더 강해졌다면 이제 움직이면서 정보를 포착해보자.

처음에는 평소 걸음걸이로 자신의 방을 가로지르거나 한 바퀴 돌아본다. 그런 다음 눈을 감고 방금 무엇을 보았는지 떠올려보자. 이 과정에서 최대한 많은 사물을 관찰하는 동시에 1단계에서 연습한 것처럼 모든 사물을 자세하게 관찰해야만 한다. 이렇게 오랜 시간 연습하면 눈의 정보 포착 능력과 대뇌의 순간주의력 및 기억력 모두 크게 향상될 것이다.

이러한 연습을 통해 관찰력과 주의력을 개선할 수 있다.

2

//////////

프시를
깨워라

초감각적 지각의 신비한 힘을 알면 누구나 이 보물을 가지고 싶을 것이다. 그렇다면 그것을 어떻게 깨울 수 있을까? 그 비결은 바로 자신을 이해하고 우주를 이해하고, 그 지혜를 바탕으로 밖으로는 세상의 사물을 관찰하고 안으로는 자신을 살펴 스스로를 되돌아보는 것이다. 간단히 말해, 자신의 오감을 닫고 육감을 열어 사람과 우주를 연결하는 통로를 만듦으로써 천인감응(天人感應: 하늘과 땅, 사람이 서로 연결되어 있다고 생각하는 믿음 – 옮긴이)을 실현할 수 있어야 한다. 타인을 통해 이 모든 것을 이루기란 불가능하다. 오직 자신의 노력을 통해서만 이 목적에 도달할 수 있다.

내면의
소리

PSI

초감각적 지각을 깨우기 위해서는 내면의 소리에 귀를 기울여야한다. 하지만 안타깝게도 복잡한 사회 환경으로 인해 많은 사람이자신에게 귀 기울일 시간이 없거나 아예 그럴 필요가 없다고 생각한다.

한번은 연령, 성별, 배경이 다른 55명을 대상으로 다음과 같은 조사를 한 적이 있다. 질문은 아주 간단했다.

1. 매일 잠자는 시간을 제외하고 혼자 있는 시간이 얼마나 되는가?
   혼자 있을 때 보통 무엇을 하는가?

2. 혼자 있을 때 자기 내면과 교류해본 적이 있는가? 있다면 시간이
    어느 정도 걸리는가?

3. 혼자 생각할 때 주로 어떤 일, 어떤 문제를 생각하는가?

　　조사 결과 80퍼센트 이상의 사람이 하루 중 혼자 있는 시간이
3~4시간 정도였다. 이 시간 동안, 즉 누구의 방해도 받지 않는 시간
동안 대부분의 사람은 텔레비전을 보거나 게임 또는 집안일을 하거
나 요리, 독서 등을 하는 것으로 나타났다.

　　일부 응답자들은 이런 활동을 통해 인생이 좀 더 풍요로워지기를
원했다. 응답자들은 연애 문제나 다이어트의 고통 또는 대인관계 따
위의 문제가 아니라면 생각하기를 꺼려했다. 자신의 내면과 깊은 교
류를 원하는 사람은 거의 없었다. 그들은 내게 그 이유에 대해 다음
과 같이 말했다.

　　난 드라마 보는 것으로 만족해. 다른 사람들은 안 그래?

　　정말 피곤하다고, 쉴 때는 아무 생각도 하고 싶지 않아!

　　다들 그렇지 않아? 우리는 재충전할 필요가 있다고.

　　시간만 더 있다면 난 쇼핑이나 실컷 하고 싶은걸!

　　이것이 실상이다. 대부분의 사람은 자신을 위해 온갖 이유를 들어
별 의미 없는 시간을 보낼 뿐, 내면의 소리에 귀 기울이거나 자신의
감정에 관심을 가지지 않는다. 비록 사람마다 혼자 있는 시간에 하는

일은 달랐지만 대부분 외부세계의 정보를 피동적으로 받아들이고 이들 정보를 단순하게 처리하는 부류로 볼 수 있다.

그렇다면 당신은 어떠한가? 당신도 홀로 있는 시간을 이렇게 보내는가? 내 주변의 많은 친구들은 휴대전화로 게임 앱 다운로드를 즐긴다. 나는 그 친구들에게 왜 게임 앱을 다운로드하는지 물었다. 그들의 대답은 이상하리만치 일치했다.

"요즘 가장 핫한 게임이니까 그렇지!"

"그런데 이 게임 앱 정말 괜찮아? 너한테 잘 맞아?"

"뭐, 그런대로 나쁘지 않아", "그저 그래", "어쨌든 랭킹 10위 안에 들잖아", 그들 모두 스스로가 만족할 만한 답을 내놓지 못했다.

수많은 사람들이 단지 랭킹 10위 안에 드는 게임이라는 이유만으로 재미도 없는 게임을 하며 긴 시간을 보낸다.

그런데 아는가? 재미도 없는 게임 앱을 랭킹 10위 안에 들도록 순위를 조작하는 회사가 있다는 것을 말이다. 내 이야기에 당신은 이런 반응을 보일지도 모르겠다. "뭐라고요? 정말입니까? 어쩐지 게임이 재미가 없더라니!"

휴대전화로 앱을 다운로드하는 것과 앞서 내가 한 조사는 얼핏 보기에 아무런 연관이 없는 듯하지만 사실 중요한 공통점이 있다. 바로 사람들이 피동적으로 정보를 받아들이는 데 익숙해졌으며, 습관적으로 다른 사람들과 똑같이 행동하면서 자신의 생각 따위에는 그다지 관심을 두지 않는다는 것이다.

그런 까닭에 현대인들은 대부분 타인에 의해 조종당한다. 일상생활에서나 일에서나, 심지어 휴식 시간을 보내는 방법조차도 타인의 영향을 받는다. 그것은 마치 보이지 않는 손처럼 사람들을 단단히 움켜잡고 행동을 좌지우지한다.

"그래, 다른 사람들도 다 하잖아. 그러니까 나도 하는 거야. 생각할 필요가 뭐 있어." 이런 생각은 잠재의식이 치는 장난이다. 우리의 생활이 잠재의식의 지배를 받는 순간 진정한 초감각적 지각도 깨울 수 없게 된다. 잠재의식이 당신을 현재에 묶어둔 채 당신의 행동을 지배하면 미래를 결정하는 초감각적 지각을 영원히 손에 넣을 수 없다.

진정한 초감각적 지각을 깨우고 정확하게 미래를 예측하고 싶다면 반드시 자신의 내면과 대화를 시도해야만 한다. 마치 친구와 대화하듯 말이다. 그리고 그로부터 해답을 찾아야만 한다.

한번은 성공한 펀드매니저와 점심을 먹었다. 그는 투자의 귀재였다. 2008년 세계금융위기를 정확하게 예측한 그는 주식이 대폭락하기 전에 팔아치워 큰 손해를 막은 것으로 유명하다. 나는 그에게 당시 어떻게 그런 중대한 결정을 내릴 수 있었는지 물었다. "잘 알고 계시겠지만 펀드계는 리스크가 큰 곳입니다. 주가지수가 지나치게 높으면 공매도(short stock selling: 말 그대로 '없는 걸 판다'란 뜻으로 주식이나 채권을 가지고 있지 않은 상태에서 매도주문을 내는 것을 말한다-옮긴이) 압력이 증가합니다. 반면, 주가가 바닥을 치고 반등할 가능성이 높아집니다. 2008년 초에 다우지수는 연일 하락세로 2007년 최고점이던 14,000점에서 11,000점까지 하락했습니다. 주식시장 사람들은 너 나 할 것

없이 리스크가 완전히 해소되었다고 말했습니다. 심지어 저와 같은 펀드매니저들과 다른 펀드회사들도 대거 주식 매수에 나섰으니까요. 우리 회사 사장님과 주주들조차 제게 빨리 주식 지분을 늘리라고 요구했기 때문에 저는 깊은 고민에 빠졌었습니다." 나는 그에게 물었다. "그랬군요. 그때 당신 생각은 어땠나요?"

"당시 기술주와 시장 분위기를 막론하고 모든 지수가 주가 반등 국면을 나타내고 있었습니다. 게다가 적지 않은 장외 자금도 유입되고 있었기 때문에 적어도 단기 시장에서 대부분의 사람들은 시세가 상승세를 보일 것이라고 예상했습니다." 그는 커피를 한 모금 마신 후 이어서 말했다. "저는 스스로에게 정말 실질금리가 호전될 기미가 보이는지 물었습니다. 제 대답은 '그렇지 않다'였습니다. 미국의 경제 상황이 정말 안정 기미를 보이는가? 제 눈에는 몇몇 표면적인 현상만 보였습니다. 생각하면 할수록 주식시장에서 주식을 더 매입해야 할 이유를 찾을 수 없었습니다. 저는 두려웠습니다. 머지않아 위기가 닥치리라는 것을 예감할 수 있었거든요."

"정말 놀랍군요!" 나는 탄성을 질렀다. "맞아요. 저는 제 내면의 소리에 귀 기울이는 것을 좋아합니다. 모두가 크게 한탕을 노리고 안달일 때 사장님과 주주들을 설득하여 모든 주식을 깨끗이 팔아치우기란 쉬운 일이 아닙니다. 하지만 저는 그렇게 했습니다. 그들은 제게 제 결정을 따라야 하는 이유가 무엇인지 물었습니다. 저는 '이유는 없습니다. 그렇지만 제가 이렇게 하면 안 될 이유도 충분치 않습니다. 안 그렇습니까? 제 예감을 믿어주십시오'라고 대답했습니다." 나는 웃으며 그에게 "비록 충분한 이유는 말하지 못했지만 성공적으로 그들을 설득하셨군요. 그렇죠?"라고 물었다.

"그렇습니다." 그는 머리를 끄덕이며 이어서 말했다. "그후 지수가 7,000점 아래로 대폭락했을 때에야 비로소 무거운 짐을 벗어버린 듯 제 마음도 홀가분해졌습니다. 하하, 제가 비밀 하나 가르쳐드리겠습니다. 주식으로 백만장자 대열에 오른 부자들 중에는 상장회사나 주식시장에 대한 아무런 분석 없이 오로지 느낌에만 의지하여 투자하는 투자의 귀재들이 있습니다. 그들은 기술에 의지해 부자가 된 것이 아닙니다. 정말 신기한 일이지요. 물론 이런 사람이 많지는 않습니다. 하지만 확실히 존재하는 것만은 사실이지요. 저는 그들의 예지력을 믿습니다."

우리도 내면의 소리에 귀 기울여 자신의 진정한 감각을 찾도록 해보자. 그러면 적어도 미래에 대한 생각이 생길 것이고 다음에 이야기할 학습과 끊임없는 실천을 통해 미래를 예견하는 정확도를 높일 수 있다.

현실이
되다

PSI

원하기만 하면 예측할 수 있는 것일까? 인간에게는 정말 이러한 능력이 있을까? 다음에 들려줄 이야기는 폴란드의 제르나크(Zernak)에서 일어난 아주 감동적인 실화다.

1차 세계대전이 발발했을 때 미나는 로스와 사랑에 빠져 있었다. 두 사람은 한시도 떨어질 수 없을 정도로 서로를 사랑했다. 하지만 로스는 미나에게 작별인사를 하고 전쟁터로 떠날 수밖에 없었다. 고향에서 연인을 기다리는 다른 아가씨들과 마찬가지로 미나 역시 매일 동네 어귀에서 로스가 돌아오기를 기다렸다. 그렇게 하루하루가 흘러갔지만 로스의 그림자는 끝내 보이지 않았다.

매일 로스를 그리워한 탓인지 미나는 꿈을 꿨다. 어느 날 밤, 미나는 로스가 동굴에 갇힌 꿈을 꾸었다. 꿈에서 로스는 동굴 입구를 막고 있는 바위를 필사적으로 밀고 있었다. 하지만 커다란 바위는 좀처럼 움직이지 않았다. 꿈속 광경은 너무도 생생했다. 잠에서 깨어난 후에도 꿈은 너무나 생생하게 미나의 머릿속에 남아 있었다. 자신이 왜 이런 꿈을 꿨는지 의아했지만 미나는 크게 마음에 두지 않은 채 매일 로스를 기다렸다.

한 달 후 전쟁이 끝났다. 하지만 로스는 돌아오지 않았다. 미나는 로스가 반드시 살아 돌아오리라 믿으며 언제나 그랬듯이 동네 어귀에서 그를 기다렸다. 1년이 흐른 어느 날 밤, 미나는 또다시 이상한 꿈을 꿨다. 이번에는 작은 요새가 꿈에 보였다. 요새의 출구 역시 지난번 꿈속의 동굴과 마찬가지로 커다란 바위로 막혀 있었다. 바위의 모양 역시 똑같았다. 로스는 여전히 온 힘을 다해 바위를 밀고 또 밀었지만 바위는 꿈쩍도 하지 않았다. 미나의 귀에 로스의 구조 요청 소리가 너무도 또렷하게 들렸다.

지난번 꿈은 의구심을 불러일으키는 데 그쳤지만 이번 꿈은 로스가 정말 요새에 갇혀 있다는 것을 미나에게 확신시켜줬다. 결국 미나는 요새를 찾기 위해 길을 나섰다. 그러나 요새의 이름도 위치도 전혀 모르는 그녀는 로스가 싸웠던 전쟁터를 무작정 헤매며 찾을 수밖에 없었다. 모두들 미나가 연인에 대한 그리움이 지나친 나머지 미쳤다고 생각했지만 그녀는 자신의 예감을 굳게 믿었다. 미나는 자신이 똑같은 꿈을 두 번이나 꾼 것은 결코 우연이 아니라고 생각했다.

또 1년이 지났다. 미나가 첫 번째 꿈을 꾼 지 벌써 2년 가까이 되었다. 어느 날 미나는 이름 모를 작은 마을에 도착했다. 마을 옆 산봉우리를 보고 미나는 비명을 질렀다. 산꼭대기에 그녀가 꿈에서 본 것과 똑같은 요새가 있었기 때문이다. 미나는 미친 듯이 요새를 향해 달렸다. 이를 이상하게 여긴 한 무리의 마을 사람들이 그녀의 뒤를 따랐다. 폐허가 된 요새 속에서 미나는 꿈속에서 본 큰 바위를 찾아냈다. 그녀는 이것저것 생각할 겨를도 없이 필사적으로 바위를 옮기려 애썼다. 미나의 이야기에 감동받은 마을 사람들도 반신반의하며 그녀를 도왔다. 모두의 노력 덕분에 요새 입구를 막고 있던 바위가 옮겨졌다. 그때 한 남자의 목소리가 들렸다. 그는 정말 로스였다.

알고 보니 로스는 전쟁 중에 무너져 내린 요새 속에 매몰되어 있었다. 그러나 다행스럽게도 요새 안에 대량의 음식과 술이 비축되어 있던 덕분에 로스는 미나가 그를 구하러 달려올 때까지 살아남을 수 있었다.

정말 꿈같은 이야기지 않은가? 만약 당신도 초감각석 지각을 깨우고 싶다면, "말도 안 되는 일이야"라며 성급한 결론을 내리지 말기 바란다. 이 세상에는 말도 안 되는 일이 무수히 많기 때문이다. 그런 말도 안 되는 일의 또 다른 이름이 바로 기적이다.

그렇다면 미나는 어떻게 이 이상한 꿈을 꿀 수 있었을까? 누가 가르쳐준 것일까? 어째서 꿈은 되풀이되었을까?

내 대답은 간단하다. 그것은 바로 미나 자신의 초감각적 지각의 공로다. 로스를 너무나 그리워하고 그가 돌아오기를 애타게 기다리는 마음이 로스에 대한 정보를 예측하게 했다.

그렇다면 초감각적 지각의 이런 힘을 어떻게 실현할 수 있는지 좀 더 자세히 살펴보도록 하자.

앞서 초감각적 지각은 어떤 자극에 의해 깨어나면 예감이 된다고 설명했다. 초감각적 지각 속의 정보는 분명하지 않기 때문에 자극이라는 도움이 필요하다.

미나의 이야기를 예로 들면, 그녀는 로스를 기다리는 동안 동굴이나 바위 또는 전쟁 중의 폐허와 상처 입은 병사 등을 보았거나 그런 것들에 대한 얘기를 들었을지도 모른다. 또렷한 의식 속에서는 로스와 아무런 관련이 없으니 개의치 않았을 것이다. 그러나 그것들이 초감각적 지각의 투사물이 되어 미나의 꿈으로 나타난 것이다.

그렇다면 왜 그녀의 예감은 꿈속에서 나타난 것일까? 모든 인체에는 자기장이 존재하는데, 사람이 사유를 하면 이 자기장에 변화가 나타나고 전기장을 통해 생물전기가 형성된다. 이렇게 형성된 것이 뇌파다.

뇌전도를 보면 대뇌는 네 가지 뇌파를 생성한다. 긴장했을 때는 베타파다. 졸음을 느낄 때는 세타파로 변한다. 다시 깊은 잠에 들면 델타파로 변한다. 편히 쉬면서 정신적 긴장을 풀어 영감이 끊이지 않을 때 알파파가 생성된다. 초감각적 지각을 일깨우고 싶은 우리에게 가장 필요한 것이 바로 이 알파파다. 편히 쉬면서 정신적 긴장을 푼 상태라면(예컨대 생각에 잠기거나 긴장을 풀어주는 음악을 들으며 몸이 이완된 상태) 더 빨리 더 효과적으로 정보는 흡수된다. 기분이 좋거나 조용히 묵상할 때면 줄곧 각성되어 있던 베타파, 델타파, 세타파는 약화되고 알파파는 상대적으로 강화된다. 이러한 파형은 우뇌 뇌파의 바이오리듬과 흡사한 것이어서 영감이 떠오르게 되는 것이다. 영국의 가속학습 혁신가(Accelerated learning innovators) 콜린 로스(Colin Ross)의 말을 인용해보자.

> "이완과 묵상을 특징으로 하는 이런 뇌파는 공상이나 상상력을 펼칠 수 있는 대뇌 상태를 만든다. 그것은 경계심을 풀어 영감이 떠오르게 하고 더 빠른 자료 수집을 통해 기억력을 증가시킨다. 알파파는 당신이 무의식 상태에 놓이게 한다. 게다가 당신의 자아상은 주로 무의식 속에 존재하기 때문에 알파파는 무의식 상태로 들어가는 유일한 경로라고 할 수 있다."

그러므로 긴장이 완화된 상태인 수면 중에 더 쉽게 초감각적 지각이 깨어나는 것이다. 바로 이때 낮 동안 의식 속에 보관되었던 투사물과 초감각적 지각 속의 모호한 정보가 서로 결합해 여러 가지 예감으로 나타난다.

이제 대뇌가 완전히 이완된 상태 혹은 정신을 집중했을 때 알파파의 파동이 가장 뚜렷하게 나타난다는 사실을 알았을 것이다. 그렇다면 어떻게 정신을 집중시켜 더 많은 알파파를 생성시킬지 계속해서 살펴보도록 하자.

의식을 한곳에
집중하라

　의식의 힘은 얼마나 클까? 그것은 가늠할 수 없는 에너지다. 텔레비전, 신문 등의 매체를 통해 인간 생명의 기적을 다룬 수많은 실화를 접해보았을 것이다. 이를테면, 사막에서 위험에 처한 사람이 극적으로 살아남았다거나, 지진을 만나 극심한 굶주림과 갈증 속에서도 생명의 한계에 맞서 싸운 사람들 등의 이야기는 한 가지 공통점이 있다. 절망적인 상태에서 포기하지 않고 살아남을 수 있게 지탱한 힘은 신념이었다. 이런 신념이 곧 의식의 힘이다.

　그렇다면 신념(信念)이란 무엇일까? 신(信)이란 사람의 말(人言) 또는 사람이 하는 이야기다. 념(念)이란 오늘(今)의 마음(心)을 가리킨다.

이 두 글자를 합친 뜻은 '오늘 내가 마음속으로 자신에게 하는 말'이다. 즉, 자신에게 어떤 말을 계속하면 신념이 된다. 신념이 강력한 힘을 가지는 이유는 우리가 의식을 한곳에 집중했기 때문이다.

의식을 한곳에 집중하면 흔들리지 않는 잠재의식이 형성되고 그러면 초감각적 지각도 깨울 수 있다. 전설적인 신궁(神弓)들은 쏘기만 하면 신들린 사람처럼 활을 쏜다고 한다. 하지만 신들린 사수(射手)가 어디 있겠는가? 만약 있다고 해도 그들의 초감각적 지각이 그들을 인도한 것뿐이다.

이게 무슨 말일까? 그들은 활쏘기를 연습할 때 종종 먼 곳 중간에 구멍 뚫린 동전을 걸어놓고 동전 구멍 분별하기 훈련을 한다. 이 훈련이 어느 정도 성과를 거두면 다시 하늘을 나는 새의 머리와 몸통 등의 부위를 구별하는 연습을 한다. 이렇게 꾸준히 오랫동안 훈련하면 시력뿐 아니라 주의집중력도 크게 향상된다. 이런 훈련을 통해 보통 사람보다 훨씬 뛰어난 집중력이 길러지면 활을 쏠 때도 한곳에 더 집중할 수 있어 우리가 감히 따라할 수 없는 기적을 창조해낼 수 있다.

의식 집중이란 사실 주의력을 자신이 가진 생리적, 심리적 에너지에 집중시킨다는 의미다. 레이저의 예를 통해 이를 간단히 설명할 수 있다. 분산된 광선 한 다발을 한곳에 집중시킨 후 최대한 압축할 수 있을 때까지 압축하면 한 줄기의 레이저가 된다. 이렇게 얻어진 레이저는 강철도 충분히 자를 수 있는 강력한 힘을 가진다. 완벽한 의식 집중 역시 레이저와 같은 무한한 위력을 가진다. 주의력이 고도로 집중되면 의식 에너지가 한껏 발휘되는 동시에 초감각적 지각 에너지와 함께 창조력 및 직관도 깨어난다.

두 개의 그랜드슬램을 달성한 프랑스 테니스 선수 마리 피르스(Mary Pierce)는 1997년 이탈리아 오픈에서 우승한 후 이렇게 말했다. "저는 오랫동안 의식 집중 훈련을 한 덕분에 현재 그 능력이 많이 향상되었습니다. 중요한 것은 과거와 미래, 패배 혹은 승리를 생각하지 않는 것입니다. 저 역시 예전에는 이들에 연연했습니다. 그렇지만 지금은 제가 가진 모든 능력을 최대한 발휘하여 최선을 다했다면 그것으로 만족합니다. 이렇게 생각하면 경기도 잘 풀립니다."

도대체 무엇이 이와 같은 경지, 즉 의식이 고도로 집중된 상태에 이르게 한 것일까? 이러한 능력은 타고난 것일까? 물론 사람은 태어나면서부터 개인적인 차이가 존재하기에 의식을 집중하는 능력도 다르다. 하지만 피르스의 이야기를 통해 시간을 내어 훈련하기만 하면 그 능력을 향상시킬 수 있음을 알 수 있다. 이제 우리가 해야 할 일은 오로지 연습뿐이다.

그럼 이제부터 효과적인 의식 집중 연습 방법에 대해 살펴보도록 하자. 먼저 20분 정도 그 무엇에도 방해받지 않는 시간이 필요하다. 조용한 장소, 이를테면 침실, 서재 등에서 촛불 하나 또는 꽃 한 송이를 준비한다. 임의로 대상을 선택하되 밝고 긍정적이면서도 당신이 좋아하는 사물을 선택하는 편이 좋다. 그런 다음 자신이 선택한 사물에 주의력을 집중시키는데, 예를 들어 촛불의 불꽃 혹은 꽃잎이나 꽃술에 집중한다. 이때 주의 집중이 잘 안 되면 깊이 심호흡을 몇 번

함으로써 긴장이 충분히 풀리도록 한다.

목표를 응시하는 동안 이성적 의식은 잊고 감성적 소울로 그 의미를 느끼면 된다. 어떤 일이 있어도 주의력을 선택한 대상에 집중하면서 집중 시간을 점점 더 늘려간다. 눈이 물체를 응시할 때 상상 속에서도 그것이 출현하는 경지에 이르면 된 것이다. 단순히 눈이 아닌 소울도 함께 보는 것처럼 말이다. 시간이 허락한다면 이렇게 매주 두 번에서 세 번 정도 연습한다. 그러면 이 연습이 의식을 집중시키는 데 아주 효과적임을 발견할 수 있을 것이다.

그렇다면 의식이 집중된 후 어떻게 이 의식을 이용해 초감각적 지각을 깨울 수 있을까? 가장 손쉬운 방법은 지속적인 자기 확신이다. 어떤 목표든 실현하고 싶다면, 예컨대 초감각적 지각을 깨우고 싶다면 초감각적 지각이 잠재의식 속에 깊이 각인될 때까지 끊임없이 반복적으로 되뇌면 된다.

내년 목표가 직장에서 승진하는 것이라고 해보자. 몸과 마음이 이완된 상태에서 눈을 감고 마음속으로 조용히 '나는 승진할 수 있다. 나는 CEO의 보좌관으로 승진하여 월급은 지금의 두 배가 되고 내 사무실과 함께 전용 기사도 생길 것이다'라고 되뇐다. 다른 목표들도 이런 방식으로 되뇐다.

이것이 헛된 꿈이나 허황된 망상일 뿐이라고 치부하지 말자. 우리가 이들 정보를 의식적으로 끊임없이 반복해서 되뇌면 잠재의식이 이러한 명령을 받아들인다. 그러면 우리의 생각과 행동도 이를 위해 노력하게 된다. 바로 이때 초감각적 지각이 깨어난다. 초감각적 지각은 목표가 실현될 때까지 우리를 이끌어준다.

어떤 이는 내 말대로 해보았으나 아무런 성과가 없었다고 말하기도 한다. 나는 그에게 자세한 상황에 대해 물어보고 나서야 문제가 무엇인지 알 수 있었다. 원인은 아주 간단하다. 그가 충분히 되뇌지 않았기 때문이다. 초감각적 지각을 깨우는 가장 중요한 열쇠는 의식을 한곳에 집중한 후 끊임없이 반복적으로 되뇌고 또 되뇌는 것이다. 때와 장소를 가리지 않고 언제 어디서나 틈틈이 자신의 목표를 확인하고 끊임없이 그 목표를 생각해야 한다. 이렇게 할 때 잠재의식의 도움을 받아 성공적으로 초감각적 지각을 일깨울 수 있다.

링컨은 어떻게
암살을 예측했나

인간의 신체, 특히 대뇌는 우주만큼 심오해서 지속적으로 탐구한다면 더 많은 비밀을 파헤칠 수도, 더 많은 잠재력도 발굴할 수 있다.

미국 역사상 가장 잘 알려진 대통령 링컨은 남북전쟁에서 승리한 후 1865년 4월 14일 암살자의 총에 맞았다. 링컨의 죽음과 관련된 흥미로운 일화가 있다. 링컨은 암살되기 전 자신이 죽으리라는 것을 예감했을 뿐만 아니라 가까운 지인들이 모인 자리에서 자신의 이런 예감을 이야기 했다.

4월 1일 밤, 링컨은 악몽을 꾸었다. 그가 백악관 복도를 걷고 있는데 어디선가 사람들의 울음소리가 들려왔다. 이 방 저 방을 살피다 어느 방에 들어섰는데 안에는 환자용 들것이 놓여 있고 그 위에 시체 한 구가 눕혀 있었다. 들것 주위에는 슬픔에 빠져 흐느끼는 사람들로 가득 했다. 그는 병사에게 누가 죽었는지 물었다. 병사는 대통령이 암살당했다고 대답했다. '대통령이라고? 대통령이라면 나란 말인데?'

잠에서 깬 후 링컨은 아내에게 자신의 꿈 얘기를 했고 이튿날에는 지인들에게도 했다. 꿈 얘기를 들은 사람들은 모두 불안하기 그지없었다. 하지만 불과 하루 만에 링컨의 예감이 현실이 되리라고 누가 감히 상상이나 했겠는가. 극장의 귀빈석에 앉아 연극을 관람하던 링컨은 암살자의 총에 맞았고 이 사건은 영원히 역사에 남게 되었다.

분명 링컨을 포함한 지인 모두 반신반의하며 방관했다. 예감은 있었지만 방비가 없었기에 결국 돌이킬 수 없게 되었다.

링컨의 이야기가 안타까운 예라면 목숨을 구한 로즈의 이야기는 고무적인 사례다. 루이지애나 주에 살던 로즈는 어느 날 시카고에 갈 일이 생겼다. 그는 가는 길에 친구 집에 들르기로 했다. 한적한 교외에 자리한 친구의 농장은 싱그러운 흙냄새로 가득했다. 침실 시계가 12시를 알렸을 때 로즈는 달리는 말굽 소리에 잠이 깼다. '도대체 누가 이 늦은 시간에 시끄럽게 하는 거야?' 참다못한 그녀는 호기심 어린 눈으로 창밖을 바라보았다. 그런데 맙소사! 창밖에는 친구를 찾아온 손님이 아닌 영구마차가 한 대 서 있었다. 하지만 이상하게도 영구 마차에는 관이 하나도 없고 사람들만 가득했다. 어느덧 영구 마차는 로즈의 창문 아래에 도착했다.

마부가 로즈를 향해 얼굴을 돌렸을 때 그의 얼굴이 똑똑히 보였다. 흉측하게 생긴 남자의 얼굴을 본 순간 로즈는 등골이 오싹해졌다. 소름끼치도록 무서운 남자의 얼굴을 보면서 로즈는 그동안 한 번도 느껴본 적 없는 공포에 휩싸였고 얼른 침대로 돌아가 이불로 머리를 덮은 채 숨고 싶은 마음뿐이었다. 바로 그때 로즈의 귓가에 "한 사람 더 탈 수 있어요!"라고 외치는 남자의 목소리가 들렸다. 그의 목소리는 그의 생김새와 마찬가지로 그녀를 두려움에 몸서리치게 했다. 너무도 무서운 나머지 더 이상 볼 수 없었던 로즈는 급히 침대로 돌아가 몸을 꼭 웅크린 채 이불로 자신을 단단히 감쌌다.

이튿날 아침 로즈는 어젯밤 자신이 보고 들은 것이 그저 꿈에 불과하다는 사실을 깨달았다. 하지만 꿈이라고 하기에는 너무도 또렷하고 생생했기에 로즈는 더 이상 친구 집에 머물고 싶지 않았다. 로즈는 친구의 간곡한 만류에도 불구하고 서둘러 농장을 떠났다.

로즈는 목적지인 시카고에 도착해 일을 마친 뒤 어느 쇼핑몰에 들렀다. 그녀는 쇼핑을 마치고 아래층으로 내려가기 위해 엘리베이터로 향했다. 그런데 엘리베이터 안은 이미 사람들로 만원이었다. 로즈는 그 틈을 비집고 타야 할지 말지 고민했다. 그 순간 엘리베이터 안내인이 재촉하듯 그녀에게 "한 사람 더 탈 수 있어요!"라고 말했다.

그 말을 듣는 순간 그녀는 속으로 뜨끔했다. 어젯밤 꿈속에서 남자가 한 말과 정확히 일치했기 때문이다. 로즈는 머리가 쭈뼛쭈뼛 서는 느낌에 엘리베이터를 타지 않고 걸어서 내려가기로 결정했다. 막 비상구 계단에 이르렀을 때 몹시 큰 굉음과 함께 날카로운 비명소리가 들렸다. 알고 보니 고장 난 엘리베이터가 꼭대기 층에서 바닥으로 추락했고 엘리베이터에 타고 있던 승객 모두 사망했던 것이다.

이 이야기를 듣고 당신도 나처럼 의문이 생겼을 것이다. '왜 로즈만 앞으로 닥칠 재난을 예감할 수 있었을까? 엘리베이터에 탄 다른 사람들은? 그들은 왜 아무런 예감도 하지 못했을까? 아니면 그들 중 몇몇도 무언가를 예감했지만 무시한 것일까?'

예감은 일종의 능력이다. 예감은 타고나거나 무의식적으로 발휘되는 능력으로 거의 모든 사람이 가지고 있다. 사실 이론적으로는 누구나 가질 수 있지만 실제로 모든 사람이 가질 수 있는 것은 아니다. 어떤 사람들은 자신의 초감각적 지각을 통해 우주가 보내는 정보를 받을 수 있지만 어떤 사람들은 그럴 수 없기 때문이다.

요컨대 우리가 살고 있는 이 우주는 자연적인 것이든 인위적인 것이든 모든 정보를 전자파를 매개로 전달한다. 비록 우리가 볼 수도 느낄 수도 없지만 우리 주변에는 무수히 많은 자력선이 이리저리 떠다닌다. 이들 자력선 속에는 어마어마한 정보도 포함되어 있다. 어떤 것이 수억 년 전에 비롯된 것이라면 또 어떤 것은 몇 년 후의 미래에서 온 것도 있다.

그렇다면 '이렇게 어마어마한 정보 속에서 생활하는 나는 어째서 한 번도 그런 느낌을 받지 못했을까?'라는 의문이 들 것이다.

우리가 흔히 접하는 교통신호등을 예로 들어보자. 알다시피 교통신호등에서 빨간불은 멈춤을 의미한다. 그런데 초록불이 무엇을 의미하는지 모른다면 빨간불이든 초록불이든 의미가 없기는 마찬가지다. 이처럼 정보를 보냈지만 당신이 전혀 받아들이지 못했기에 정보 전달에 실패한 것이다.

우주 탄생으로부터 현재까지 셀 수 없는 시간이 흘렀고 대량의 정보가 축적되었다. 우주라는 정보 창고는 무한한 정보를 수용할 수 있을 만큼 크다. 다시 말해, 우리 주변은 무수한 정보들로 넘쳐난다. 다만 우리가 이들 정보를 제대로 받아들이고 해독하지 못하기 때문에 아무런 의미도 갖지 못하는 것일 뿐이다. 심지어 전혀 의식하지 못하는 경우도 있다.

초감각적 지각을 깨우기만 하면 우주가 보내는 정보를 받을 수 있다. 이들 정보가 얼마나 신기한 위력을 발휘하는지는 가히 짐작하고도 남을 것이다.

관찰의
힘

관절염을 앓고 있는 사람은 관절 통증이 심해지면 날씨의 변화, 즉 바람이 불고 비가 오거나 눈이 내리면서 추위가 닥치리라는 것을 알 수 있다. 관절염이라는 질병이 일기예보를 발표하는 기상대인 것이다. 왜 그럴까? 관절과 같은 신체 부위가 특별히 예민하기 때문이다. 마찬가지로 소울이 예민하면 더 자세한 관찰이 가능하다. 그러면 소울을 통해 이 세상을 지각할 수도, 자신의 초감각적 지각을 깨울 수도 있어 무엇과도 견줄 수 없는 강력한 에너지를 가질 수 있다.

바다 날씨가 아무리 최악이라도 어선 가득 생선을 싣고 돌아오던

늙은 어부가 있었다. 다른 어민들이 빈손으로 돌아올 때도 그는 항상 만선이었다. 사람들은 그를 시기하며 험담을 늘어놓았다. '저 노인네는 어쩜 저렇게 매번 운도 좋은지, 도대체 영문을 모르겠단 말이야. 우린 지지리 운도 없는데 말이지.' 후에 늙은 어부의 아들이 자라서 이야기를 듣고는 아버지에게 물었다. "정말 아버지는 남들보다 특별히 운이 좋은 사람입니까?" 그러자 늙은 어부는 이렇게 대답했다.

"아들아, 그런 게 아니란다. 나는 그저 남들보다 더 자세히 관찰할 뿐이다. 어쩌면 그들의 말이 맞는지도 모르겠구나. 나는 바람, 구름, 물보라, 물빛 속에서 하느님이 내게 주는 정보를 감지해서 물고기 냄새를 맡으니까. 사실 하느님이 유달리 나를 편애하는 건 아니란다. 다만 하느님이 어떤 조그만 단서라도 주신 게 아닐까 하고 내가 특별히 더 주의 깊게 관찰하는 것일 뿐이지."

어떤 사람은 초감각적 지각을 가지고 있다. 왜일까? 그들은 아주 예민한 마음을 가졌기 때문이다. 영국의 유명 추리 작가 아서 코난 도일의『주홍색 연구』는 셜록 홈스가 등장하는 시리즈의 첫 작품이다. 소설에서 홈스는 처음 만난 왓슨이 아프가니스탄에서 돌아왔다는 사실을 추리해낸다. 왓슨은 홈스의 추리력에 놀라면서도 한편으로 이해할 수 없어 했다. 그 후 둘이 명콤비가 된 후에야 왓슨은 그 이유를 알게 되었다.

홈스와 처음 만났을 때 왓슨은 의료계에서 일하고 있었다. 홈스는 그에게서 군인 특유의 기질을 느꼈고 그가 군의관일 거라고 추리했다. 그의 얼굴은 가무잡잡했으나 손목 부근의 피부가 하얀 것으로 볼 때 햇빛이 강렬한 열대나 고원 지방에서 돌아온 것이 틀림없었다. 가무잡잡한 얼굴 뒤로 보이는 초췌함은 그가 최근에 부상당했거나 고된 생활을 했음을 설명해주는 단서였다. 왓슨의 뻣뻣해 보이는 왼손은 다쳐서 그런 것임에 분명했다. 이 모든 요소를 종합하면 어느 백인 군의관이 최근 햇빛이 강렬한 지방에서 힘들게 생활하면서 팔까지 다쳤다라고 판단할 수 있다. 그렇다면 최근 어느 지역에서 전쟁이 발생했을까? 바로 아프가니스탄이다. 답은 뻔했다. 언뜻 보면 신기해 보이지만 알고 보면 그다지 신기할 것도 없다. 당신에게도 반나절의 시간이 주어지면 홈스와 똑같은 결론을 내릴지도 모른다. 그러나 홈스의 뛰어난 점은 이런 판단을 하는 데 1초의 시간도 걸리지 않았다는 데 있다.

『주홍색 연구』에서 아서 코난 도일은 다음과 같이 썼다. "인생은 커다란 쇠사슬과 같아서 고리 하나만 보아도 전체를 미루어 짐작할 수 있다. 한 사람의 손톱, 외투 소매, 신발과 바지 무릎, 엄지와 검지에 박힌 굳은살, 얼굴 표정, 셔츠 소맷부리만 관찰해도 그의 직업을 추리해낼 수 있다." 예컨대 홈스는 타자기에 찍힌 글자의 흔적만으로도 사건 전체의 전후 맥락을 추리해내기도 한다.

물론 소설은 소설일 뿐 믿을 게 못된다고 생각할 수도 있다. 하지만 이 소설이 시대를 초월해 독자들을 매료시킨 데는 치밀한 논리에도 있다. 빈틈없는 논리야말로 이 소설의 가장 탁월한 점이다. 날카로운 통찰력을 가진 소설 속 주인공은 자세한 관찰만으로 전체를 추측할 수 있다. 그런 까닭에 미래 예측도 가능한 것이다.

사물을 자세히 관찰하는 사람들은 마치 마술사처럼 사물도 확연히 다른 것으로 바뀌게 할 수 있다. 무엇이든 관심을 기울이고 자세히 관찰하면 평소 간과했던 사소한 부분도 발견할 수 있다. 이를 통해 우리 삶은 다채로워지고 더 많은 정보와 지식을 포착할 수 있다.

그렇다면 도대체 무엇이 자세한 관찰인지 알아보도록 하자.

예를 들어, 꽃이나 촛불을 응시할 때, 먼저 존재와 본질을 지각한 후에야 아름다움도 의식할 수 있다. 이와 동시에 색깔이 짙은지 옅은지, 생김새와 형태는 어떤지, 주변 사물과 관계는 어떤지까지 관찰했을 때 비로소 자세히 관찰했다고 할 수 있다.

이런 의문이 생길 수 있다. '이런 것들을 관찰해서 뭐해? 좀 더 중요한 일에 정력을 쏟아야 하지 않아?'라고 말이다. 그렇다면 러시아의 대문호 톨스토이가 한 말을 기억했으면 한다.

"세상 모든 것은 흥미롭다".

세상 모든 것에 흥미를 느끼면 그 속에서 진정한 흥미로움도 발견할 수 있다. 모든 사물과 현상에 대한 자세한 관찰 외에도 예리한 관찰력을 길러 쉽게 지나칠 수 있는 정보도 발견할 수 있어야 한다. 예리한 관찰력의 정도는 흔히 흥미가 있는지 여부에 달려 있다. 잘 알고 있겠지만 영국의 생물학자 찰스 다윈은 곤충 수집과 관찰에 큰 흥미를 느꼈다. 그런 그가 동료와 깊은 골짜기로 현장 조사를 나갔을 때의 일이다.

'우리 둘은 주변의 신비한 빙하 흔적을 보지 못했다. 빙하 흔적이 너무도 뚜렷한 암석과 우뚝 솟은 큰 암석 덩어리 등을 전혀 알아차리지 못했던 것이다.' 생물에 대해서라면 누구보다도 예리한 관찰력을 가진 다윈조차도 지질 현상에 대해서는 아무런 흥미도 없던 것이다. 다윈처럼 지질 현상에 흥미가 없어도 문제될 것은 없다. 하지만 더 정확한 초감각적 지각을 얻고 싶다면 자신의 흥미 범위를 넓힐 필요는 있다.

예리한 관찰력은 그 사람의 경험적 지식과도 밀접한 관련이 있다. 복잡하게 뒤얽힌 세상에서 경험이 풍부하고 박학다식한 사람이야말로 의미 있는 정보를 더 많이 발견해낼 수 있다. 반대로 경험과 학식이 부족한 사람은 많은 관찰 대상을 두고도 이리저리 분주하기만 할 뿐 정작 아무것도 발견하지 못할 가능성이 높다. 따라서 더 많은 지식을 두루 섭렵하여 관찰력을 높여야 한다. 그러나 한편으로 일부 지식에 기대 사물을 지레짐작하는 행동도 주의할 필요가 있다. 일찍이 괴테는 '아는 만큼 보인다'라고 설파했다. 그의 말대로라면 관찰은 의미를 잃게 된다.

장황하게 설명했지만 한마디로 말하면 얼마나 뛰어난 관찰력을 가졌는지 여부에 의해 한 사람이 얻을 수 있는 정보의 많고 적음도 결정된다는 것이다. 즉, 예리한 관찰력의 소유자는 초감각적 지각을 통해 더 많은 정보를 얻을 수 있다. 이것이 바로 우리가 삶을 더 자세히 관찰해야 하는 이유다.

외부세계와 차단하고
명상하라

많은 사람이 스트레스를 받으며 생활하고 있다. 그러니 늘 초조하고 불안하다. 이 모든 것을 널려버릴 수 있는 좋은 방법이 명상이다.

언뜻 보기에 명상은 터무니없어 보이지만 우리에게 확실한 변화를 가져다준다. 명상을 통해 소란스러운 현실세계에서 잠시 벗어나 마음의 안정을 찾을 수 있다. 명상하는 동안 이완된 몸과 안정된 마음은 건강에도 큰 도움이 된다. 이렇게 몸과 마음이 균형을 이뤄 평온해지면 초감각적 지각도 더 쉽게 깨어난다.

명상을 통해 근육이 이완되고 마음이 평온해지면 뇌파가 더욱 안정되게 할 수 있다. 이와 동시에 기쁘거나 흥분 상태에서 나오는 베타엔도르핀, 모르핀, 도파민 등의 호르몬 분비도 더 활성화된다. 이들이 활성화되면 우리를 불편하게 하는 감정들, 이를테면 긴장, 초조, 불안, 아픔, 공포 등이 사라진다. 마음의 안정에 전혀 도움이 되지 않는 감정들이 잠재의식에서 제거되면 평소 문제가 되었던 행동이나 성격적 결함도 고칠 수 있다. 행동이 좀 더 객관적이고 침착해지면 사고력과 기억력 및 창조력도 향상된다. 이보다 더 중요한 것은 초감각적 지각이 더 명확해진다는 점이다. 나의 경험에 따르면 평소 명상하는 습관은 주변 환경에 대한 지각력을 높여 정서적으로 더 예민해지는 동시에 심리적으로도 성숙해지게 한다.

많은 사람이 명상을 복잡한 것으로 오해하는데 사실은 전혀 다르다. 명상이란 매우 순수한 마음 상태로 모든 잡념을 떨쳐버리고 자신의 호흡과 의식에 집중하는 것을 말한다. 동시에 무의식적으로 생명의 매 순간을 느끼는 상태다.

원래 명상은 '고요히 눈을 감고 깊이 생각하는 것'을 가리킨다. 명상을 통해 몸과 마음의 긴장을 충분히 풀면 감정의 기복 없이 마음속 깊은 곳의 변화를 조용히 관찰해 변화를 지각할 수 있다. 이를 통해 무아의 상태에 이르면 마음에 평화와 안정이 찾아오는 동시에 초감각적 지각도 깨어난다.

명상의 힘을 느끼고 싶다면 두 가지 요건이 충족되어야 한다. 적합한 방법을 찾고 그 방법에 따라 훈련을 하는 것이다. 둘째 요건의 경우 나로서는 어찌할 도리가 없지만 첫째 요건이라면 내가 도움이 될 수 있다.

명상은 특별한 도구나 장소가 필요치 않다. 그저 매일 자신에게 조금의 시간과 공간을 주어 명상의 기쁨 속에 빠지기만 하면 된다. 요가를 할 때와 마찬가지로 편안한 옷으로 갈아입고 스트레스를 풀어주는 간단한 운동, 이를테면 가볍게 주먹을 쥔다거나 시계 방향으로 복부를 마사지하면서 신체가 천천히 이완되도록 한다. 이어서 반듯이 누워 몸을 왼쪽과 오른쪽으로 번갈아 비틀어주면서 전신의 근육을 풀어준다. 매트 위에 똑바로 누워서 따뜻한 빛이 주변을 비추는 상상을 통해 행복과 고요함을 느껴본다.

몸과 마음의 긴장이 풀어졌으면 이제는 조용히 앉아서 엄지와 검지를 맞붙이되 나머지 세 손가락은 편안한 자세를 유지하면서 두 손바닥이 위를 향하게 무릎 위에 올려놓는다. 이 과정에서 이미 이완된 근육이 다시 긴장되기도 하므로 자세를 잡고 앉은 뒤에는 몸의 긴장감이 사라질 때까지 근육이 이완되도록 노력한다.

모든 준비가 끝났으면 이제 명상에 들어간다. 일단 명상에 들어가면 모든 것을 잊고 호흡에만 집중한다. 잘 알고 있겠지만 호흡은 일정한 템포로 반복되는데 명상의 아주 좋은 자극제가 된다. 코를 통해 정상적으로 호흡하되 무의식적으로 호흡 횟수를 세도록 한다. 이때 1부터 10까지를 반복적으로 센다. 이 모든 과정을 15분에서 20분 정도 지속한다. 만약 외부의 간섭으로 마음이 동요하면 평정 상태를 유지하면서 다시 숫자를 세도록 한다.

잡념이 생길까봐 두렵다면 외부 사물의 도움을 받아도 된다. 예컨대 아로마 향초를 피워 호흡이 안정되도록 하는 한편 촛불을 응시하

면서 마음이 흐트러지지 않게 한다. 이외에도 똑딱거리는 시계소리처럼 단조롭고 반복되는 소리 역시 명상할 때 좋은 자극제가 된다.

명상에서 가장 중요한 것은 호흡이다. 외부 사물의 도움을 받아 호흡에 집중하든 그렇지 않든 이 모든 과정이 끝나면 다시 5분 동안 복식호흡을 한다. 매트 위에 반듯이 누워 두 손을 배꼽 위에 가볍게 올린 다음 호흡에 따라 복부 근육을 이완하고 수축하기를 반복한다. 마치 폐에서 모든 나쁜 가스가 뱉어져 나오듯이 호흡을 최대한 길게 들이마시고 내쉬도록 한다. 호흡에 집중할 때 쉽게 명상 상태에 들어갈 수 있다. 일반적으로 명상의 과정은 3단계로 나눌 수 있는데 모든 단계에서 이완을 경험할 수 있다.

1단계는 주의 훈련기다. 이때 의식은 활발하게 움직이는 편이어서 아름다웠던 기억이 머릿속에 떠오른다. 이를테면 행복했던 순간, 이루고 싶은 목표, 사랑하는 사람 등을 말한다. 일부러 생각하지 않아도 호흡 소리와 함께 마치 물 흐르는 듯 자연스럽게 아름다웠던 기억들이 스쳐 지나는 것이다. 이런 생각을 굳이 떨치려고 애쓸 필요는 없다. 사실 노력해봐야 헛수고일 뿐이기 때문이다. 오로지 안정된 호흡을 유지하면서 자신의 호흡 횟수를 세는 데만 집중하면 된다.

2단계는 지각 상실의 상태다. 인간이 극도로 흥분하면 이런 상태가 된다. 하지만 지금은 극도로 평정된 상태에서 이런 감각을 찾아야 한다. 몸과 마음이 완전히 이완되면 지각을 상실하게 된다. 바로 이때 마음은 더없이 순수하고 맑은 상태가 된다. 이런 상태를 기쁨이라고는 말할 수 없지만 기쁨보다 더 사람을 행복하게 한다.

마지막 3단계는 완전한 평정의 상태다. 영혼이 마치 육신을 이탈한 듯 머릿속의 모든 잡념이 사라지면서 몰아의 상태가 된다. 나와 외부세계가 하나가 되고 나와 사물을 나누지 않는 경지에 이르면 성공적으로 초감각적 지각을 깨울 수 있게 된다.

연습 2 │ 주의력 집중하기

주식 대폭락을 미리 예측해 성공적으로 주식시장에서 철수한 펀드매니저를 기억하는가? 그는 누구나 부러워할 감각을 가졌다. 그와 좀 더 친해진 뒤에 알게 된 사실이지만 그는 직관을 기르고 업무 효율을 높이기 위해 주의 집중 연습을 했다고 한다.

의식이 지나치게 산만하면 잠재의식이 제대로 발휘되지 못해 초감각적 지각이 보내는 소리를 들을 수 없다. 그러므로 주의 집중 연습은 초감각적 지각을 실현하기 위해 꼭 필요한 절차라고 할 수 있다. 여기서는 펀드매니저의 주의 집중 방법에 대해 소개하겠다.

....

1단계: 제대로 호흡하기

우리는 매순간 무의식적으로 호흡하고 있다. 그런데 의식적인 호흡은 몸과 마음을 변화시킬 수 있다. 여기서 말하는 호흡은 복식호흡이다. 간단히 말해 숨을 내쉴 때 배를 집어넣고 숨을 들이마실 때는 배를 내미는 것이다. 이 과정에서 의식적으로 폐활량을 늘이는 전형적인 심호흡 방법이다. 천천히 심호흡함으로 심장이 이완되고 마음을 안정시키는 데 효과가 있다.

....

2단계: 호흡 연습하기

편안한 의자에 앉아 눈을 감고 몸의 긴장을 푼 상태에서 양 어깨는 자연스럽게 늘어뜨리고 두 손은 허벅지에 올려놓는다. 그런 다음 호흡 연습을 한다.

앞서 1단계에서 연습한 복식호흡을 이용하거나 또는 코로 숨을 들이마시고 입으로 숨을 내쉬는 심호흡 방법을 사용해도 된다. 숨을 들이마시는 동안 마음속으로 5 또는

10까지 센다. 숨을 내쉬는 시간은 들이마시는 시간의 배가 되도록 한다. 다시 말해, 숨을 한 번 들이마시고 내쉬는 과정이 15초에서 30초 정도가 되어야 한다. 이처럼 느린 템포로 심호흡하는 것이 처음에는 쉽지 않을 것이므로 순서대로 천천히 연습하도록 한다. 주의할 점은 억지로 숨을 참지 않는 것이다. 심호흡을 연습하는 동안은 모든 주의력을 호흡에만 집중한다. 그러면 마음은 안정되고 머리는 맑아져 의식이 자연스럽게 집중되는 것을 발견할 수 있다.

이 모든 과정을 5분에서 15분 정도 지속한다. 시간이 되었다고 급하게 일어서지 말고 천천히 숫자 5까지를 센다. 그런 다음 눈을 뜨고 천천히 일어선다.

3단계: 신체의 소리에 귀 기울여라

모든 단계를 거치는 동안 한편으로는 의식을 호흡에 집중시켜야 하고, 또 한편으로는 무의식적으로 신체에서 들리는 소리에 귀를 기울여야 한다. 호흡하는 동안 신체의 반응을 감지하기 위해 노력하면서 가장 기분 좋은 상태를 느껴본다. 그런 다음 그 상태를 1초 정도 더 유지하면서 언제든지 신체감각을 감지하도록 연습한다.

주의할 점은 이 모든 동작이 느리게 이루어져야 한다는 것이다. 아무리 바빠도 연습에 들어가면 모든 잡념과 조급함을 내려놓고 천천히 이 모든 과정을 완수해야 한다. 그러면 의식 집중도 더 쉽게 이루어질 수 있다.

내 안의
또 다른 나

운명이란 한 사람이 일생 동안 걸어온 길이자 이룩한 과업이라고 할 수 있다. 자기 운명의 신은 바로 자신이다. 우리는 자신의 운명을 지배하고 주재함으로 오늘의 내가 미래를 향해 나아가도록 해야 한다. 보다 나은 내일의 나를 위해서는 준비를 잘해야 한다. 이 과정에서 미래의 당신은 소소한 일들로 당신에게 암시를 줄 것이다. 이 신호에 따라 인생의 사명도 또 내 안의 또 다른 나도 찾을 수 있다.

지금의 나와
미래의 나

우리가 일생 동안 만나는 어떤 기회를 만드는 주체는 나 자신이다. 오늘의 나는 어제의 내가 만든 것이고, 미래의 나는 오늘의 내 행동이 결정한다. 결국 우리는 미래의 자신을 위해 살아간다. 지금의 당신이 미래의 당신을 가로막아서는 안 된다. 운명은 나 자신의 손에 달려 있으니 당신이 어떤 선택을 하는가에 따라 결정된다.

다음은 NBA의 워싱턴 위저즈(Washington Wizards) 팀에서 공격형 가드로 명성을 떨친 길버트 아레나스(Gilbert Arenas)가 스포츠 브랜드 아디다스 광고에 출현했을 때의 대사 일부다.

"안녕, 내 이름은 길버트 아레나스야. 지금부터 내 이야기를 들려줄 게. 내가 NBA에 갓 입단했을 때 처음 10경기를 벤치에 앉아서 보냈지. 그건 내게 사람들은 벤치에 구멍 나겠다며 놀려댔어. 사람은 내 재능을 알아보지 못했어. 나를 아무 쓸모도 없는 재료이라고 생각하는 것 같 았지. 하지만 난 벤치에 앉아서 그 누구도 원망하지 않았어. 오히려 더 열심히 훈련하고 또 훈련했어. 아무도 너를 믿어주지 않을 때 내가 한 모든 노력은 내 자신에게 플러스가 될 거야. 그건 이미 농구를 잘하고 못하고의 문제가 아니었어. 나는 그들이 틀렸음을 증명해야만 했어. 왜 내 유니폼의 등 번호가 0번인지 알아? 그건 나 자신을 채찍질하며 매일 최선을 다하기 위해서야."

미래의 나는 어떤 모습일까? 그것은 하늘과 나만이 알 수 있다. 왜냐하면 나의 미래는 내 손에 달려 있기 때문이다. 삶은 언제나 기 대와 희망을 주며 무한한 가능성을 담고 있다. 내 안의 또 다른 나 는 초감각적 지각을 통해 진정 나를 위한 선택을 하도록 스스로에 게 강렬한 암시를 줄 것이다. 그러므로 우리는 정말 기적을 창조할 수 있다.

사실 많은 일은 할 수 없어서가 아닌, 시간과 노력을 들이지 않기 때문에 안 된다. 그도 아니면 '미래의 나'에 대한 이미지가 덜 선명한 탓에 '오늘의 나'를 강하게 밀어붙이지 못하기 때문일지도 모른다.

내 주변 대다수 사람들의 인생은 실패라고까지는 할 수 없지만 그 렇다고 성공했다고도 말할 수 없다. 평생을 분주히 뛰어다녔지만 삶은 그다지 나아진 게 없다. 사실 그들 중에는 능력도 있고 일도 열심히 해서 당연히 성공하겠거니 하고 생각되는 사람도 적지 않다. 하지만 그런 이들조차도 결국에는 실패하고 만다.

우리는 성공을 선택할 수도 또 평범함을 선택할 수도 있다. 어느 누구도, 어떤 일도 당신에게 강요할 수 없다. 그러나 오늘의 당신에게 만족하는가? 미래의 당신이 여전히 오늘과 같기를 바라는가?

한 직업에 종사한 지 상당히 오래되었지만 여전히 발전 가능성도 성공할 희망도 보이지 않는다면 반드시 자신을 되짚어보아야 한다. '나의 흥미, 목표, 능력을 감안했을 때 내가 정말 제대로 된 길을 가고 있는가?' 만약 잘못된 길을 가고 있다면 일찌감치 방향을 바꿔 미래의 자신에게 더 많은 가능성을 열어줄 직업을 찾도록 해야 하지 않을까?

그렇다면 무엇이 가장 좋을까? 언제나 그렇듯 자신에게 가장 잘 맞는 것이 가장 좋다. 지금의 상황에 불만이 있다면 미래의 내가 오늘의 내게 '무언가 변화를 꾀해야 할 때가 되었다'라며 알려주는 것일지 모른다. 또 갑자기 눈앞이 환해지는 듯한 말을 들었다면 미래의 내가 오늘의 내게 '난 이런 게 좋아'라며 정보를 보내는 것일지도 모른다.

어떤 말을 듣거나 문구를 보고 가슴이 두근거린다면 당신의 신체 어느 한구석이 공감한다는 의미다. 더 정확히 말하면 당신의 초감각 지각이 그것과 만나 불꽃이 튀었다는 뜻이다. 즉 미래의 당신이 외부 사물에 심리 투사되어 당신을 미래로 이끌고 있는 것이다.

내 안의 또 다른 나의 존재를 지각했거나 미래의 내가 보내는 지령을 받았다면 더 이상 헛되이 소중한 시간과 정력을 낭비해서도, 아무 생각 없이 하루하루를 보내서도 안 된다. 당연히 지금부터 미래의 나를 맞이해야 한다. 과거의 선택이 지금의 나를 결정하고 지금의 선택이 미래의 나를 결정하기 때문이다.

내가 바라는 내 미래는 아주 명확하다. 수영장이 있는 별장에서 한가하게 돈이나 세며 보내는 것이다. 당신이 바라는 미래의 당신은 어떤 모습인가? 지금 당신이 하고 있는 일이 그저 경력을 쌓기 위한 수단에 불과할 수도 있을 것이다. 그렇다면 이제부터 미래의 자신과 친구들에게 완전히 새로운 당신을 보여주기 위해 스스로의 인생을 새롭게 설계해 보도록 하자.

넌 앞으로
큰일을 할 사람이야

인생 설계를 하기 전에 이 물음에 한번 답해보라. '나는 왜 이 세상에 왔으며 나의 인생 목표는 무엇인가?' 미국의 공영방송 PBS가 제작한 다큐멘터리 프로그램 〈괴짜들의 승리(Triumph of the Nerds)〉에 출현한 스티브 잡스가 한 말은 아주 인상적이다.

"저는 23살 때 재산이 100만 달러, 24살 때 1,000만 달러, 25살 때는 이미 1억 달러를 넘었지만 재산은 제게 그다지 중요하지 않았어요. 제가 돈 때문에 일을 하는 것은 아니니까요. …… 저는 '무덤 속 최고부자가 될 생각은 전혀 없어요. 그저 잠자리에 들었을 때 오늘도 좋은 일

을 했다고 생각되면 그것으로 만족해요. 이것이 바로 제 인생의 기쁨이
자 삶의 의미이니까요"

당신 인생의 기쁨과 삶의 의미는 무엇인가? 다시 말해, 스스로 생
각하는 인생의 사명은 무엇인가? 그렇다면 도대체 인생의 사명이란
무엇이란 말인가?

사명이란 일생 동안 달성해야 할 정신적 성장 목표라고 할 수 있
다. 헌데 정신적 목표라고 해도 그것을 달성하기 위해서는 반드시 직
업 혹은 사회적 역할이라는 매개체의 도움이 필요하다. 그런 까닭에
인생의 사명은 우리의 직업 선택과 밀접한 관련이 있다. 하지만 둘은
엄연히 다르다.

나에게는 로저라고 불리는 친구 한 명이 있다. 로저는 세계적으로
손꼽히는 호텔 체인을 보유하고 있다. 그의 호텔 체인은 호텔업계에
서도 높은 지명도를 자랑한다. 여기서 이 친구를 거론하는 것은 그의
성공이나 재산 때문이 아닌 그의 성장 스토리 때문이다.

로저는 홀어머니 밑에서 자랐다. 어머니는 매우 강인한 분이었다.
비록 물질적으로 풍요로운 생활은 아니었지만 매일 밤 어머니는 로
저를 무릎 위에 앉히고 인생을 바꿀 수 있는 수많은 이야기를 들려주
셨다. "로저, 넌 앞으로 큰일을 할 사람이야. 네가 인생의 사명을 찾
아서 열심히 노력하기만 한다면 해내지 못할 일은 없단다."

로저는 자라서 사업적으로 제법 성공을 거두었다. 하지만 인생의
진정한 전환점은 그가 그의 아내와 다섯 아이를 데리고 떠난 휴가에

서 시작되었다. 가족과 함께 떠난 휴가에서 로저는 여관에서 제공한 질 낮은 서비스에 크게 실망했다. 이보다 더 그를 화나게 한 것은 아이 한 명당 2달러씩 별도의 추가 요금을 지불해야 한다는 점이었다. 당시 미국의 일반 가정 입장에서 보면 이런 가격은 결코 싼 편이 아니었다. 화나고 실망스러움을 느끼던 로저에게 문득 한 가지 아이디어가 떠올랐다.

로저는 아내에게 자신의 사명을 찾았다고 말했다. 그는 그들이 겪은 불쾌한 경험을 다른 가정이 더 이상 겪지 않기를 바랐다. 그는 여행을 떠나는 가정을 위해 그동안 없던 새로운 선택을 제공하기로 했다. 그는 가족들이 묵기에 알맞은 숙소인 모터 호텔(Motor Hotel)을 설립하기로 마음먹었다. 모터 호텔은 믿을 수 있으면서도 아동 요금을 추가로 지불하지 않아도 되는 호텔이었다. 로저는 모터 호텔을 미국 전역에 400곳 정도를 개설하되 자동차의 하루 이동 거리인 약 240킬로미터 범위 내에 위치하도록 구상했다. 당시 어느 누구도 그런 생각을 하지 못했기에 대부분의 사람들, 심지어 그의 아내까지도 그의 생각에 회의적인 태도를 보이며 실패를 점쳤다.

그럼에도 로저는 모터 호텔이야말로 자신의 사명이자 일생을 바쳐 해야 할 일이라는 생각이 들었다. 모두가 반대했지만 로저는 모터 호텔 설립에 적극적으로 임했다. 객실 설계 디자이너를 고용할 수 없었던 그는 앞서 문을 연 100여 곳 호텔의 객실 디자인을 직접 하기도 했다. 매번 새로운 사업을 시작할 때마다 그랬듯 이번에도 엄청난 도전에 직면해야만 했다. 여러 해가 흐르는 동안 때로는 현금이 부족해서 직원들 월급을 어음으로 지급하기도 했다. 그렇지만 로저는 자신의 성공에 대해 단 한 번도 의심하지 않았다. 그렇게 10년이 흐른 후 그는 지금의 성공을 거두었다. 로저는 자신의 존재 이유인 사명을 찾은 것이다.

그렇다면 당신은 어떤가? 때로는 여의치 않은 상황에서 인생 여행을 시작할 수도 있다. 하지만 자신을 믿고 가치 있는 인생의 사명을 찾아서 노력하기만 한다면 어떤 것도 당신의 성공을 가로막지 못한다. 스티브 잡스 역시 2005년 스탠포드 대학교 졸업식 연설에서 다음과 같이 말했다.

"여러분한테 주어진 시간은 제한되어 있습니다. 그러니 다른 사람 삶을 사느라고 시간을 낭비하지 마십시오. 독단적인 신념에 속박되지 마십시오. 그건 다른 사람이 생각하는 대로 사는 것입니다. 다른 사람들이 떠들어대는 의견들로 자기 마음의 소리가 묻히지 않게 하십시오. 그리고 가장 중요한 것은 용기 있게 자신의 직관과 마음의 지시를 따르는 것입니다. 그것들은 당신이 무엇이 되고 싶은지 알고 있을 것입니다. 그 외 나머지는 모두 부차적인 것입니다. 때로 살다 보면 벽돌로 머리를 얻어맞은 것 같을 때가 있습니다. 신념을 잃지 마십시오. 제가 계속 앞으로 나아갈 수 있었던 것은 오로지 제가 하는 일에 대한 열정이 있었기 때문입니다. 여러분도 사랑할 무언가를 찾아야 합니다. 그것은 일일 수도 있고 사랑하는 사람일 수도 있습니다. 여러분의 일은 여러분 인생의 큰 부분을 차지하게 될 것입니다. 스스로가 위대한 일이라고 믿는 일을 해야만 진정으로 만족할 수 있습니다. 아직 그걸 찾지 못했다면 계속해서 찾으십시오. 멈추지 말고 최선을 다해 찾으십시오. 그걸 찾게 되면 여러분은 알게 될 것입니다. 진실한 관계가 모두 그러하듯 세월이 흐를수록 점점 더 긴밀해질 것입니다. 그러니 계속해서 찾으십시오. 그것을 찾아낼 때까지 멈추지 마십시오!"

만일 자기 인생의 사명을 아직 찾지 못했다면 지금부터 찾아 나서거나 계속해서 찾길 바란다. "자신의 직관과 마음의 지시를 따르십시오", "당신의 마음은 그 방향과 소망이 어디에 있는지 알고 있습니다", 이것이야말로 가장 멋진 정답이다.

인생의 사명을 찾는 과정에 대해 약간의 조언을 덧붙이면 당신 운명에 큰 변화를 가져왔던 사건, 즉 인생의 결정적인 사건들을 되돌아보는 것이다. 이를테면 고등학교 또는 대학(혹은 대입 실패) 선택, 이직, 가족들과의 이별 혹은 가족의 죽음, 결혼, 이혼, 불의의 사고처럼 당신의 생각, 관점, 신앙 등에 커다란 영향을 미친 사람 혹은 사건을 말한다. 이러한 사건들은 당신이 인생의 사명을 찾는 데 힌트가 될 수 있다. 물론 자세히 분석한다면 약간의 실마리도 찾을 수 있다.

스스로의 인생을 되돌아보면서 자기 마음속의 변화된 규칙 또는 떠오르는 이미지를 그려보도록 한다. 그리고 친구들과 이에 관해 이야기를 나누다 보면 마음속의 이끌림과 그것이 지시하는 방향을 발견할 수 있다. 이때 수많은 방향과 마주할 수도 있는데 그러면 그 중에서 한 가지를 선택해야 한다.

올바른 방향을 선택하기 위해서는 먼저 스스로에게 '나는 무엇을 가장 하고 싶은가? 나는 무엇을 가장 원하는가?'를 질문해야 한다. 어려서부터 지금까지 수없이 들은 질문이겠지만 다시 한 번 진지하게 고민해보기 바란다. '돈(생존에 필요한 물질)과 생존을 떠나서 가장 하고 싶은 것은 무엇인가? 가장 큰 소망은 무엇인가?' 이에 대한 대답은 외부 사물이나 물질적 조건에서 벗어나 진정한 내면의 소리에 귀 기울인 것이어야 한다. 이때 다른 사람이 어떻게 생각하는지는 중요하지 않다. 자기 마음을 가장 잘 아는 사람은 바로 자신이기 때문이다. 차분하게 자신의 내면에서 진정한 해답을 찾아야 한다.

우연의 일치인가,
하늘의 계시인가

10년 전, 그와 그녀는 단 한 번 스쳤을 뿐이었다. 그로부터 10년 후, 어느 낯선 도시의 바닷가에서 그는 불현듯 그녀와 만났던 날을 갑자기 떠올렸다. 그리고 고개를 돌리는 순간, 바로 그곳에 그녀가 있었다……. 어느 로맨스 영화에서나 등장할 법한 장면이다. 현실에서는 절대 일어날 수 없을 이야기 같겠지만 초감각적 지각이 발휘되는 순간 이상할 것도 없는 일이다. 이보다 더 신기한 우연도 비일비재하다.

이름이 똑같은 미국인 여성 두 명이 있었다. 둘의 이름은 모두 패트리샤였다. 사실 별로 놀랄 일은 아니다. 한데 두 사람의 신기한 우연은 여기에서 그치지 않았다. 사회보장번호 담당자의 실수로 두 사람의 사회보장번호가 똑같았는데, 이 문제를 바로 잡는 과정에서 두 사람은 서로 만나게 되었다. 두 사람은 패트리샤라는 이름뿐만 아니라 캠벨이라는 성까지도 동일했다. 둘은 생일도 1941년 3월 13일로 같았으며 두 사람 아버지의 이름 역시 로버트로 완전히 일치했다. 결혼기념일도 겨우 11일 차이가 날 뿐이었고 두 사람 남편의 직업 역시 군인이었다. 둘 다 아이가 둘이었는데 각각 19살과 21살에 아이를 낳았다. 두 사람이 거친 직업 또한 헤어디자이너, 도서관 사서 등 아주 유사한 점이 많았다.

사실 동명이인은 적지 않다. 누구나 자신과 똑같은 이름을 가진 사람이 제법 있을 것이다. 그렇지만 이처럼 많은 우연의 일치를 볼 때 두 사람의 인연이 특별한 것만은 사실이다. 과연 이 세상에 낯선 사람과 이처럼 유사한 인생 역정을 가진 이들이 얼마나 될까? 여기 이러한 이름이 또 하나 있다. 이 이름을 가진 사람은 그녀들보다 더 행운아라고 할 수 있다.

그의 이름은 휴 윌리엄스(Hugh Williams)다. 1660년 12월 5일 웨일스 해안 부근 항로에서 배 한 척이 침몰했다. 유일한 사고 생존자의 이름은 휴 윌리엄스였다. 1767년 12월 5일 똑같은 해역에서 다른 배 한 척이 침몰해 모두 127명이 목숨을 잃었고 유일하게 한 명이 목숨을 건졌다. 이 유일한 생존자의 이름 역시 휴 윌리엄스다. 1820년 8월 8일 템스 강에서 유람선 한 척이 뒤집어지는 사고가 발생했는데 이 사고의 유일한 생존자 역시 이름이 휴 윌리엄스였다. 1940년 7월

10일 영국의 트롤망 어선 한 척이 독일이 쏜 어뢰를 맞아 폭파되었다. 생존자는 단 두 명이었다. 사고에서 살아남은 남자와 그의 조카 모두 이름이 휴 윌리엄스였다.

이 굉장한 마력을 가진 '휴 윌리엄스'라는 이름이 행운의 신의 보살핌을 받은 것이라면 이제 이야기할 헨리 그랜트는 운이 사나운 이름이라고 할 수 있다.

1893년 헨리 그랜트라는 한 남자가 여자친구에게 이별을 통보했다. 그런데 이별을 받아들일 수 없었던 그의 여자친구는 자살했다. 여동생의 죽음이 모두 헨리의 탓이라고 생각한 그녀의 오빠는 그에게 복수하기로 마음먹었다. 총을 가지고 헨리 집으로 찾아온 오빠는 정원에 있던 헨리를 발견하고 총격을 가했다. 다행히도 총알은 빗나갔고 헨리는 얼굴에 가벼운 찰과상만 입은 채 목숨을 건졌다. 그리고 빗나간 총알은 옆에 있던 나무에 박혔다. 제정신이 아니었던 여자친구의 오빠는 총이 발사된 후 어느 정도 진정되었고 그렇게 헨리는 화를 모면할 수 있었다. 사건 발생 20년 후인 1913년 이미 중년이 된 헨리는 여전히 그 집에 살고 있었다. 어느 날 헨리는 정원에 빈 공간을 마련하기 위해 폭약을 이용해 나무 한 그루를 없애기로 했다. 그런데 폭약이 폭발하면서 20년 전 나무에 박혔던 총알이 다시 날아와 헨리의 머리에 박혔고 그는 현장에서 사망했다. 이처럼 믿을 수 없는 일이 실제로 일어나기도 한다.

이러한 우연의 일치는 정말 놀랍지 않은가? 그런데 이보다 더 믿을 수 없는 일도 있다. 1930년 7월의 어느 여름 밤, 고속도로에서 교통사고가 발생했다. 부상자는 앨런 폴비(Allan Folby)라는 경찰이었다. 대퇴동맥을 크게 다친 그는 과다출혈로 사망할 가능성이 높았다. 그 때 지나가던 앨프레드 스미스(Alfred Smith)라는 사람이 그를 구했다. 스미스는 지혈대를 사용하여 폴비를 지혈시키는 한편 구급차도 불렀다. 그로부터 5년 후 당직근무 중이던 이 경찰은 교통사고 접수전화를 받고 신속히 사고현장에 도착했다. 그리고 피가 흥건하게 고인 가운데 누워 있는 부상자를 발견했는데 5년 전 자신과 마찬가지로 대퇴동맥을 크게 다친 사람이었다. 그런데 놀랍게도 그가 바로 5년 전 자신을 구했던 앨프레드 스미스였던 것이다. 폴비는 5년 전 스미스가 자신을 구했던 것과 똑같은 방식으로 그의 목숨을 살렸다.

이 모든 우연의 일치를 어떻게 해석해야 할까? 『아라비안나이트』속 이야기처럼 꿈 같은 일로 느껴질 수도 있겠지만 사실 누구나 이런 불가사의한 경험을 할 수 있다. 설령 그 경험이 앞서 소개한 이야기들만큼 놀라운 우연의 일치는 아닐지라도 말이다. 가령 어느 날 아주 오랫동안 잊고 살았던 기억이 갑자기 뇌리를 스치는 순간 옛 친구에게서 전화가 걸려왔다거나, 정말 급하게 돈이 필요했는데 누군가 당신에게 돈을 갚는다든가 하는 일이 있다. 이보다 더 복잡하고 놀라운 우연의 일치도 얼마든지 있다. "어떻게 이런 우연의 일치가 있을 수 있어?" 하며 놀라움을 금치 못했던 적은 없는가?

앞선 이야기들 속 우연은 정말이지 너무나 절묘하다. 한데 어쩌면 당신이 생각하는 것처럼 단순한 우연이 아닌 우리 인생의 한 현상일지도 모른다. 과학자들은 이런 현상을 오래전부터 진지하게 연구해 왔다. 우리가 우연의 일치라고 생각하는 그런 현상을 두고 과학자들은 일찌감치 동시성(Synchronicity)이라고 불렀다.

1945년 노벨 물리학상 수상자인 볼프강 파울리(Wolfgang Pauli)와 정신과 의사이자 분석심리학자인 칼 구스타브 융은 상대의 연구를 전혀 모르는 상태에서 동시에 '동시성'이라는 이론으로 이런 현상을 설명했다. 그들이 내린 결론 또한 일치했다. 아무런 인과관계가 없어 보이는 일이 동시에 발생하는 것은 단순한 우연의 일치라기보다 더 중요한 의미가 숨어 있을 수 있다. 이러한 사건들은 어떤 논리도 어떤 자연법칙으로도 설명될 수 없는 것으로 이 두 과학자는 자신들의 관점을 설명하면서 자연법칙이 절대적인 것은 아니라고 강조했다. 그들은 이런 현상이 기존의 관념 혹은 법칙과 서로 충돌하는 부분이 있음에도 인간에게 중요한 의미를 가진다고 주장했다.

이제 우연의 일치에 대해 다시 보게 되었는가? 이른바 우연의 일치 노는 우연, 그 배후에는 모종의 인과관계가 내포되어 있다. 그러니 당신의 직관을 믿어야 한다. 우연의 일치는 우주가 당신에게 보내는 암시이기 때문이다.

원하는 미래를
글로 써보라

2010년 미국 노동부가 작성한 통계 자료는 놀라움 그 자체다. 자료에 따르면 일반 업종에 종사하는 미국인 100명 중 65세가 되었을 때 경제적으로 아무런 걱정을 하지 않아도 되는 사람은 겨우 3명밖에 없었다. 변호사나 의사와 같은 고소득 업종에 종사하는 미국인 100명 중 65세가 되었을 때 사회보장보험에 의존하지 않아도 되는 사람 역시 고작 5명밖에 안 되었다.

우리가 가장 활발하게 사회생활을 할 때 얼마만큼의 수입을 얻었는가와 상관없이 아주 극소수의 사람만이 노후에 경제적으로 안정된 생활을 누릴 수 있다는 뜻이다. 대다수의 사람들은 금전과 시간 및 정력을 이른바 긴장을 해소하거나 삶이 주는 스트레스 완화에 사용할 뿐, 미래의 자신 해방에 도움이 되는 활동에 투자하지 않고 있다. 대부분의 사람들은 매주 아주 열심히 일해서 제법 많은 돈을 벌지도 모른다. 하지만 주말이 되면 번 돈의 대부분을 써버린다. 그렇게 미래의 자신은 여전히 제자리걸음만 할 뿐, 삶은 점점 더 힘겨워진다.

대개 이런 사람들은 미래의 어느 날 운명이라는 바람이 그들을 풍요롭고도 신비한 항구로 데려가줄 것이라 믿으며 먼 미래의 어느 날 퇴직을 하면, 어느 아름다운 작은 섬에서 아무런 근심 걱정 없이 생활할 수 있기를 갈망한다. 어떻게 그 꿈을 실현할 것이냐고 물으면 그들은 분명 무슨 방법이 있을 것이라고 대답하곤 한다. 자신조차도 명확하게 알 수 없는 공허한 미래, 당신은 정말 실현 가능하다고 믿는가?

우리 주변에는 자신이 어디로 가야 할지 모르는 사람들로 넘친다. 우리 스스로 자신이 어디로 가야 할지 또 무엇을 원하는지 명확하게 대답할 수 없다면, 자신이 원하는 미래에 도달하는 것은 영원히 불가능하다. 세상은 넓고 이와 같은 사람도 무수히 많다. 그렇다면 당신은 어떤가?

이제 자신이 원하는 미래를 글로 써야 한다. 대부분의 사람은 이런 일을 귀찮아한다. 미래 계획을 세운다는 것 자체가 삶의 기쁨과 자유를 속박하기 때문이다. 그러나 사람이라면 누구나 명확하게 인식을 하든 안 하든 줄곧 자신의 미래에 대해서 생각하기 마련이다. 그렇다면 어째서 지금 미래에 하고 싶은 일과 이루고 싶은 목표에 대해 글로 쓰지 않는 것일까? 머릿속으로 생각만 하는 것과 그것을 글로 쓰는 것은 완전히 별개다. 이제 글로 한번 써보도록 하자. 먼저 자신에게 충분한 시간을 주되 굳이 무언가를 선택해서 쓸 필요는 없다. 생각나는 대로 모두 쓰면 된다. 다시 말해, 자신이 원하는 미래를 글로 쓰기만 하면 그만이다. 자신이 쓴 목표에 대해 책임감을 느낄 필요는 없다. 그러므로 가능한 한 생각나는 모든 목표를 쓰도록 하자!

1942년 어느 날 오후, 당시 15살이던 미국인 소년 존 고다드(John Goddard)는 로스앤젤레스의 집 식탁에 앉아 굳은 각오로 노란색 메모지 위에 My Life List(나의 인생 목표)라고 썼다. 그의 꿈은 탐험가였다. 그는 자신의 인생 목표 아래에 꿈을 이루기 위해 앞으로 이루어야 할 127개의 구체적인 목표에 대해 단숨에 써내려갔다. 주로 건강, 음악, 외국어, 무선통신, 독서, 책 출간, 운전면허증, 의료, 연예인 되기, 여행 탐험가 등 10가지였다. 그 후, 존 고다드는 매일 이 127개의 목표를 위해 분투했다. 그가 60살이 되었을 때 이미 109개의 목표를 달성했고 자신은 세계적인 탐험가로 이름을 떨치고 있었다.

어쩌면 오래전 어느 날 당신이 아직 소년이었을 때, 당신도 그와 같은 꿈이 있었는지도 모른다. 하지만 그 꿈을 상상하는 데 그쳤을 뿐, 글로 쓰지 않은 탓에 꿈이 연기처럼 흔적도 없이 사라진 것이다. 혹시 자신의 인생은 해야 할 일과 업무적 부담이 너무 과중해서 그처럼 자유로울 수 없다고 생각한다면 더더욱 자신이 원하는 미래를 글로 써야 한다.

내 친구 빌은 원래 한 소프트웨어 회사의 평사원에 불과했다. 대학을 갓 졸업하고 회사에 입사한 첫날 그는 자신이 원하는 미래의 목표를 정했다. 그런 다음 2년 안에 제품 개발부의 매니저가 되겠다는 미래의 목표를 예쁜 종이 위에 써서 자신의 침대 머리맡에 붙여놓았다. 그날부터 매니저는 하나의 깃발이 되었고 매일 이 목표를 향해 열심히 노력했다.

매니저가 되기 위한 과정은 고됐다. 다른 직원들보다 더 많은 일을 해야 했고 쉴 때도 관련 전문 지식을 쌓기 위해 교육 프로그램에 참가했다. 하지만 미래에 대한 희망이란 참으로 묘한 것이다. 그것은 빌이 매일 열정적으로 일하게 만들었다. 비록 지치고 힘들 때도 있었지만 그때마다 그는 자신의 미래를 상상하거나 자신이 이룩한 성과들을 보면서 큰 행복과 기쁨을 느꼈다.

빌은 1년이 채 안 되어 주무부서로 옮겨 일하게 되었다. 그는 더욱 열심히 일했고 이 때문에 여가를 즐길 시간적 여유 따위는 없었다. 하지만 미래에 대한 간절한 바람 때문인지 빌은 일이 고되다기보다 오히려 즐거웠다. 회사에서 업무 능력과 성과를 인정받은 그는 팀장이 된 지 반년이 채 안 돼 한 부서의 매니저가 되었다. 빌은 회사에서 가장 젊은 나이에 가장 빨리 매니저가 되었다. 현재 그는 다시 새로운 미래, 즉 제품 총감독이라는 목표를 썼다.

미래를 글로 옮기고 늘 점검한다면 계획의 실현 가능성도 그만큼 커진다. 이렇게 볼 때 계획을 세우고 그것을 지면에 옮겨 쓰는 일은 유익할 뿐만 아니라 미래 목표 달성에도 없어서는 안 될 요소다.

물론 나도 잘 알고 있다. 미래 계획을 써야 한다고 생각하면 귀찮고 성가시게 느껴지리라는 것을. 왜 그럴까? 아마도 예전에 학교나 회사에서 이른바 계획이라고 불리는 활동에 참여해본 경험 때문일지도 모른다. 그러한 계획을 위해 어떤 결론도 나오지 않는 끊임없는 회의에 모든 시간을 낭비해버렸을 것이다. 그도 아니면 노력한 결과가 거창한 비전에 그쳤을 것이다. 거창한 계획은 먼지가 뽀얗게 쌓인 채 책꽂이의 바인더 속에서 조용히 잠자기 일쑤다. 이제 이처럼 언짢은 기분은 모두 떨쳐버리고 아무렇게나 낙서를 하듯 자유롭게 자신이 원하는 미래에 대해 써보도록 하자.

나를 속박하는 것은
과거의 생각

　지금 내 인생은 매우 만족스럽다. 스스로 이미 여러 해 전에 구상한 미래이기 때문이다. 지나온 인생을 돌아보면, 내가 터득한 경험들이 큰 도움이 되었다. 사람의 일생은 밧줄에 묶인 것처럼 수많은 규정과 제도에 속박되어 자아를 제대로 발휘하지 못할 때가 많다. 다른 사람이 당신보다 강하게 느껴진다면 그가 당신보다 먼저 우리를 얽매고 있는 밧줄을 풀고 속박에서 벗어났기 때문이다. 인생은 처음부터 끝까지 자신을 묶고 있는 속박에서 벗어나는 법을 배워가는 과정으로, 속박에서 벗어나야만 인생의 새로운 단계로 진입할 수 있다. 미국의 철학자이자 심리학자인 윌리엄 제임스(William james)는 다음과 같이 말했다.

> "인간은 자신이 가진 지능의 10퍼센트밖에 사용하지 못한다. 대부분의 사람은 자신에게 어떤 재능이 있는지조차 알지 못한다. 우리가 성취해야 할 성과와 비교해보면 사실 절반 이상의 재능은 아직도 잠들어 있다. 우리는 자신이 가진 능력의 극히 일부만을 사용할 뿐이다. 대부분 스스로 세운 제한된 공간에서 생활하면서 자신의 다양한 능력을 제대로 이용하지 못하고 있다."

사람들은 줄곧 육상경기에서 1.6킬로미터를 4분 내에 주파하는 것은 불가능하다고 믿어왔다. 이런 불가능은 우리의 의식을 속박한다. 이런 속박의 영향력은 정말 대단한 것이어서 누구나 다 알고 있는 마의 4분 벽이라는 말로 굳어졌다. 이른바 전문가라는 체육계 평론가들조차 인간이 마의 4분 벽을 깨는 것은 불가능하다고 말했다. 이에 육상선수들도 자신이 이 한계를 깨뜨리는 것은 불가능한 일이라고 생각했다. 심지어 의사들마저도 그러한 일은 인간 한계에 도전하는 일이라며 맞장구를 쳤다.

믿음은 1954년 5월 6일 마의 4분 벽이 깨지기 전까지 사람들의 의식을 강하게 속박했다. 1954년 5월 6일, 로저 배니스터(Roger Bannister)가 사상 최초로 1.6킬로미터를 4분 이내에 주파했다. 이 역사적인 순간 사람들은 기적과 같은 일이 벌어졌다고 생각했다. 사람들은 그의 기록이 인간이 도달할 수 있는 가장 빠른 속도라고 믿으며 앞으로 이보다 더 빠른 기록이 수립되는 것은 불가능하다고 여겼다.

그러나 로저가 도저히 깰 수 없을 것 같던 불가능을 가능으로 바꾼 뒤 46일 만에 어느 무명 코치에게 훈련받은 아마추어 선수가 다시 로저의 기록을 깨뜨렸다. 재미있는 사실은 그 무명 코치가 육상 선수가 아닌 의학도였다는 점이다. 그는 자신의 선배들에게 인간의 정신적, 육체적 한계는 극복할 수 있다는 사실을 실제 행동으로 증명했다.

처음 이 이야기를 읽고 나는 깊은 생각에 잠겼다. 도대체 무엇이 우리를 속박하는 것일까? 육체적 한계? 아니면 과거의 생각? 무릇 한계란 넘어설 수 있는 것이다. 하지만 우리 마음속에 이미 자리 잡은 어떤 믿음이 도전에 맞설 용기를 약화시킨다. 이로 인해 우리는 속박당한다. 매일의 성공과 실패 경험은 우리의 자아의식을 증명하는 동시에 부정한다. 우리에게 '그건 불가능해'라고 말하는 모든 생각이 속박이다. 우리는 이 현상에 관심을 가질 필요가 있다.

한번은 친구가 내게 아주 희귀한 난초를 선물했다. 꽃을 좋아하는 아내는 난초를 극진히 가꿨다. 그러던 어느 날 뜻밖에도 난초 줄기에 보기에도 흉한 큰 혹이 생겼다. "꽃에도 혹이 생기다니? 도대체 무슨 병일까?" 버리기에는 무척 안타까웠지만 나는 하는 수 없이 "안 되겠어, 갖다 버리는 게 좋겠어"라고 말했다. 한동안 말이 없던 아내는 "조금만 더 기다려 봐요. 진짜로 죽으면 그때 다시 이야기해요"라며 대답했다. 그렇게 혹이 자란 난초는 여전히 집에 남겨졌고 난 매일 그것을 볼 때마다 꼭 난초가 죽음과 사투를 벌이고 있는 것처럼 느껴졌다.

　점차 그 존재를 까맣게 잊고 지내던 어느 날이었다. 집에 돌아온 내게 아내는 기뻐하며 난초를 보여주었다. 보기 흉측했던 혹 덩어리가 꽃봉오리로 변해 있는 것이 아닌가! 마치 자색 등나무처럼 생긴 꽃봉오리에는 금빛의 찬란하고 작고 어여쁜 수술이 드리워져 있었다. 그 순간 나는 얼마나 놀라고 감개무량했는지 모른다.

　흉측하게 생긴 혹 덩어리가 그처럼 아름다운 꽃송이가 되리라고는 전혀 생각도 못했다. 이처럼 세상에는 우리가 이해할 수 없고 생각지도 못한 예상 밖의 일로 가득하다. 당초 내가 굳게 믿던 의식은 사실 그다지 믿을 것이 못 된다. 흔히 미래를 속박하는 그런 의식은 과거를 대표하기 때문이다. 반면 초감각적 지각은 미래를 대표한다. 과거에서 헤어 나오지 못한다면 미래를 품는 것도 매주 어렵다.

　그렇고 과거 의식의 모든 작용을 부정하는 것은 아니다. 과거 의식은 소중한 경험이다. 하지만 과거 의식은 마치 양날의 검처럼 우리를 편하게 하는 동시에 속박해 새로운 의식 형성을 가로막는다. 미래의 우리에게 필요한 것은 미래에 걸맞은 의식이지 과거의 의식이 아니다. 과거의 속박에서 벗어나야만 오늘을 활기차게 살 수 있고 더불어 더 만족스러운 미래의 자신을 만날 수 있다.

　영국에서 살고 있는 친구가 내게 들려준 이야기다.

　친구가 알고 있는 어느 회사의 회장은 퇴직을 앞두고 직원 중에서 후계자를 선택하기로 했다. 최종 후보에 두 사람이 결정되고 그들이

승마에 뛰어났으므로 회장은 말 한 필씩을 주었다. 그런 다음 그들에게 승마장을 한 바퀴 돌되 더 느리게 달린 말의 주인이 우승자가 된다고 제안했다.

이 괴상한 문제 앞에서 두 사람 모두 어찌할 바를 몰랐다. 그런데 한 사람이 재빨리 자기 손에 있던 말고삐를 풀고는 다른 사람 말 위에 올라탔다. 그리고 힘차게 내달렸다. 그제야 다른 사람도 사태를 파악했지만 때는 이미 너무 늦은 후였다.

과연 이를 두고 뒤늦게 눈치 챈 사람을 똑똑하지 못하다고 할 수 있을까? 어느 누구도 이와 같은 결론을 내리지 못할 것이다. 다만 재빨리 달려 나간 사람의 생각이 유연하다는 것만은 인정할 수밖에 없다. 유연한 사고 덕분에 그는 의식의 속박에서 벗어나 더 많은 잠재력을 발휘할 수 있었다. 만약 같은 상황이라면 당신도 같은 결정을 했을까?

과거 의식의 속박에서 벗어나면 자아의식도 강해진다. 이런 심리적 자기 인정과 자신감을 통해 스스로에 대한 정확한 인식을 갖게 되면 자신이 어떤 사람이고 무엇을 할 수 있고 없는지 알 수 있다. 이렇게 스스로 주인이 되면 독립적인 판단과 행동이 가능하다. 이제 더 이상 부정, 비판과 비난, 자기 내부에 존재하는 기준 따위는 두렵지 않게 되어 현실에 안주하지 않고 더 나은 미래의 자신을 위해 용감하게 나아갈 수 있다.

습관은 변화를
가로막는다

우리를 속박하는 것은 과거의 의식이다. 이런 속박에서 벗어나고 싶다면 변화를 꾀해야 한다. 그러나 변화는 어렵다. 왜 그럴까? 습관이 변화를 방해하기 때문이다.

나는 아직도 지금 살고 있는 이 아파트로 막 이사 왔을 때를 기억한다. 원래 살던 아파트에서 여러 해 살았던 탓에 내 생활은 그 아파트를 중심으로 형성되어 있었다. 그런 까닭에 처음 이곳 새 아파트로 이사 왔을 때는 모든 게 낯설었다.

어느 날 딴생각에 빠진 채 운전을 했다. 차를 멈추고 나서야 내가 도착한 곳이 원래 살던 집임을 발견했다. 나는 운전하는 내내 자신이 어디로 가고 있는지, 어느 길로 가야 하는지, 또 어디에서 멈춰야 할지 전혀 의식하지 못한 채 예전 아파트로 차를 몰고 갔던 것이다. 이 과정에서 의식은 전혀 개입하지 않았고 무의식이 내 핸들을 지배했다고 할 수 있다. 무의식의 지배하에 나 자신도 모르게 익숙한 길로 차를 몰았고 새로운 집이 아닌 옛집으로 향했던 것이다. 당신도 이와 같은 경험을 해본 적 있는가?

술에 취한 대부분의 사람들은 인사불성인 상태에서도 집을 찾아갈 수 있다. 바로 잠재의식과 습관 덕분이다. 습관은 잠재의식의 작용이다. 어떤 일을 계속하다 보면 습관이 되고 잠재의식 속에는 고정된 패턴이 형성된다. 습관은 의식을 통해 분석하고 식별하여 판단한 것이 아니다.

습관에도 분명 장점이 많다. 별다른 노력 없이 습관적으로 할 수 있는 일처럼 말이다. 이 때문에 의식은 습관적인 행동을 통해 많은 정력을 아낄 수 있다. 의식 역시 잠재의식이 일부 행동을 주관하도록 흔쾌히 허락한다. 이에 우리는 우리 뇌 속에 이미 설성된 방식에 따라 행동한다.

그러나 인간이 기계와 다른 점이 있다면 바로 인간에게는 주관적 능동성이 있어서 더 좋은 방향으로 변화를 꾀한다는 것이다. 초감각적 지각을 통해 내 안의 또 다른 나를 발견한 후 새로운 인생 노선을 계획하려면 반드시 변화가 필요하다. 이때 기존의 습관은 속박이 되어 우리를 옛길로 돌아가게 할 뿐만 아니라 초감각적 지각의 새로운 방향 제시도 가로막는다.

이런 상황에서 자신의 잠재의식, 즉 습관을 바꾸지 않으면 과거의 선택을 그대로 되풀이하게 된다. 과거의 습관을 되풀이할수록 기존의 잠재의식도 더 강화된다. 그런데 당신이 설정한 새로운 길은 새로운 잠재의식을 필요로 한다. 새로운 잠재의식이 초감각적 지각 속에 깊숙이 들어가 새로운 당신을 만들기 위해 노력하기 때문이다. 이때 잠재의식 속에 존재하는 기존의 정보를 몰아내지 못하면 둘 사이에 모순이 발생하고 새로운 정보는 초감각적 지각 속에 각인될 수 없다. 당연히 당신이 새로운 길을 가는 것도 그다지 순조롭지 않다. 따라서 습관을 바꿔야 한다.

우리의 사유와 행동 습관은 모두 잠재의식이 내부에서 외부로 표출된 것이다. 잠재의식 속의 정보를 변화시키고 싶다면 외부로부터 내부로 변화를 추구해야 한다. 먼저 습관을 바꾸는 것에서 시작해 새로운 잠재의식을 형성하고 그런 다음 초감각적 지각까지도 변화시켜야 한다.

습관의 힘은 대단하다. 습관을 바꾸려고 하면 잠재의식 속에 일정한 저항이 나타난다. 그러한 저항은 '이제 와서 바꾸긴 뭘 바꿔, 그냥 생긴 대로 사는 거야!', '이런 새로운 게임은 젊은 사람들이나 하는 거지 나랑은 안 맞아', '다음에 다시 이야기하는 게 좋겠어', '결과는 아무도 모르니까, 일단 해보는 거야'와 같은 생각으로 표출된다.

자신을 바꾸고 생활을 바꾸고 싶다면, 또 새로운 초감각적 지각을 받아들이고 싶다면 반드시 적극적인 자세로 습관을 바꾸고 잠재의식도 바꿔야만 한다. 과거의 잠재의식이 만들어낸 생활 패턴을 계속 반복하다 보면 초감각적 지각에 자극을 줄 수도, 초감각적 지각이 보내는 미약한 소리도 들을 수 없다.

습관은 모여 성격을 만든다. 일부 습관이 미래의 자신에게 다가가는 것을 가로막는 장애물임을 알고도 그대로 방치할 것인가? 제아무리 어렵다고 해도 의식만 깨어 있다면 습관을 바꾸는 것도, 잠재의식을 바꾸는 것 모두 가능하다. 익숙한 생각과 감정들을 없애려 하면 잠재의식은 본능적으로 더 강하게 저항하기 마련이다. 하지만 우리의 의식도 자신의 이런 습관이 나쁘다는 점을 잘 인식하고 있음을 잊지 말았으면 한다. 의식이 제 본분에 충실하기만 하면 잠재의식에 영향을 줄 수 있다. 잠재의식 속의 정보는 어디까지나 모두 의식으로부터 받아들인 것이기 때문이다.

일반적으로 잠재의식이 이미 받아들인 어떤 정보를 제거하고 싶다면 끊임없이 역설적 의도(paradoxical intention: 내담자로 하여금 염려하고 있는 행동을 의도적으로 계속하고 오히려 이를 과장하게 함으로서 문제 행동에 대한 조절력을 향상시켜 문제를 극복하게 하는 방법−옮긴이)를 해야 한다. 즉, 잠재의식이 원래의 정보를 밀어내고 새로운 정보를 받아들이도록 강제해야 한다. 가능하면 입력하고 싶은 새 정보가 잠재의식 속에 깊이 각인될 때까지 시도 때도 없이 생각해 초감각적 지각 속에 한자리를 차지하도록 해야 한다.

습관과 잠재의식을 한순간에 바꾸기란 불가능하다. 반드시 점진적 과정을 거쳐야만 바뀔 수 있다. 하루아침에 습관과 잠재의식을 바꾸려 하면 또다시 실패할 수밖에 없다. 물론 자신을 속박하는 습관과 그 저항을 의식했다는 사실만으로 출발이 좋다. 이제 좋은 습관으로 나쁜 습관을 대체하는 일만 남았다.

법칙을 바꿔
자신을 변화시켜라

앞서 살펴보았듯 우리의 인생, 생각, 성격은 습관 하나하나가 모여 형성된다. 따라서 변화하고 싶다면 먼저 습관 바꾸기에서 시작해야 한다. 의식적인 습관 바꾸기에서 시작해 단계적으로 잠재의식과 초감각적 지각을 변화시킨다면 완전히 새로운 자신을 만날 수 있다.

보통 습관을 이야기할 때 많은 사람들이 버릇처럼 '습관을 고치다'라고 말한다. 하지만 정작 고치다라는 말에 대해 깊이 고민하는 사람은 많지 않다. 습관을 고치는 데는 내재적 법칙이 있다. 즉 습관을 고치려면 반드시 새로운 습관으로 기존의 습관을 대체해야만 한다. 그렇지 않으면 습관을 바꾸기란 무척 어렵다.

언젠가 팀이라는 세일즈맨을 만난 적이 있다. 원래 그의 판매 실적과 수입은 꽤 괜찮은 편이었다. 그러나 최근 몇 달 동안 만사가 꼬인다고 했다. 이야기를 들어보니, 몇 달 전 팀은 새로 문을 연 치과병원 의사에게 의료기계 한 대를 판매하기로 했다. 처음 기계를 사겠노라고 장담했던 이 젊은 의사는 계약서 서명을 앞두고 돌연 마음을 바꿨다. 그때까지 이런 일을 한 번도 겪어본 적이 없던 팀은 겉으로는 괜찮다고 말했지만 속으로는 크게 실망했다.

그때까지만 해도 팀은 이 일이 자신에게 이렇게 큰 영향을 미치리라고 생각하지 못했다. 그 뒤 몇 달 동안 팀은 다른 고객들도 혹여 그러지 않을까 하는 불안과 두려움에 시달렸다. 설사 고객이 계약서에 사인을 했더라도 완전히 안심하지 못했다. 극도의 불안감에 시달리던 그의 의심은 나날이 심해졌고 크게 풀이 죽은 그는 고객들에게 강렬한 적의까지 보였다. 판매 실적이 어떠할지 가히 짐작할 수 있는 부분이다. 이로 인해 그의 생활도 엉망이 되었다. 원래 활발하고 낙천적이었던 인간관계도 점점 형편없이 변해갔다.

사실 팀은 문제가 무엇인지 너무도 잘 알고 있었다. 그의 비뚤어진 성격이 최근 몇 달 동안 형성된 것이라면 이와 똑같이 한동안 시간을 들여 건강한 정신상태를 회복하면 된다. 나는 팀에게 다음과 같이 조언해 주었다. 낮에 사람을 만날 때 처음 떠오르는 생각을 정반대로 다시 생각해본다. 이를테면 어떤 사람이 "팀, 한번 생각해볼게요"라고 말했을 때 지금 팀의 사고습관에 따르면, '거절당했어'라고 생각한다. 이때 의식적으로 반대로 생각하도록 노력하는 것이다. '확실히 거절한 것은 아니니 내 인상이 나쁘진 않다는 뜻이야, 그래 아직 희망이 있어'라고 말이다. 그런 다음 매일 밤 자신이 직접 녹음한 내용을 듣는다. "내 초감각적 지각은 뭐든 할 수 있어. 내 잠재의식은 무서울 게 하나도 없어. 내 의식은 멋진 삶을 원해. 난 매일 모든 사람들에게 그들이 원하는 것과 최고의 서비스를 제공하고 있어. 난 제법 괜찮은 사람이고 유쾌하기도 해, 내 인생은 행복해."

겨우 한 달 반이 지났을 무렵 팀이 다시 나를 찾아왔다. 그가 말하지 않아도 나는 환한 미소와 온몸에서 풍기는 기운을 통해 그가 이미 새로운 자아를 찾았음을 직감할 수 있었다.

내가 팀에게 해준 조언은 다름 아닌 법칙을 바꾸라는 것이다. 즉, 낮에는 잠재의식 속에 떠오르는 부정적인 생각을 긍정적인 생각으로 바꾼다. 밤이 되면 의식은 쉬지만 잠재의식은 여전히 활동하므로 녹음을 들으면서 긍정적인 말로 잠재의식 속에 존재하는 부정적인 생각을 바꾼다. 이 방법의 효과에 대해서라면 두말할 필요가 없다.

팀이 나쁜 습관을 고치는 데 왜 그처럼 오랜 시간이 걸렸는지 궁금할 수도 있다. 오랜 습관을 새로운 습관으로 바꾸는 데는 다음과 같은 과정이 필요하기 때문이다. 의식은 오래된 나쁜 습관은 새롭고 긍정적인 좋은 습관으로 교체될 때만 고칠 수 있다고 알려준다. 처음 이런 생각은 그다지 강렬하지 못하기에 의식 영역에만 머문 채 잠재의식에까지 영향을 미치지는 못한다.

반면 오래된 습관은 당신이 입력하고자 하는 새로운 습관보다 훨씬 강하게 잠재의식에 영향을 미친다. 게다가 판단력이 없는 초감각적 지각은 어떤 습관이 당신에게 이롭고 나쁜지 전혀 알지 못한다. 이에 초감각적 지각은 모든 습관을 받아들이는 동시에 지탱력이 더 강한 오랜 습관 쪽으로 쏠리는 경향이 있다.

그런 까닭에 의식적으로 새 습관을 받아들이려고 하면 초감각적 지각과 잠재의식은 억압될 수밖에 없다. 이 때문에 알 수 없는 거북함과 불편함을 느끼는 것은 당연한 일이다. 새 습관을 포기하고 오랜 습관으로 되돌아가는 순간, 무척 편안함을 느끼는 것도 이와 같은 원리다. 나쁜 습관을 좋은 습관으로 고치는 과정은 반드시 한동안의 발악기와 불편한 시기를 거쳐야만 한다. 바로 의식과 초감각적 지각이 협상하는 시기다.

이 과정에서 스트레스를 많이 받겠지만 포기하지 말고 꾸준히 반복적으로 실천해야 한다. 반복의 힘이 얼마나 대단한지 알고 싶은가? 그렇다면 광고를 보면 된다. 대부분의 사람들은 광고에 대한 경계심과 적개심을 가지고 있다. 하지만 매일 반복적으로 접하는 광고는 어느 순간 우리의 잠재의식 속에 뿌리를 내리고 있다가 우리가 물건을 살 때 강력한 효과를 발휘한다. 마찬가지로 좋은 습관을 기르고 싶다면 광고처럼 반복하는 과정을 통해 새 습관을 잠재의식 속에 각인시켜야 한다. 이를 통해 더 이상 반복되지 않아서 약화된 나쁜 습관을 몰아낼 수 있다.

요컨대 새 습관은 의식적으로 더 자주 반복해야 한다. 새 습관을 오랜 습관보다 더 자주 반복할 때 새 습관이 잠재의식 속에 뿌리내릴 수 있고 초감각적 지각에서도 충분한 힘을 가질 수 있다.

연습 3 | 내면 정리하기

친구 로저는 사업적으로 성공해 부와 명예를 얻었지만 생각만큼 행복하지 않았다. 게다가 중요한 결정을 내릴 때도 예전만큼 현명한 판단을 내리지 못했다. 물질적 풍요와 주변의 떠들썩한 분위기가 로저 내면의 소리를 덮어버린 것 같았다. 로저는 내게 당혹스러운 듯 어떻게 하면 좋을지 물었다.

나는 물었다. "정말 자신을 잘 이해하고 있어? 네 안의 또 다른 네가 어떤지 알아?" 그는 천천히 고개를 가로저었다. 그런 그에게 나는 마음을 정리하는 연습을 하도록 조언했다. 이 연습이 끝나면 초감각적 지각의 소리를 더 쉽게 또 더 명확하게 들을 수 있기 때문이다. 이제부터 그 방법을 여러분과 공유하겠다.

1단계: 마음속 쓰레기 없애기

아이들은 마음이 맑고 투명해 선천적으로 지혜로울 뿐만 아니라 초감각적 지각도 강하다. 하지만 자라면서 경험이 쌓일수록 마음속에 가치 없는 정보가 넘친다. 이들 정보는 우리 봄과 마음에 아무런 도움이 되지 않는 쓰레기일 뿐이다.

어느 날 일을 망치게 된 나는 참지 못하고 속으로 그만 '난 정말 바보야'라고 말해버렸다. 이런 생각이 머릿속에 오래 남아 있으면 좋지 않음을 잘 알고 있던 나는 얼른 그런 생각을 잊기로 마음먹었다. 나는 자신에게 말했다. '그건 내가 아냐, 그건 진짜가 아냐.' 심지어 나는 혼잣말로 '부정적인 네가 나를 조종하도록 내버려두지 않겠어'라며 중얼거리기까지 했다. 그 후 나는 서서히 안정을 되찾았다.

수많은 사람들이 자신에게 극도의 불만을 느끼며 오직 자신만 그런 거라고 생각한다. 그러나 사실 알고 보면 대다수의 사람들이 겉으로 내색하지 않을 뿐 자책하기를 좋아한다. 남들에게 공개하기를 꺼린다면 자신에게도 내색하지 않아야 한다. 마음속 쓰레기를 머릿속에 남겨둘 것이 아니라 깨끗이 제거해야 소울도 더 맑아질 수 있다.

2단계: 소울의 흔적 세우기

누구나 소울이 성장하는 데에는 그만의 독특성이 있다. 인생 경험이 풍부해짐에 따라 우리의 소울도 끊임없이 변화한다. 그런 까닭에 소울의 흔적을 그리면 내면의 소리에 귀 기울이는 데도 도움이 된다.

가능하다면 지금 바로 시작해도 좋다. 먼저 컴퓨터에 새로운 폴더 몇 개를 만든 다음 각 폴더마다 영화, 음악, 책, 동영상, 그림 같은 이름을 붙인다. 그리고 자신의 소울에 비교적 큰 영향을 준 모든 기억을 분류하여 이들 폴더 속에 저장한다. 폴더에 날짜를 표기하거나 시간 순서대로 정리해도 좋다. 이들 폴더를 정리하다 보면 감회가 남다를 것이다. 이들 파일을 2주에 한 번 혹은 한 달에 한 번씩 정리하면서 자기 내면도 정리한다.

3단계: 하루 동안 침묵하기

우리가 매일 하는 말 중에는 해서는 안 될 말과 불필요한 말도 많다. 자신이 매일 하는 말이 반드시 해야 할 말이었는지 생각해보자. 항상 이런저런 잡다한 수다를 즐기다 보면 초감각적 지각 속에도 자질구레하고 하찮은 일들이 넘쳐날 수 있다. 그러면 초감각적 지각에도 심각한 지장을 초래할 수 있다.

주말이나 휴일 중 하루 날을 잡아 책을 읽거나 인터넷을 하면서 말을 삼가고 침묵하도록 한다. 하루 동안의 침묵을 통해 심리적으로 매우 평온해진 자신을 발견할 수 있다.

프시를
기르는 비결

우리는 늘 깨어 있어야 한다. 누가 친구고 누가 적인지, 누구를 믿고 누구를 믿어서는 안 되는지, 어떻게 상대를 이길 것이며 또 어떻게 새로운 단계에 오를 것인지, 이와 같은 문제에 있어서 우리는 반드시 깨어 있어야 한다. 그런데 사실 이들 문제의 해답을 얻는 일은 그다지 어렵지 않다. 초감각적 지각의 도움을 받아 꼼꼼한 관찰을 통해 자신의 감정과 주변의 기운 및 상대의 생각을 감지하기만 하면 성공적으로 타인을 사로잡을 수 있다. 동시에 현명하게 불리한 것을 피하고 유리한 조건을 이용할 수도 있다.

FBI에게서 얻은
깨달음

　조 내버로(Joe Navarro)가 제스처에 대한 예리한 분석으로 화제가
되었을 때 나 또한 호기신에 충만해 그를 연구했다. 현재 미국에서
유명한 포커게임 코치로 활동하고 있는 그는 과거 미국연방수사국
(FBI)에서 방첩특수요원으로 활동하며 인간행동심리 분석가이자 감
독관으로 25년 동안 근무했다. 그는 신체언어 분석을 통해 수차례나
크고 중요한 사건을 해결한 뛰어난 요원이었다. 그는 포커게임에서
이기는 비결은 "70퍼센트가 상대를 읽는 능력에서 비롯되며 30퍼센
트만이 게임 기술이 점할 뿐이다"라고 말했다.

　대다수 남자들이 그러하듯 나도 승패를 겨루는 게임에 큰 흥미를

느낀다. 그런 까닭에 나 역시 그의 책『FBI 행동의 심리학』을 흥미진진하게 읽었다. 책에서 그는 FBI 특수요원 시절 터득한 범죄자들의 거짓말을 꿰뚫는 관찰력을 바탕으로, 갬블러들이 상대의 눈빛과 신체행동 관찰을 통해 마음을 읽고 이로써 게임을 승리로 이끄는 방법도 소개한다.

짐작컨대 많은 사람이 이런 기술에 큰 흥미를 느낄 것이다. 하지만 나는 내버로의 뛰어난 관찰력과 그 습득 과정에 더 큰 관심이 있다. 이 특수요원은 친구의 집 앞에 도착하는 순간 이미 주변 환경에 대한 관찰을 끝마친다. 친구의 집 앞에 어떤 자동차가 서 있는지, 옆집 정원에서 잔디를 깎는 남자, 또 다른 이웃집 문 앞에 놓인 신문 두 부, 이들 정보는 그가 특별히 주의 깊게 관찰했다기 보다 자동으로 그의 뇌에 저장되는 듯했다. 이로 인해 그는 정확하게 예측할 수 있었다.

예컨대 2008년 미국 대선에서 버락 오바마와 힐러리 클린턴이 적에서 동지가 되자 많은 사람은 그들이 겉으로는 웃고 있어도 속은 편치 않을 것이라고 생각했다. 그러나 조 내버로는 '그들의 신체언어는 두 사람의 관계가 사람들이 상상하는 것만큼 그렇게 나쁘지 않음을 말해주고 있다'고 단언했다. 이후 그의 예측은 사실로 증명되었다.

내버로는 주변 환경을 자세히 관찰하는 외에도 스스로에게 '이것이 무엇을 의미할까?'를 묻는다고 한다. 가령 옆집 문 앞에 잔디 깎는 회사의 차량이 없으니, '잔디를 깎는 남자는 그 집 주인임에 틀림없다.' 이것이 예측의 포인트다.

내버로의 설명에 따르면 그는 게임 테이블에 앉을 때마다 제일 먼저 상대의 얼굴 표정, 양손의 위치, 앉은 자세, 옷차림새 등을 관찰한다. 더 중요한 것은 포커게임을 하는 동안 상대 행동에 특별한 점은 없는지 각별히 주의를 기울인다는 점이다. 이를테면 원래 테이블 위에 올라가 있던 두 손을 올려 갑자기 팔짱을 낀다거나 허벅지 위에 올려놓았다면 이는 자신감의 표현으로 상황이 그에게 매우 유리하다는 것을 의미한다. 이처럼 눈에 띄지도 않는 행동 관찰을 통해 그는 모든 것을 꿰뚫어본다.

더 흥미로운 점은 보통사람들은 타인을 관찰할 때 습관적으로 표정부터 살피지만 내버로는 상대의 다리 움직임에 먼저 주목한다는 것이다. "얼굴 표정은 숨길 수 있지만 다리 움직임을 통해 드러나는 감정은 숨길 수 없다"가 그의 지론이다. 물론 그가 다리 움직임까지 숨길 수 있는 진정한 고수를 만난다면 모르겠지만 말이다.

나는 내버로의 책을 읽은 후 많은 깨달음을 얻었다. 특히 초감각적 지각이 인간관계에도 큰 도움을 줄 수 있다는 점을 말이다. 아주 미세한 것까지 꿰뚫어보는 통찰력을 기르면 충분한 정보가 축적되고, 이를 통해 초감각적 지각은 우리가 앞으로 어떻게 행동해야 할지에 대한 명확한 지시를 보낼 수 있다.

인간은 사회적 동물로서 알든 모르든 매일 다양한 사람과 접촉한다. 당신이 학식이 깊고 언변도 뛰어난 품위 있는 사람일지 어떤지 모르겠으나 그것만으로 반드시 환영받는 사람이 되는 것은 아니다. 사람을 상대하는 일은 결코 쉬운 일이 아니기 때문이다. 사람을 간단하게 분류할 수도 없을 뿐더러 동일한 방법으로 두 사람을 상대할 수도 없는 까닭이다. 끊임없이 사람을 사귀면서 그들을 이해하기 위해 한평생을 고심해도 누군가를 제대로 이해하기란 무척 어렵다. 사실 인간관계를 위한 수많은 조언 조차 우리를 도울 수 없다.

이때 우리를 돕는 기술이 바로 초감각적 지각이다. 우리는 초감각적 지각을 통해 상대의 마음을 읽고 추측하고 이해할 수 있다. 타인의 환심을 사지 못할까 걱정할 필요도, 어떻게 상대해야 할지 몰라 고민할 필요도 없어진다.

마음은 얼굴에 드러나기 마련이다. 실제로 우리가 일상생활 속에서 하는 수많은 사소한 행동 모두가 사람을 이해하는 데 도움을 준다. 관건은 통찰력을 갖추었는지 여부다. 통찰력이란 흔히 생활에서 얻은 경험과 그 속에서 관찰한 결과를 분석하는 데서 비롯된다. 이런 통찰력은 이성적인 분석이자 논리적인 사유의 확장이라 할 수 있는데, 자신이 가진 일부 능력을 충분히 발휘해 이성적으로 판단할 수만 있다면 자신이 원하는 확실하고도 거의 정확한 해답을 얻을 수 있다.

따라서 인간관계의 경험을 어떻게 종합해 판단하는가는 뛰어난 통찰력을 갖추기 위한 필수 과목이라고 할 수 있다. 이를 위해서 우리는 먼저 충분한 정보를 수집해야 한다. 이를 테면 한 사람의 외모적 특징, 언행, 무심결에 나오는 몸짓, 말속에 숨은 뜻과 같은 것은 그 사람 내면의 비밀, 즉 감정의 동향, 사고패턴, 행동방식 등이 표출된 것이라고 할 수 있다. 사람들은 항상 자신을 감추려 하지만 무심코 드러나는 인간 본성은 숨길 수 없는 법이다. 초감각적 지각은 이와 같은 사소한 행동까지도 정확하게 포착해낼 수 있다.

표정을
읽어라

조 내버로가 지나칠 수 있는 사소한 행동에 주목했다면 또 다른 FBI 특수요원 안토니스는 달랐다. 안토니스는 사람들의 표정을 관찰했다.

만약 순진무구한 어린아이에게 사람을 그리라고 시키면 반드시 얼굴부터 먼저 그린다. 대상이 외계인이든 화성인이든 어느 괴상한 사람이든 말이다. 아이는 목이 없는 사람을 그릴지언정 얼굴 없는 사람을 그리지 않는다. 게다가 얼굴에는 언제나 표정이 있다. 설령 무표정이라 해도 이 또한 표정이다.

FBI에서 인간 표정을 전문적으로 연구한 안토니스는 수많은 실전 경험을 바탕으로 인간의 내면 심리를 간파하는 효과적인 방법에 대한 일련의 결론을 내렸다. 그는 "피조사자의 얼굴 표정은 모든 문제를 해결할 수 있는 원천이다. 얼굴 표정을 통해 그들의 내면세계를 꿰뚫어볼 수 있다. 사람의 얼굴 표정은 내면의 변화를 그대로 보여주기에 얼굴 표정을 읽을 수 있으면 일을 하는 데 매우 큰 도움이 된다"고 말했다. 확실히 맞는 말이다. 그는 얼굴 표정 분석을 통해 여러 차례 사건 배후에 숨겨진 내막을 파헤쳐 성공적으로 사건을 해결했다.

내버로가 포커게임 코치라면, 안토니스는 카드게임의 일종인 브리지(bridge)를 예로 즐겨든다. 그는 브리지게임을 할 때 고수는 좋은 패가 있어도 절대 얼굴 표정에 드러나지 않는다고 했다. 일부러 태연한 척하며 침착하고 여유 있는 자세를 보인다는 것이다. 이것이 바로 브리지에서 상대를 효과적으로 속이는 방법이다. 이렇게 볼 때 카드게임의 고수들은 감정 통제에도 고수라고 할 수 있다.

사실 이런 이치는 굳이 FBI 요원이 알려주지 않아 이해할 수 있다. 언젠가 데모크리토스(Demokritos)와 관련된 일화를 읽은 적이 있는데 그 이야기는 더 직관적이고도 흥미로웠다. 원자론을 체계화한 고대 그리스의 철학자 데모크리토스는 유물론의 아버지로 불리기도 한다. 전하는 바에 따르면 데모크리토스는 가끔 방에서 맛있는 과일을 먹다가도 갑자기 밖으로 뛰쳐나가 과일이 어쩜 이렇게 맛있는지 밭에서 직접 탐구하기도 했다고 한다. 이런 탐구 정신 때문에 그는 놀라운 통찰력을 가질 수 있었는지 모른다.

데모크리토스는 길에서 자주 마주치던 아가씨에게 매번 "아가씨, 안녕하세요"라고 인사를 건넸다. 그러던 어느 날 평소와 다름없이 아가씨와 마주친 데모크리토스는 평소와 달리 잠시 머뭇거리고는, "부인, 안녕하세요!"라며 인사를 건넸다. 그 전날까지만 해도 그는 여전히 그녀를 아가씨라고 불렀는데 말이다.

우리가 데모크리토스처럼 한눈에 아가씨의 변화를 눈치 채기란 불가능할지도 모른다. 그는 아가씨의 얼굴색, 눈동자의 움직임, 얼굴 표정, 걸음걸이 등의 행동을 자세히 관찰해 변화를 눈치 챘다. 다시 말해, 관찰력이 뛰어난 사람들의 눈에는 한 사람의 심리 변화가 얼굴에 그대로 보인다. 그것도 매우 뚜렷하고 명확하게 말이다. 다만 대다수 사람들은 데모크리토스와 같은 관찰력이 없기에 이런 능력을 가지기란 쉽지 않을 테다.

예리한 관찰자들은 아무리 사소한 변화라도 놓치는 법이 없으며 아주 미묘한 비언어적 정보조차 모두 포착한다. 이는 초감각적 지각에 필수 정보를 제공하는 기본 행동이다. 그런 까닭에 우리는 타인의 겉으로 드러나는 표정뿐만 아니라 그에 가려진 특징도 알아차릴 수 있어야 한다. 표정 변화의 전 과정에 주목하는 동시에 각각의 표정이 가진 특징도 포착할 수 있어야 한다. 또한 표정 속에 내포된 의미를 종합적으로 파악하는 동시에 눈, 코, 입, 귀, 눈썹이 보내는 각각의 정보도 관찰할 수 있어야 한다. 뭇사람들의 표정에서 유사성을 발견할 수 있어야 하는 동시에 그들 사이의 미묘한 차이도 분별해낼 수 있어야 한다. 어려워 보이지만, 누구나 천성적으로 그런 능력을 갖춘

데다 세심하기까지 하면 초감각적 지각의 도움을 받아 데모크리토스와 같은 능력을 가질 수 있다.

미국의 심리학자 폴 에크만(Paul Ekman)의 연구에 따르면, 인간의 얼굴 표정은 가장 기본적인 여섯 가지 유형 즉, 놀람, 행복, 분노, 슬픔, 혐오, 공포로 나뉜다. 사는 곳이 어디든 세상 모든 사람들의 이 여섯 가지 표정은 모두 동일하다. 만약 그의 이론에 의문이 생긴다면 시각장애인의 표정을 관찰해보자. 특히 태어날 때부터 시력을 상실한 사람들의 표정을 관찰해보자. 그들은 사람들의 표정을 한 번도 본 적이 없다. 잘 알다시피 어떤 표정을 지어야 할지는 말로 표현할 수 없는 것이다. 하지만 그들의 미소는 우리와 조금도 다르지 않다. 그들 역시 슬픔, 실망, 흥분 등의 다양한 표정을 지을 수 있다. 이와 같은 현상을 어떻게 설명해야 할까?

어쩌면 당신에게도 타인의 표정을 해석하는 능력이 존재할지 모른다. 스스로 의식하지 못해도 말이다.

한편 인간은 본능적으로 자신을 보호하기 위해 감정을 숨기는 다양한 방법을 습득했다. 얼굴 표정은 그 중에서도 가장 중요한 부분이다. 그러기에 흔히 우리가 보는 표정은 거짓인 경우가 많다. 어떤 사람이 겉으로는 웃고 있어도 속으로는 커다란 분노를 느끼고 있을지 아무도 모른다. 그러니 표정만으로 결론을 내리는 것은 어리석은 짓이다. 내가 강조하고 싶은 건 표정의 미묘한 변화를 관찰하는 것이 한 사람의 감정을 판단하는 근거가 되지만 결코 그것만이 유일한 근거는 아니라는 점이다.

게다가 무표정인 사람도 많다. 무표정은 무관심하거나 마음에 담아두지 않는 경우, 또는 자기감정을 극도로 억압하는 경우에 나타나는데 일반적으로 세 번째일 때가 많다. 그러나 변화가 거의 없는 표정도 약간의 정보는 흘리기 마련이다. 이유인즉 자기의식을 통제할 수 있는 사람은 많아도 잠재의식과 초감각적 지각까지 통제할 수 있는 사람은 극히 드물기 때문이다. 이런 잠재의식과 초감각적 지각은 흔히 표정으로 나타나는데, 특히 눈과 입에서 드러난다.

간혹 얼굴 표정이 내면의 감정과 정반대인 경우도 있다. 무의식적으로 자신의 심리 변화를 상대에게 들키길 원치 않기 때문이다. 그런 까닭에 사람들은 자신의 감정을 숨기기 위해 자신의 감정과는 다른 표정으로 감정이 드러나는 것을 애써 막는다. 그러나 의식보다 더 예리한 초감각적 지각이 있다면 표정 뒤에 감춰진 미세한 정보까지도 통찰할 수 있다. 여기서 전제 조건은 강한 감지력이 있어야만 의식에 다양하고도 디테일한 정보를 충분히 제공해줄 수 있어 초감각적 지각이 일으키는 오류를 피할 수 있다.

카리스마를
보는 방법

우리는 은연중에 카리스마를 통해 사람을 판단하곤 한다. 예를 들어, 지금 우리 눈앞에 똑같은 흰색 티셔츠와 청바지를 입은 똑같은 나이의 두 젊은이가 서 있다고 해보자. 그 중 한 사람은 학생이며 다른 사람은 회사원이다. 당신이라면 누가 학생이고 누가 회사원인지 구별해낼 수 있을까? 아마도 80~90퍼센트는 한눈에 식별해낼 수 있을 것이다. 게다가 그들에게 말까지 시킨다면 어느 누구라도 맞출 수 있을 것이다. 구체적인 이유는 말할 수 없어도 어떤 느낌이 존재하기 때문이다. 이렇게 서로 다른 느낌이 바로 카리스마다.

나는 이런 경험을 한 적이 있다. 막 큰 다툼이 있던 집에 들어선 순간 왠지 모를 불편함을 느꼈다. 그 집에서 뭔가 분명히 다른 느낌이 들었기 때문이다. 집안 공기가 무겁고 긴장감이 흘렀으며 알 수 없는 초조함이 느껴졌다. 그 집에 무언지 모를 나쁜 에너지의 잔재와 투사물이 남아 있었기 때문이다. 비록 싸움은 끝났지만 초감각적 지각은 여전히 남아 있는 카리스마를 포착할 수 있다. 만약 조심하지 않았다면 그러한 카리스마의 영향으로 나는 안절부절못했을 것이다.

누군가 화가 나면 그의 기본 카리스마가 폭력적으로 변한다는 것쯤은 느낄 수 있다. 게다가 카리스마는 타인에게도 영향을 미친다. 폭력적인 분위기 속에서 기분이 좋을 사람은 없다. 폭력적인 카리스마를 가진 지도자 밑에서 일하는 직원들은 숨이 막힐 것이고, 지나치게 조용한 지도자 밑에서 일하는 직원들은 답답할 것이다. 사랑하는 사람들 사이에도 그들만의 감정 카리스마가 있다. 이를 테면 서로에게 충만한 믿음과 친밀감처럼 서로를 위해서만 발산되는 것들이다. 당신은 이와 같은 카리스마를 느껴본 적이 없는가?

사람은 누구나 자신만의 카리스마를 가지고 있다. 카리스마는 우리가 몸에 착용한 무형의 정신 부호라고 할 수 있다. 특별한 말이나 설명 없이도 인간관계의 첫 번째 관문을 주관한다. 우리는 카리스마를 이용해 사람들을 두려움에 떨게 할 수도, 상처를 줄 수도 있다. 마찬가지로 타인의 사랑을 받을 수도, 숭배를 받을 수도 있다.

카리스마가 이처럼 중요한 이유는 무엇일까?

당신이 면접을 보러 갔다고 하자. 면접의 시작과 끝에 "이번 면접을 받게 되어 기쁩니다", "기회를 주셔서 감사합니다", "기회를 주신다면 최선을 다하겠습니다"와 같은 말을 한 적이 있는가? 사실 이런 말들은 자신을 저평가받게 한다. 경험이 풍부한 사람은 열정이 넘치는 모습으로 면접관의 주의력을 업무와 자신의 능력에만 집중시킨다. 그들과 면접관은 평등하면서도 협력을 추구하는 관계가 된다. 비록 전자가 겸손하고 예의는 바를지 몰라도 HR(인적자원) 담당자의 흥미를 끌기에는 역부족이다. 그러나 후자는 적절한 카리스마만 갖추면 별 무리 없이 면접관의 환심을 살 수 있다. 이것이 당신의 카리스마에 반응을 보인 결과다.

이런 이야기를 하는 이유는 인간관계에서 상대가 우리의 카리스마를 느끼면 우리도 상대의 카리스마를 똑같이 느낀다는 것을 알려주기 위해서다. 이런 카리스마는 우리가 정확한 상황 판단을 하고 자신에게 가장 이로운 결정을 하도록 돕는다.

문제는 당신이 타인의 카리스마를 어느 정도 느끼는가에 있다. 어른들에 비해 아이들은 훨씬 더 쉽게 카리스마를 관찰하고 느낄 수 있다. 아이들이 모든 외부세계에 민감하게 반응하기 때문인데 그 덕분에 초감각적 지각도 더 강하다.

언젠가 내가 친구 집을 방문했을 때의 일이다. 집에 도착했을 때 마침 친구는 아이에게 새 옷을 입히려던 참이었다. 그런데 아이는 새 옷이 마음에 안 드는지 줄곧 울어댔다. 집에 없는 엄마를 대신해 아빠가 아이를 달래려고 무척 안간힘을 썼지만 아이는 도무지 울음을 그칠 기색이 보이지 않았다. 보다 못한 나는 친구에게 아이가 평소에 좋아하는 장난감이 무엇인지 물은 다음 그 장난감과 아이가 평소에

덮고 자는 담요를 가져오도록 했다. 그러자 뜻밖에도 아이는 낯선 내 앞에서 울음을 그치고 안정을 되찾았다. 의아해하는 친구에게 나는 아이가 자주 사용하는 담요와 장난감에는 아이 자신의 카리스마 흔적이 남아 있어서 아이가 그 익숙한 카리스마 속에서 에너지를 얻어 편안함을 느끼기 때문이라고 설명해주었다. 이에 반해 아이는 새 옷에서 불편함을 느끼는데 이는 낯선 물건에서 느껴지는 익숙하지 않은 카리스마를 새로이 받아들여야 하기 때문이다.

다른 예를 들어보자. 아이들은 그림을 그릴 때 흔히 사람에 따라 다른 색깔, 그것도 어른들이 보기에는 이상한 색깔을 칠하기 일쑤다. 아이들이 이처럼 사람에 따라 다른 색깔을 칠하는 이유는 사람마다 지닌 에너지에 미묘한 차이가 있을뿐더러 그들이 가진 카리스마에도 서로 다른 색깔이 존재하기 때문이다. 그렇지만 이런 아이들의 그림이 어른들의 눈에는 그저 우스울 뿐이다. "하늘은 왜 보라색이야?", "야옹이는 왜 녹색과 분홍색이 섞여 있어?", "왜 오빠는 파란색으로 칠했어?"

세상에 녹색과 분홍색이 섞인 고양이는 없으며 오빠가 파란색일 리는 더 만무하다. 아이들은 자신들이 본 서로 다른 카리스마의 색깔을 그대로 그림에 그린 것뿐이다. 안타깝게도 우리 어른들은 이른바 상식과 경험이라는 속박에 묶여 타고난 감응력을 잃어버렸다.

이런 감응력을 다시 되찾을 수 있을까? 당연히 가능하다. 초능력자만 카리스마를 볼 수 있는 것은 결코 아니다. 끊임없는 학습과 연습만 있다면 누구나 카리스마의 존재를 느낄 수 있고 심지어 육안으로도 볼 수도 있다. 믿기 어렵겠지만 꿈같은 이야기가 아니다.

주위의 카리스마를 느끼는 데는 두 가지 방법이 있다. 첫 번째는 마음으로 카리스마를 보는 것이다. 먼저 몸과 마음의 긴장을 풀고 잡념을 없애도록 노력한다. 그런 다음 관찰하려는 대상에 주의력을 집중시킨다. 그리고 직관을 이용해 다음과 같은 문제에 대답한다. '그가 주는 느낌은 긍정적인가, 부정적인가?', '그에게는 어떤 뚜렷한 특징이 있는가?', '다른 사람과 이야기할 때 그에게 어떤 변화가 나타나는가?' 너무 깊이 고민하거나 잘잘못을 애써 가릴 필요도 없다. 당신의 직관에 따라 가장 먼저 떠오르는 해답이 바로 초감각적 지각에 제일 가까운 정보다. 이때 직관의 정확성에 대해 지나치게 걱정해서는 안 된다. 긴장이 충분히 풀려야만 초감각적 지각이 보내는 정보도 더 명확해지기 때문이다.

두 번째는 눈으로 카리스마를 보는 것이다. 당신도 이런 말을 들어본 적이 있을지 모르겠다. "저 사람 이마에 먹구름이 잔뜩 끼었어", "얼굴에 음침한 기운이 서렸어" 등등 약간은 허무맹랑한 소리처럼 들릴 수도 있지만 확실히 눈에 보이는 것들이다. 전문적으로 오랫동안 연습하기만 하면 볼 수 있다. 그러므로 당신도 자신의 눈이 볼 수 있는 스펙트럼을 더욱 넓히도록 연습해야 한다. 모든 카리스마는 일종의 에너지장으로 모두 자신만의 주파수가 있다. 우리의 육안이 감지할 수 있는 스펙트럼의 범위는 인간이 상상하는 것 이상으로 훨씬 더 광범위하다. 따라서 두 눈을 더 민첩하게 훈련하기만 하면 누구나 아이들처럼 육안을 통해 카리스마를 볼 수 있을 것이다.

타인의 카리스마를 강하게 느낄수록, 또 카리스마에 점점 더 민감해질수록 스트레스를 초래하는 카리스마를 저지할 수 있을 뿐만 아니라 자신을 위해 스스로에게 이로운 카리스마를 사용할 수도 있다. 이 모든 것은 어쩌면 당신이 전혀 의식하지 못하는 상태에서 잠재의식에 의해 이루어지는지도 모른다. 이때 감정이 당신의 판단을 돕기 때문이다.

마음의 눈으로
감정을 읽다

우리는 매일 감정과 함께 생활한다. 감정이 상해 짜증을 부리기도 하고 감정을 억누르기도 하면서 말이다. 그런데 이처럼 친밀한 감정에 대해 우리는 얼마나 이해하고 있을까?

보통 심리학에서는 "감정이란 인지와 의식 과정에서 일어나는 외부 사물에 대한 태도로 객관적 사물에 대한 요구 수준과의 관계를 가리킨다. 즉 한 개인의 욕구와 요구를 매개로 하는 일종의 심리활동이다. 감정은 감정 체험, 감정 행위, 감정 자각과 자극물에 대한 인지 등 복합적인 요소를 포함하고 있다"고 말한다. 동시에 보통 심리학에서는 감정과 정서 모두를 인간이 객관적 사물에 대해 지니는 태도라고 본다.

이러한 전문용어는 이해하기 어려운 것이 사실이다. 간단하게 말하면 감정은 일종의 움직이는 에너지로 이해할 수 있다. 그러므로 제아무리 형편없는 감정이라도 그 나름대로 합리적인 이유가 있는 것이다.

배가 고프면 당연히 먹을 것에 대한 욕구가 생기고 음식을 찾는 동기가 발생한다. 이러한 욕구가 만족되지 못하면 초조하고 불안한 감정이 일어난다. 하지만 모든 욕구가 충족되면 평화롭고도 행복한 감정이 생긴다. 다시 말해, 우리의 감정은 마음속 깊은 곳에서 이뤄지는 자신의 힘과 외부환경에 대한 판단에서 비롯되는 것이다. 의식으로 통제되지 않는 이러한 판단의 정확성은 우리가 더 정확한 선택을 하도록 도울 수 있다.

심리학자들은 인간행동 연구를 통해 의식의 외부에 존재하는 영향 요소 및 동기가 의식에 결정적인 작용을 발휘한다는 것을 발견했다. 현재 우리는 더 이상 사람들이 자신의 느낌이나 동기를 확실하게 묘사할 수 있다고 단정하지 않는다. 왜냐하면 우리의 대뇌는 감각기관이 받아들인 정보 중에서도 극히 일부분만을 가공하고 처리할 수 있기 때문이다. 따라서 의식에 반영되는 감각은 일부 데이터에 근거해 얻어진 것일 뿐이다. 게다가 의식을 통해 분석되는 동안 수많은 요소의 제약을 받는다. 그런 까닭에 의식의 정확성은 그다지 신뢰할 만한 것이 못 된다. 이에 반해 우리의 감정은 오히려 진실을 말할 수도 있다.

한번은 여성 친구와 함께 식사를 했다. 식사가 끝난 후 그녀는 자신이 계산하겠다며 나를 가로막았다. 나는 지금까지 단 한 번도 여성에게 계산을 미룬 적이 없었고 그녀도 잘 알고 있었다. 그러나 그날 나는 일부러 못 이기는 척 그녀에게 계산서를 넘겨주었다. 그녀는 웃으며 얼른 자리에서 일어나 계산대로 향했다. 그런데 계산대로 향하던 그녀가 연속해서 두 번이나 걸려 넘어질 뻔했다. 그 순간 나는 그녀의 잠재의식이 계산하기를 꺼린다는 것을 알 수 있었다. 그녀가 계산하고 돌아오길 기다린 나는 자리에 앉아서 그녀와 계속해서 이야기를 나누었다.

그녀는 여전히 미소를 띠고 있었지만 기분이 조금 가라앉은 듯 보였다. 그녀 자신조차도 의식하지 못하는 것 같았지만 나는 느낄 수 있었다. 그녀는 결코 인색한 사람이 아니지만 그녀의 의식이 선택한 일과 초감각적 지각이 보내는 지시가 달랐던 것이다. 어쩌면 그녀도 의식하지 못하는 사이에 통제할 수 없는 감정이 표출되어 나왔다고 볼 수 있다.

이런 농담은 함부로 해서는 안 되지만 이 일로 한 가지 사실이 증명되었다. 감정처럼 움직이는 에너지는 확실히 통제하기 어려우며 한 사람의 진정한 속마음을 나타내는 감정은 당사자조차도 인식하지 못할 수 있다는 점이다.

내가 이렇게 말하는 데는 과학적인 근거가 있다. 신경과학자 안토니오 R. 다마지오(Antonio R. Damasio)는 이렇게 말했다. "내부환경 혹은 외부환경에는 위험한 자극 또는 유익한 자극이 존재한다. 인간은 서로 다른 자극에 대해 그에 상응하는 감정으로 반응하도록 진화해 왔다. 다시 말해 감정의 심리학적 목적은 명확함에 있다. 감정은 결코 있어도 되고 없어도 되는 사치품이 아니다."

우리는 감정에 심리학적 목적이 있든 없든 별로 개의치 않는다. 그러나 안토니오 다마지오의 말은 한 가지 깨달음을 준다. 감정은 생존 투쟁에서 매우 중요한 의미를 지닌다는 것이다. 그것은 우리가 직면한 위기를 깨우쳐줄 뿐만 아니라 먹을 것과 머물 곳, 편안한 환경을 누릴 수 있도록 해준다. 즉, 감정은 정보를 제공하고 우리가 현실세계에 대응할 수 있도록 해준다.

감정은 일어날 때 혹은 일어난 뒤 일정한 반응을 한다. 화가 나면 공격을 하고 기쁘면 행동을 지속하며 슬프면 벗어나려 한다. 싫증 나면 그만두려 하며 공포를 느끼면 도피하려 한다. 따라서 자신의 감정을 느끼는 동시에 타인의 감정을 느끼는 것은 매우 중요하다.

예컨대 많은 부모, 특히 이제 막 부모가 된 젊은 부부들은 하루 종일 울며 보채는 아기 때문에 골치가 아플 지경이다. 왜 그럴까? 그들이 아기가 무엇을 원하는지 모르기 때문이다. 사실 아기는 자신의 감정을 매우 정확하게 표현할 수 있지만 어른이 보기에 그 표현 방식은 오직 하나, 울음이다. 문제는 부모가 울음의 의미를 모른다는 것이다. 아기의 감정을 알아채기 힘든 부모는 자신의 논리에 따라 아기가 무엇을 원하는지 추측해서 판단할 수밖에 없다. 이 때문에 부모는 쉽게 판단 실수를 하게 되고 아기는 계속 울며 보채게 되는 것이다.

또 다른 예를 들어보자. 많은 사람이 화가 나거나 낙담하면 방이나 화장실에 틀어박혀 컴퓨터 자판을 두드리거나 휴대폰을 만지작거린다. 그도 아니면 훌쩍거리거나 멍하니 시간을 보내면서 이런저런 방식으로 자신을 격려시킨다. 이때 주변 사람들은 그저 그에게 무슨 일이 있겠거니 추측할 뿐이다. 동시에 그와 접촉하거나 무언가 묻기를 꺼린다. 그 결과 그는 점차 가족 혹은 친구들이 없는 생활에 익숙해진다. 그가 감정적이 될 때면 무시하거나 심지어 보고도 못 본 체한다. 결국 소외감, 쓸쓸함, 버림받았다는 감정을 느끼는 것이다. 누구도 이런 상황이 결코 유쾌하지도 달갑지도 않을 것이다.

그러므로 인간관계에서 아기든 어른이든 누군가가 자신의 감정을 표현하지 않거나 표현하길 원치 않을 경우 그들의 진실한 감정을 느낄 수 있도록 연습하는 수밖에 없다. 주의할 점은 행동으로 그들의 속마음을 추측해서는 안 된다는 것이다. 이럴 경우 틀릴 가능성이 다분하다. 왜냐하면 대부분의 사람들은 감정적으로 변할 때 제한적이면서도 감정에 맞지 않는 행동을 하는 경우가 많아서 주변 사람들이 그들의 진짜 기분을 알아차리기 어렵게 만들기 때문이다. 필요한 것은 눈으로 보고 느끼는 것이 아니라 마음의 눈으로 느끼는 것이다. 예민한 마음이 지시하는 대로 자신의 감정을 자각하는 동시에 얻어진 정보에 따라 행동해야 한다.

마음속으로
상대가 되어 보면

사람들은 의견이나 관점이 일치하면 서로를 긍정하지만 이와 반대로 불일치하면 서로를 부정한다. 그러므로 다른 사람을 설득하기 위해서든 원활한 의사소통을 위해서든 상대방 행동을 점칠 수 있다면 인간관계에 유용할 것이다.

어떤 사람은 다른 사람이 좋아하는 것에 각별한 주의를 기울일 뿐만 아니라 무슨 일이든 남보다 앞서서 행동한다. 다른 사람이 말하지 않아도 그가 하고 싶어 하는 말을 먼저 알아차리거나, 그가 무슨 일을 하려는지 먼저 알고 행동하는 적극성을 보여준다. 이런 사람들은 흔히 인간관계의 고수이자 성공한 사람들로 세상 사람들의 주목을 끌기 마련이다.

철강왕 앤드류 카네기(Andrew Carnegie)의 비결은 상대의 요구를 정확하게 꿰뚫어보는 능력에 있었다. 과녁을 정확히 겨누어 활을 쏘듯이 상대의 마음을 꿰뚫어보았으니 당연히 백발백중일 수밖에 없었다.

창업 초기에 카네기는 석탄업계에서 석탄왕으로 불리던 헨리 프릭(Henry Clay Frick)과 만나게 되었다. 잘 알다시피 철강회사는 대량의 석탄을 필요로 하는 데다 헨리 프릭의 능력을 높이 평가하고 있던 카네기는 그와 합작하기를 원했다. 이는 쌍방 모두를 위한 윈윈(win-win) 전략이었다.

하지만 프릭은 자부심이 매우 강할 뿐 아니라 이미 많은 사람들로부터 받은 매력적인 합작 요구도 수차례 거절한 터였다. 카네기는 프릭에게 합작 상대들이 넘쳐나더라도 도전해보기로 했다.

그는 프릭을 집으로 초대해 정성껏 대접했다. 당시 카네기는 이미 쉰에 가까운 나이로 자산이 나라의 재산을 능가할 정도는 아니어도 프릭보다는 훨씬 많았다. 그에 비하면 프릭은 한낱 젊은 청년에 불과했지만 카네기는 조금도 거만하게 굴지 않고 오히려 겸손하게 행동했다. 카네기의 이러한 행동에 젊고 기세등등했던 프릭은 적의를 거두고 카네기에게 호감을 갖게 되었다.

카네기는 프릭에게 석탄회사 설립을 제안했다. 자신이 4분의 3을 출자하고 프릭이 4분의 1을 출자하되 주식은 두 사람이 반반 가지는 것으로 했다. 카네기가 이와 같은 제안을 한 이유는 프릭이 광산을 보유하고 있었기 때문이다.

　누가 보아도 거절할 수 없는 횡재 앞에서도 프릭은 여전히 망설였다. 프릭이 무엇을 우려하는지 짐작한 카네기는 그에게 "회사 이름은 '프릭 석탄회사'가 좋을 것 같네"라고 말했고, 이 말을 들은 프릭은 흔쾌히 합작을 승낙했다.

　카네기가 이처럼 순조롭게 합작을 이끌어낼 수 있었던 것은 바로 마음속으로 상대가 되어 판단했기 때문이다. 그는 허울에 집착하는 상대의 심리를 꿰뚫어보았을 뿐만 아니라 그 심리에 영합함으로 합작의 기회를 쟁취할 수 있었다. 이처럼 성공적인 결과를 이끌어내기 위해 우리는 어떻게 해야 할까? 상대가 결정을 내리기 전에 미리 추측할 수는 없을까? 그렇다. 초감각적 지각이 있으면 크게 문제될 것이 없다.

　한번은 태풍으로 우리 집의 일부가 파손되었다. 이런 주택보험에 가입했던 나는 보험회사에 배상을 요구했다. 집으로 파견된 보험사정인은 네게 먼지 "안녕하세요. 만나 뵙게 되어서 반갑습니다"라며 인사를 건넸다. 상대의 마음을 느낄 수 있었던 나 역시 친절하게 "안녕하세요, 만나서 반갑습니다"라고 인사했다.

　이어서 보험사정인은 단도직입적으로 배상금 문제에 대해 이야기를 꺼냈다. "선생님, 태풍으로 가옥이 파손되어 상심이 크시겠어요. 그런데 우리 회사에서 지불할 수 있는 배상금이 그리 많지 않을 것 같습니다. 배상금으로 100달러 정도를 예상하는데 어떻습니까? 너무 적은가요?"

나의 다년간의 경험과 상대의 말투에 비춰볼 때 그가 제시한 금액은 절대 최고액일 리가 없었다. 분명 처음 제시한 금액보다는 좀 더 많은 두 번째, 심지어 세 번째나 네 번째 금액을 생각해뒀을 터였다. 보험사정인조차도 배상금이 그리 많지 않을 것이라고 말한 것을 보면 그가 생각하기에도 금액이 너무 적어서 입이 안 떨어질 정도였던 듯하다. 일단 나는 침묵하기로 했다.

침묵을 참지 못한 보험사정인이 먼저 말을 꺼냈다. "죄송합니다. 방금 제가 제시한 금액은 신경 쓰지 마십시오. 조금 더 올려서 200 달러는 어떻습니까?" 나는 "고작 200달러라니요. 정말 터무니없는 금액입니다"라고 말했다. 그러자 그는 "좋습니다. 그럼 300달러를 배상하겠습니다. 어떻습니까?"라고 물었다. 나는, 다시 "그렇게는 절대 안 됩니다"라며 대답했다. "좋습니다. 그럼 400달러로 하지요. 아주 많이 드리는 겁니다" 말했다. 하지만 나는 "받아들일 수 없습니다. 다시 한번 가옥 파손 상태를 보시는 게 좋을 것 같군요"라고 대답했다. 이렇게 배상금은 조금씩 증가했고 결국에는 950달러를 받는 것으로 끝났다.

이 일을 계기로 나는 한 가지 결론을 얻었다. 다른 사람을 상대할 때는 반드시 냉정하게 상대 생각을 분석하고 상대의 다음 행동을 판단해야 한다는 것이다. 침착함이야말로 자신을 승리로 이끄는 관건이라고 할 수 있다. 냉정하고 침착해야만 눈이 더 예리해지고 마음이 더 평정되며 잠재의식이 더 활발하게 움직여 초감각적 지각이 받아들인 정보도 더욱 정확해지기 때문이다.

물론 초감각적 지각이 더 정확한 판단을 내리게 하려면 풍부한 자료를 제공해주어야만 한다. 이를 위해 의식이 작용하게 된다. 예를 들면, 누군가가 어떤 사람과 교류하는지를 통해서 그 사람의 사람됨됨이를 파악할 수 있다. 혹 다른 사람의 진짜 의도를 파악하기 힘들 경우에는 티가 나지 않는 선에서 여러 가지 질문으로 상대에게 얻기 어려운 정보를 획득할 수도 있다. 여기서 관건은 자신의 관점을 말하지 않고 상대가 되도록 많은 이야기를 하도록 유도하는 데 있다. 이로부터 상대의 의도나 상황에 대해 파악하고 이해할 수 있을 것이다.

미국에서 활동하는 유명한 생명보험설계사 조 쿨만(Joe Culmann)은 MDRT(Million Dollar Round Table, 일명 백만 달러 원탁회의, 전 세계 생명보험 영업사원의 명예의 전당으로 국내 기준 평균 연봉 1억 원 이상의 수입을 올리는 보험설계사 – 옮긴이)협회 최초로 3년 연속 협회 회장을 지낸 보험설계사다. 그의 성공비결 중 하나는 상대를 정확히 판단하는 데 있다. 특히 다양한 질문으로 상대의 의견을 듣고 자신의 판단이 정확한지 여부를 확인한다. 예컨대 고객이 "이런 보험은 가격이 너무 비싸요"라고 말하면, 그는 "왜 그렇게 생각하세요?", "그리고요?", "그래서요?", "그 외에 다른 것은요?"라며 물은 뒤 곧바로 입을 다물고는 고객이 말하도록 기다렸다. 이러한 질문의 장점은 고객의 잠재의식 속 정보를 더 많이 캐낼 수 있어 더 정확한 판단을 내릴 수 있게 했다.

헨리 포드의
성공 비결

우리는 누구나 두 개의 세계를 가지고 있다. 하나는 현실세계이며 또 하나는 내면세계다. 상대가 무엇을 원하는지 알고 그에 따른 조치를 취하려면 반드시 타인의 내면 세계에 들어가야만 한다. 미국 FBI의 협상 전문가 윌리엄 홀든(William Holden) 박사의 말을 인용하면 상대의 요구를 만족시켜야만 자신의 요구도 만족시킬 수 있다. 그는 뛰어난 협상가들이 탁월한 의사소통 능력을 가지고 있어서 상대의 마음을 사로잡는 데 능숙할 뿐 아니라 적절한 언어 구사를 통해 자신도 모르게 상대를 자신이 설계한 세계로 끌어들인다고 말했다. 이 점을 충분히 활용할 수만 있다면 인간관계에서 큰 도움을 받을 수 있을 것이다.

1992년 미국 대선에서 빌 클린턴과 조지 부시는 대통령직을 두고 치열한 접전을 벌이고 있었다. 그러던 중 현장 토론에서 한 여성이 "두 분은 가난한 시민들을 위해 어떤 도움을 줄 수 있나요?"라며 질문했다. 알다시피 부시는 화려한 정치적 업적과 풍부한 경험을 가지고 있었지만 그의 출신 성분과 경력의 한계로 사회 하층민들에 대한 이해가 부족했다. 이 때문에 그는 이 난처한 질문에 대답하기를 회피했다. 당시 부시와 비교했을 때 대통령에 당선될 승산이 낮았던 클린턴은 그녀 앞으로 다가가 손을 꼭 잡으며 "저는 가난한 사람들의 심정이 어떤지 잘 알고 있습니다. 저 역시 가난한 가정 출신이기 때문에 그 누구보다도 가난한 사람들의 고통을 잘 압니다"라고 말했다. 이렇게 하잘것없어 보이는 말 몇 마디로 클린턴은 수많은 하층민들의 지지를 얻었고 결국 대선에서 이길 수 있었다.

이처럼 상대의 위치에서 상대의 관점을 이해할 수 있게 되면 타인을 즐겁게 하는 사람이 된다. 타인을 유쾌하게 하는 사람과는 누구나 가까워지길 원하기 때문에 서로 간에 분위기도 좋아지기 마련이다. 이런 에너지장에서라면 무슨 일이든 순조롭게 이뤄질 수 있다. 사실 수많은 문제도 타인의 입장에서 생각하면 어렵지 않게 해결책을 찾을 수 있다. 나와 타인의 생각이 소통되면서 서로를 이해할 수 있는 기초가 마련되기 때문이다.

이제부터라도 먼저 다른 사람의 입장에서 생각하고 행동해보기 바란다. '내가 이렇게 행동하면 상대에게 어떤 영향을 미칠까? 상대도 이렇게 하길 원할까? 내가 이렇게 하면 상대는 어떤 느낌일까?'를 던져 보는 것이다. 이에 대해서라면 나도 깊이 느끼는 바가 있다.

한동안 나는 아내가 집 정원에 들이는 시간이 너무 많은 것 같아 불만이었다. 일주일에 두 번씩이나 잔디를 깎았지만 우리가 막 이사 왔을 때와 별반 달라진 게 없었기 때문이다. 나는 매번 잔디 손질이 끝나면 아내에게 불평을 했고 아내는 내가 가정의 화목한 분위기를 깬다며 몹시 언짢아했다.

또다시 이 일로 아내가 화가 났을 때 나는 아내의 입장에서 이 문제에 대해 곰곰이 생각해보았다. 그제야 나는 내 문제가 무엇인지 알 수 있었다. 나는 그때까지 단 한 번도 아내가 힘들게 잔디를 깎는 이유에 대해 생각해보지 않았다. 아내는 내게 좋은 아내로서 인정받고 싶었던 것뿐이었다. 그 후 아내가 다시 잔디를 깎으러 갈 때 나도 같이 가겠노라며 그녀를 따라나섰다. 예상치 못한 나의 행동에 아내는 무척 기뻐했다. 그렇게 우리 두 사람은 시종 유쾌한 분위기 속에서 잔디 손질을 끝냈다.

그 일이 있은 뒤 나는 자주 아내와 함께 잔디 손질을 했을 뿐만 아니라 아내의 부지런함과 잔디 손질 솜씨를 칭찬하기까지 했다. 가끔 아내를 너무 치켜세우는 듯도 했지만 그렇다 한들 또 어떠랴? 내 태도가 이렇게 바뀐 후 우리 두 사람 사이는 더 친밀해졌다.

그 후 나는 다른 사람을 비판하고 싶을 때면 먼저 30초 동안 생각할 시간을 가졌다. '만약 내가 상대라면 이런 지적을 받아들일까? 나라면 어떤 기분일까?' 그렇게 오랜 시간이 흐르자 내 주변은 친구들로 넘쳐났고 나 역시 더 환영받는 사람이 되었다.

어느 심리학자는 '우리는 흔히 다른 사람의 얼굴에서 자신의 표정을 읽을 수 있다'라고 말했다. 따라서 우울한 기분과 언짢은 태도를 버리고 다른 사람들이 수긍할 수 있는 태도와 방식으로 행동한다면 타인의 환영과 신임을 받을 수 있다.

자동차 왕 헨리 포드(Henry Ford)는 자신의 성공의 비결을 입장을 바꿔 생각하고 타인의 태도와 관점을 이해하는 것이라고 말했다. 이렇게 할 때 상대와 소통할 수도, 상대의 생각과 핵심을 더 정확히 파악할 수도 있기 때문이다. 상대가 지닌 생각의 핵심을 알고 그것을 정확히 겨냥해 행동한다면 더 큰 설득력도 가질 수 있다. 어떤 이는 누군가 나를 믿고 내 뜻에 따라 행동하게 하려면 반드시 먼저 그가 나를 좋아하게 해야 하며, 그렇지 않으면 실패할 것이라고 말했다. 하지만 상대가 무엇을 요구하는지 고려하지 않는다면 어떻게 나를 좋아하게 만들 수 있겠는가?

한번은 강연이 일주일도 채 남지 않았는데 한 달 전에 예약한 연회장 임대료를 세 배나 올리겠다는 연락을 받았다. 알고 보니 내가 강연을 하기로 한 날 내가 빌린 연회장에서 누군가가 파티를 열고 싶어 하다보니 임대료를 올리겠다고 했던 것이다.

당연히 나는 지배인이 제시한 가격을 받아들일 수 없었다. 그에게 화가 났지만 흥분을 가라앉히고 차분하게 말했다. "가격을 올리겠다고 하시니 놀랍기도 하고 아주 실망스럽지만 당신을 탓하지는 않습니다. 저라도 그랬을 겁니다. 호텔을 위해 최대한 수익을 올리는 게 당신이 맡은 책임일 테니까요."

내 말을 들은 지배인은 원래의 경계심을 풀고 한결 부드러운 태도를 보였다. 이 기회를 놓치지 않고 나는 재빨리 말을 이어갔다. "연회장을 다른 사람에게 빌려주면 그날 밤 수익은 확실히 높겠지요. 하지만 지금 저를 거절하는 것은 수많은 현재 고객과 함께 미래의 잠재적 고객을 거절하는 것이나 다름없습니다. 제 강연을 듣는 청중의 사회적 지위를 고려할 때 그들이야말로 살아 움직이는 광고라고 할 수 있지요. 그들은 앞으로 호텔에 많은 고객을 유치하게 해줄 것입니다. 한번 잘 생각해보세요. 과연 어느 것이 더 호텔에 이득이 될까요?"

결국 나는 원래의 가격으로 회의장을 사용할 수 있었다. 내가 지배인을 설득할 수 있던 것은 상대의 입장에서 생각한 덕분이었다. 나는 그의 입장에서 문제를 바라보았을 뿐만 아니라 그의 이익까지 고려했다. 그러자 그는 기꺼이 내 요구를 받아들였던 것이다.

어떤 일이든 먼저 타인의 관점에서 바라보고 그들의 심리를 이해한다면 인간관계 때문에 고민하거나 걱정할 일은 없을 것이다. 또한 이렇게 할 때 타인도 마찬가지로 당신을 배려하고 또 기꺼이 당신을 받아들일 것이다. 그러면 일상생활에서 빚어지는 마찰이나 충돌도 눈에 띄게 줄고 인간관계는 더 원만해질 것이다. 이와 동시에 인맥이 더 넓고 견고해져서 성공을 가로막는 장애물도 점점 적어질테니 성공에 이르는 길이 더 평탄해질 것이다.

상대의 입장에서 생각하면 좋은 점이 있다. 초감각적 지각의 기교를 훈련할 수 있다는 점이다. 우리의 의식은 자신의 입장에서 생각하는 것에 익숙해져 있는데 사실 이건 빙산의 일각이다. 우리의 초감각적 지각 속에는 미래에 대한 기억과 상대의 다양한 생각이 포함된 무수히 많은 정보가 있다. 하지만 초감각적 지각은 외부의 자극이 있어야만 비로소 투사되어 나타난다. 이 때문에 우리는 의식의 도움을 빌어 초감각적 지각 속에 존재하는 상대에 대한 정보를 자극해야 한다. 머릿속으로 '만약 내가 그라면, 나는 어떻게 생각하고 어떻게 행동했을까?'에 대해 열심히 고민하다 보면 초감각적 지각 속의 이와 관련된 내용이 자극을 받는다. 그때 그것을 포착할 수만 있다면 성공적으로 상대방의 심리를 예측할 수 있게 된다.

따라서 통찰력을 기르려면 뛰어난 관찰력을 위한 훈련 말고도 타인의 입장에서 생각하는 연습을 결코 게을리해서는 안 된다. 입장을 바꿔 생각하는 습관이야말로 일거양득이다. 이런 습관을 지속하면 초감각적 지각을 통제하는 데도 큰 도움이 될 것이다.

호감을 사는
단순한 비결

이 세상에는 여러 부류의 사람이 존재한다. 그 중 한 부류는 '누구에게나 사랑받는 사람들'이다. 이 또한 일종의 능력이다.

그들의 능력은 선천적인 것일까? 꼭 그렇지만은 않다. 단지 그들에게 말로 설명하기 힘든 어떤 매력이 있어서 우리도 모르게 그 사람을 좋아하는 것일 뿐이다. 이런 매력은 외모와는 달라서 누구나 가질 수 있다. 초감각적 지각을 통해 상대가 어떤 모습의 우리를 좋아하는지 느끼고 그들이 보고 싶어 하는 모습을 보여줌으로 관심을 끌 수도, 호감을 살 수도 있다.

예컨대 가족사진을 보여주는 사람에게 보통, 배우자가 아름답다거나 아이가 귀엽다고 칭찬하기 마련이다. 그렇게 생각하지 않아도 우리의 지각은 그렇게 해야 한다고 알려준다. 그렇게 하지 않으면 상대의 기분을 상하게 할 수 있기 때문이다. 이것이야말로 가장 간단한 상식이다. 다시 말해, 배후에 숨겨진 근본 원인을 파헤치면 초감각적 지각의 흔적을 발견할 수 있다. 사랑받는 사람일수록 초감각적 지각 능력도 더 강하다. 그들은 항상 타인이 좋아하는 것을 재빨리 알아차려 상대에게 더욱 호감을 주기 때문이다. 그러나 구체적인 인간관계 속에서 호감의 표현 방식은 사람마다 다르다.

출판사에 새 책 출판 관련 일을 협의하러 갔을 때의 일이다. 나와 이야기를 나누던 편집자가 다른 일 때문에 잠시 자리를 비운 사이 나는 다른 여성 편집자와 이야기를 나누게 되었다. 하지만 그녀는 내가 꺼낸 화제에 전혀 무관심했다. 나는 의아했다. 보통 편집자들에게는 내가 선택한 화제, 예컨대 출판업계의 전망이나 올해 베스트셀러 순위 등은 매우 흥미로운 주제이기 때문이다. 어째서 그녀는 조금도 흥미를 느끼지 않았을까?

그때 한 통의 전화가 걸려왔고 그녀는 다급하게 전화를 받았다. 가만히 들어보니 아무래도 그녀의 아이가 아픈 듯했다. 나는 통화가 끝나기를 기다렸다가 "아이는 괜찮죠? 엄마는 정말 대단한 것 같아요. 힘들 때도 있지만 그래도 정말 행복하죠?"라고 물었다. 나는 대수롭지 않은 듯 말을 건넸고 설사 그녀가 흥미를 보이지 않아도 문제될 것은 없었다. 하지만 그녀는 이 대화에 곧장 끼어들었다. 그녀가 자신의 아이에 대해 말하기 시작했고 나 역시 내 아이에 대해 이야기했다. 그렇게 분위기는 단번에 좋아졌고 우리는 즐겁게 담소를 나눴다. 원래 이야기를 나누던 편집자가 돌아오자 그녀는 헤어지기를 못내 아쉬워하며 내게 연락처를 주었다. 조금 전 그녀가 보인 쌀쌀맞은 태도와는 전혀 다른 태도로 말이다.

이 이야기를 통해 말하고 싶은 것은 상대가 어떤 모습의 당신을 좋아하는지 알고 싶다면 우선 조사를 하라는 것이다. 적어도 관찰하고 물어본다면 상대에 대해 어느 정도는 이해할 수 있다. 아무것도 묻지도 듣지도 않고 환자에게 약을 처방하는 의사는 없다. 낯선 사람과 처음 만났는데 무턱대고 아무 말이나 장황하게 지껄인다는 것은 환자에게 증상을 묻지도 않고 약을 처방하는 의사와 다를 바 없다. 그 결과가 어찌 좋을 수 있겠는가? 상대를 어느 정도 이해했을 때 비로소 어떻게 행동해야 좋을지도 결정할 수 있는 것이다. 만약 당신이 상대에 대해 아무것도 모른다면 그를 깊이 있게 알 방법은 없다. 이럴 경우 일반적인 상식에 따라 판단할 수밖에 없다.

지금부터 이야기할 내 친구는 기자다. 어느 날, 이 친구에게 특정 물리학 교수를 인터뷰하라는 임무가 떨어졌다. 물리에 '물'자도 모르던 친구는 울며 겨자 먹는 심정으로 교수 집에 도착했다. 집을 이리저리 살피던 친구의 눈에 벽에 걸린 풍경화 몇 폭이 들어왔다. 그제야 약간의 서광이 비치는 듯했다. 그는 곧바로 인터뷰에 들어가지 않고 비교적 덜 알려진 사진 촬영 명소를 시작으로 사진 찍는 기교에 이르기까지 자연스럽게 이야기를 이어나갔다. 교수는 친구의 이야기에 큰 관심을 보였고 기꺼이 사진첩까지 꺼내 보여주며 자신의 여행 경험까지 들려주었다. 분위기는 단번에 화기애애해졌다. 이런 분위기에서 인터뷰가 잘 되지 않을리 없었다.

친구는 상대의 비위를 맞출 뿐만 아니라 자신의 재능을 이용해 원하는 목표에 순조롭게 도달할 수 있었다. 그가 성공할 수 있었던 이유는 고등교육을 받은 인텔리의 심리적 특징을 정확하게 이해하고 있었기 때문이다. 그들은 꽤 높은 문화적 소양을 갖춘 동시에 대부분 스스로를 매우 고상하다고 여긴다. 그런 까닭에 일반인과의 교류를 꺼리며 남다른 재주가 있는 사람들과 교류하기를 원한다. 그러므로 그들로부터 호감을 얻기 위한 가장 좋은 방법은 이야기를 나누는 동안 적절히 당신의 재능과 학식을 드러내는 것이다. 교양 있는 사람들을 좋아하는 그들에게는 자신을 교양 있는 사람으로 비치게 하는 것이야말로 확실한 방법이기 때문이다.

누군가 당신을 마음에 들어 하면 그는 당신과 즐겁게 대화를 나눌 것이며, 그렇게 두 사람의 관계는 더 친밀해질 것이다. 이는 당연한 사실이다. 처음 만난 사람과 짧은 시간 동안 친해지기란 그리 쉬운 일이 아닌 듯 보인다. 하지만 보기에 어려워 보일 뿐 실제로는 여기에도 몇 가지 비결이 있다. 먼저 상대의 마음에 들도록 약간의 비위를 맞춘다. 그리고 진심으로 상대의 장점을 칭찬함으로 상대를 기쁘게 한다면 둘 사이의 거리는 가까워지고 마음의 장벽도 없앨 수 있다.

예컨대 사람은 누구나 자신이 관심이 있거나 익숙한 화제에 대해 이야기하기를 좋아하며 비슷한 취향을 가진 사람과 대화하면서 큰 기쁨을 느낀다. 그러므로 낯선 사람과 만났을 때 상대의 관심사나 취미를 중심으로 대화를 시작하는 것도 괜찮은 생각이다. 이렇게 한다면 상대의 흥미를 끌 수 있을 뿐만 아니라 최소한 상대로부터 문전박대 당하는 일은 없을 것이다. 또한 좀 더 쉽게 서로의 간격을 좁혀 상대의 친구 무리 속에 들어갈 수도 있다. 적어도 아예 모르는 사람은 아닌 것이다. 그런 다음 더 깊이 교류함으로써 상대가 당신에게 빠져들도록 하면 된다.

당신에게 무슨 말을
듣고 싶은 걸까?

    초감각적 지각을 이용해 상대의 호감을 샀다면 이제 인간관계의 기초는 다진 셈이다. 지금부터는 의사소통을 통해 견고한 관계를 맺어야 한다. 이때 무슨 말을 해야 할까? 여기서 주의할 것은 '내가 무슨 말을 하고 싶은가'가 아닌 상대가 내게서 무슨 말을 듣고 싶어 하는가를 고려해야 한다는 점이다.

    공적으로든 사적으로든 다른 사람에게 부탁할 일이 있다거나, 하다못해 상대와 좋은 관계를 맺으려 해도 상대의 마음을 읽을 수 있어야 한다. 그래야 제대로 처신할 뿐만 아니라 적어도 말실수를 하지 않을 수 있다. 잘 생각해보라. 입을 열 때마다 제 마음대로 조심성 없는 말들로 상대를 화나게 한다면 좋은 관계는 고사하고 상대에게 나쁜 인상만 남길 것이다. 이 얼마나 큰 손실인가! 어느 PR 전문가는 내게 이런 말을 했다.

> "사람들은 의견이나 관점이 일치하면 서로를 긍정하지만 반대로 불일치하면 서로를 부정합니다. 타인의 지지를 얻고 싶다면 항상 상대의 기호를 잘 살펴 최대한 그의 요구를 만족시켜야 합니다. 어떤 사람은 다른 사람이 좋아하는 것에 각별한 주의를 기울일 뿐만 아니라 무슨 일에든 남보다 앞서서 행동합니다. 다른 사람이 말하지 않아도 그가 하고 싶어 하는 말을 먼저 알아차리거나, 그가 무슨 일을 하려는지 알고 먼저 행동하는 적극성을 보여줍니다. 이런 사람들은 흔히 인간관계의 고수입니다."

바로 이 PR 전문가가 그런 사람이었다. 그녀는 마치 카멜레온처럼 늘 상대의 어조와 생각을 따라가며 말투, 템포, 목소리 톤, 말하는 속도에 장단을 맞추었다. 내가 슬퍼하면 그녀도 나와 함께 슬퍼하고 내가 기뻐하면 그녀 역시 진심으로 기뻐하는 것처럼 보였다. 그녀는 정말 나를 잘 이해하는 듯했고 항상 내가 듣고 싶은 말, 심지어 내가 하고 싶은 말을 먼저 내게 했다. 그녀에 대한 이런 느낌이 비단 나만의 생각일 리는 없다.

생각해보라. 만약 그녀와 같은 사람이 될 수 있다면 인간관계가 얼마나 순조로울지! 예컨대 다른 사람의 말, 표정, 손짓, 몸짓 및 무심결에 하는 행동에 이르기까지 이 모두에 예리한 통찰력을 갖춘다면 능히 상대의 의도를 파악할 수 있으므로 인간관계는 전혀 걱정할 게 없다.

예를 들어보자. 만일 당신이 이야기하는 동안 상대의 시선이 자꾸만 다른 곳을 향한다면 그가 당신의 말을 귀 담아 듣지 않고 있다거나 흥미 없어 한다는 의미라고 봐야 한다. 이럴 때는 장황하게 계속 이야기를 하느니 차라리 화제를 바꾸는 편이 현명한 선택이다.

당신이 누군가의 집을 방문했다고 하자. 당신과 이야기를 나누는 중에도 집주인의 시선이 계속 다른 곳을 향해 있다면, 또 누군가가 작게 소곤거리는 소리가 들린다면 아마도 그들 사이에 뭔가 중요한 일이 있는데 방금 당신의 방문으로 이야기가 중단되었다는 뜻이다. 집주인은 마음속으로 그 일을 걱정하고 있을 것이 분명하다. 비록 당신을 마주하고 있지만 마음은 이미 딴 곳에 가 있을 것이다. 이럴 때 가장 현명한 처신은 찾아온 용건만 간단히 말하고 얼른 자리에서 일어나는 것이다. 당신이 떠난 뒤에 집주인은 내심 당신에게 고마우면서도 '집까지 찾아온 손님을 제대로 접대도 못했군' 하며 미안함을 느낄 것이다. 이에 그는 아마도 미안한 마음을 갚고자 최대한 당신의 부탁을 들어주려고 노력할 것이다.

예컨대 이야기를 하는 도중에 초인종이 울린다거나 전화가 걸려오면 당신이 먼저 대화를 중단하고 상대에게 처리할 시간을 주어야 한다. 듣고도 못 들은 척 자기 말만 계속해서 집주인을 곤란하게 해서는 안 된다.

한번은 마리라고 하는 한 여성이 불만에 가득 찬 목소리로 내게 푸념을 했다. 당시 마리는 갓 취업을 한 직장 새내기였다. 우수한 성적으로 대학을 졸업한 그녀는 자신이 회사에서 크게 환영받으리라 생각했다. 그런데 예상과 달리 직장동료, 사장, 고객 할 것 없이 모든 사람이 그녀에게 싫은 내색을 표했다. 나는 그녀의 이야기에서 문제를 알아차릴 수 있었다.

예를 들어, 어느 날 마리는 직장동료인 벨라가 굳은 표정으로 사장실에서 나오는 모습을 보았다. 한눈에 봐도 사장에게 꾸중 들은 것이 분명했다. 마리는 곧장 그녀에게 다가가 "또 사장님한테 꾸중 들었구나, 잊어버려"라며 위로를 건넸지만 그녀에게 돌아온 대답은 "그런 거 아니야!"라는 냉담한 말과 차가운 눈초리뿐이었다. 또 이런 일도 있었다. 하루는 멀리서 친구가 찾아와 반나절 휴가를 내고 싶었다. 그러나 사장에게 말을 꺼낸 순간 "요즘 회사 실적도 안 좋은데 휴가를 내고 싶다고? 직원들이 열심히 일하지 않는데 어떻게 실적이 좋을 수가 있겠어!"라며 꾸지람만 실컷 들어야 했다. 사장에게 심한 꾸지람을 듣고 나서야 동료에게서 사장이 오늘 오전에 실적 문제로 회장에게 불려갔었다는 말을 들었다.

마리의 실수는 상대가 무슨 말을 듣기를 원하는지 전혀 알지 못했기에 생긴 것들이었다.

말을 하기에 앞서 상대의 언어와 표정에 대해 분석할 필요가 있다. 가능하면 여기에 상대의 개인 정보와 배경 등을 더해 이해하면 말하지 않았거나 혹은 일부러 숨긴 진심도 파악할 수 있다. 그럴때 상대가 듣고자 하는 이야기를 들려줄 수 있다. 물론 결코 쉽지 않다. 풍부한 생활 경험과 관련 심리학과 사회학 지식뿐만 아니라 예리한 관찰력과 분석력, 그리고 논리적인 추리력도 있어야 하기 때문이다. 게다가 이 모든 것이 순식간에 발휘되어 신속한 판단으로 이어져야 한다. 그렇다고 너무 걱정할 필요는 없다. 이런 능력이 높은 지능지수나 노련한 경험을 필요로 하지 않기 때문이다.

요컨대 상대가 듣고 싶어 하는 말을 감지하고 싶다면 실제 상황에 의거해 민첩하게 대처할 필요가 있다. 여기서 몇몇 기본적인 원칙에 대해 소개해보겠다. 이들 기본 원칙을 지킨다면 초감각적 지각이 더 활발하게 활동할 것이다.

먼저 초면이라면 상대의 흥미와 취미 등을 최대한 이용해 초감각적 지각이 활용할 수 있는 더 많은 자료를 제공하도록 노력한다. 인간은 흔히 자신이 완벽하지 못하다고 생각하는 동물이다. 그런 까닭에 마음속에 존재하는 이상적인 자아가 현실 속의 자아와 반드시 일치하지는 않는다. 예컨대 현실에서 지나치게 풍만한 아가씨는 마음속으로 자신도 날씬해지기를 희망한다. 그러므로 다른 사람에게서 날씬해졌다는 소리를 듣고 싶어 한다. 그녀의 의식은 상대의 날씬해졌다는 말이 진심이 아닐 수도 있음을 잘 알고 있지만 초감각적 지각은 결코 알지 못한다. 상대의 말은 그녀의 내면 깊숙한 곳에 자리한 잠재의식 속의 갈망을 만족시킴으로써 그녀를 기쁘게 한다. 그와 동시에 초감각적 지각에서는 '이런 말을 들으니 기분이 좋아, 나는 그(그녀)를 좋아해'라는 정보를 내보낸다.

이외에도 교류란 서로가 상호작용하는 과정이다. 상대가 당신에게 무슨 말을 듣고 싶은지 추측하는 것만으로는 부족하며, 수시로 자신의 짐작을 확인해야 한다. 이를테면 대화를 나누다가 이따금 "정말 그래요?", "당신 말뜻은 그러니까…", "왜요?"와 같은 물음을 던짐으로 상대에게 당신이 열심히 경청하고 있을 뿐만 아니라 대화 내용에도 흥미를 가지고 있다는 점을 알려주어야 한다. 이 점을 인식하면 상대는 더욱 신나 이야기를 할 테고 당신에게도 호감을 느낄 것이다.

연습 4 | 정보 보기

이번 장에서는 내 이야기를 많이 했다. 앞서 '연습 1'에서 내가 자주 연습하는 '정보 포착하기'에 대해서 설명했다. 하지만 정보 포착하기 연습만으로는 부족하다고 생각한다. 나는 더 많은 정보 '보기'를 원하며 이는 불가능한 것이 아니다. 우리는 흔히 시각장애인은 청각이 특별히 발달해 있다고 말하지만 실은 그렇지 않다. 시각장애인이라고 후각, 미각 혹은 촉각이 더 발달한 것도 아니다. 그저 이와 같은 감각을 최대한 효과적으로 이용할 뿐이다. 나는 나 자신도 그들과 같이 할 수 있다고 믿어 의심치 않는다. 나는 시각을 발달시키기 위해 평소 다음과 같은 연습을 한다. 만약 관심이 있다면 당신도 내가 소개하는 순서에 따라 천천히 시도해보기 바란다.

먼저 눈을 깜박거리는 시간, 곧 0.1~0.4초 사이에 눈앞의 사물을 본다. 그런 다음 눈을 감고 그것의 모양과 위치를 기억해보도록 해보자.

대략 일주일 정도 후에는 도로를 질주하는 자동차의 번호판을 보고 가능한 한 그 번호를 기억하도록 노력한다. 아마 처음부터 번호판 전체를 기억하기는 어려울 것이다. 하지만 한눈에 번호판을 모두 기억할 수 있을 때까지 계속해서 연습해야 한다.

자동차 번호판을 외울 수 있게 되었다면 이제 사람들이 붐비는 큰길로 나가 지나가는 사람들을 본다. 낯선 사람들이 어깨를 스치고 지나가는 순간, 그들의 얼굴과 특징을 기억하려고 노력한다. 그런 다음 한껏 그들의 카리스마를 느끼도록 한다.

매일 언제 어디서나 자신의 상황에 맞추어 이러한 연습을 해보자. 당신 눈이 횃불처럼 밝아지면 통찰력이 예리해질 뿐만 아니라 대뇌의 순간적인 주의력도 단련되어 효과적으로 초감각적 지각을 자극할 수 있다.

성공으로
이끄는 힘

초감각적 지각에는 풍부한 생각이 담겨 있다. 아름다운 내일을 원한다면 항상 자신에게
긍정적인 암시를 주어야 한다. 그리고 끊임없이 잠재력의 돌파구를 찾아야 한다. 초감각
적 지각을 이용해 난관을 극복한다면 성공적으로 잠재력을 깨울 수 있을 것이다. 우리는
풍요로움과 행복, 그리고 성공을 누릴 것이다. 우리에게는 자기 뜻대로 통제할 수 있는
무한한 정신적 자원이 있다. 우리는 자신의 진정한 가치를 너무도 잘 알기에 타고난 재능
을 남김없이 발휘해 결국에는 제 몫의 부를 얻을 것이다.

잠재력의
돌파구

의식과 잠재의식에 대해 어느 정도 이해했다면 사람은 누구나 신비한 보물 하나를 가지고 태어난다는 사실도 알았을 것이다. 바로 타고난 재능 말이다. 그런데 이 보물이 아직도 발굴되지 못한 채 줄곧 잠자고 있다면 정말 안타까운 일이 아닐 수 없다. 오스트리아의 저명한 정신의학자 알프레드 아들러(Alfred Adler)는 이에 대해 다음과 같이 말했다.

"학창시절 원래 내 수학 성적은 정말 형편없었다. 항상 낙제를 했기 때문인지 몰라도 수학에 조금도 흥미를 느끼지 못했다. 그러던 어느 날 어쩌된 영문인지 선생님조차 풀지 못한 문제를 뜻밖에도 내가 풀었다. 어떻게 그 문제를 풀었는지 나 스스로도 이해할 수 없지만, 그런 건 어떤 중요하지 않았다. 그 사건은 내 수학적 잠재력을 깨우는 돌파구가 되었고 수학에 대한 내 태도로 바뀌었다. 심지어 난 내가 수학 천재가 아닐까 하는 생각까지 했다.

이런 생각에 힘입어 그는 수학 성적을 단숨에 전교 상위권까지 올렸다. 아들러가 푼 문제가 그의 잠재력의 돌파구가 된 것이다. 수학 문제는 갑자기 튄 불꽃처럼 엄청난 잠재력을 불러일으켰다. 우리 역시 잠재력을 깨우기 위해 이 같은 돌파구를 찾아야 한다.

『잠언과 성찰』로 유명한 프랑스 작가 프랑수와 드 라 로슈푸코 (Francois de la Rochefoucauld) 공작은 "사람들이 자신의 위대한 행동을 어떻게 과시하든 간에 그것은 흔히 시기를 잘 만난 것일 뿐, 결코 위대한 의도의 결과는 아니다"라고 말했다. 그의 말이 다소 과장되긴 했으나 전혀 일리가 없지는 않다. 예컨대 잠재력의 돌파구를 찾지 못하면 성공하기 힘든 것처럼 말이다.

문제는 성공을 갈망하는 세상 모든 사람들이 잠재력의 돌파구를 찾고 있다는 데 있다. 그런 까닭에 당신도 아주 치열한 경쟁에 맞서야만 한다. 하지만 초감각적 지각의 힘을 빌린다면 다른 사람들보다 쉽게 이 돌파구를 찾을 수 있을지도 모른다.

『이상한 나라의 앨리스』를 쓴 유명한 동화작가 루이스 캐럴(Lewis

Carroll)은 직업적인 작가가 아니었다. 본업은 대학 수학 교수이자 논리학자였다. 그는 우수한 성적으로 수학과를 졸업했고 수학 관련 저서를 여러 권 집필하기도 했다. 하지만 그를 우수한 교수라고 하기에는 무리가 있다. 그는 내성적이고 수줍음이 많은 탓에 다른 사람들과 잘 어울리지 못했을 뿐만 아니라 심각한 말더듬이였다. 교수로서 말을 더듬는 것은 치명적인 약점이었다. 캐럴이 당시 어떻게 강의를 했는지는 알 수 없으나 그가 수학자로서 그리 성공하지 못한 것만은 분명하다. 그가 수학자로서 발표한 저서들이 크게 빛을 보지 못했기 때문이다.

대학의 수학 교수로 어떻게 보면 작가와는 무관해 보이는 그는 사실 작가로 세상에 더 이름을 떨쳤다. 그가 쓴 앨리스와 토끼 이야기는 많은 아이들의 성장을 함께했으며, 이 책을 통해 그는 전 세계적으로 엄청난 명성을 얻었다. 캐럴은 평생을 독신으로 살았지만 아이들을 무척 사랑했다. 특히 옥스퍼드대 크라이스트 칼리지 학장의 딸인 앨리스 리델을 가장 아꼈다. 한번은 캐럴과 그의 친구, 그리고 앨리스와 그녀의 다른 두 자매와 함께 강으로 뱃놀이를 떠났다. 길고 지루한 여행에서 세 자매는 매일 밤이면 캐럴에게 옛날이야기를 들려달라고 보챘다.

이 말더듬이 아저씨는 옛날이야기를 들려주는 데 서툴렀을 뿐만 아니라 그의 생활이나 일도 동화와는 거리가 멀었다. 그러나 귀여운 세 꼬마 아가씨들 앞에서 그는 즉흥적으로 놀라울만큼 매력적이고 상상력으로 가득한 이야기를 만들어냈다. 후에 그는 앨리스와 그녀의 두 자매에게 들려주었던 이야기를 글로 적고 자신이 직접 그린 삽화를 더해 만든 동화책을 앨리스에게 선물했다. 이것이 바로 루이스 캐럴의 이름을 전 세계에 알린 동화 『이상한 나라의 앨리스』다.

만약 뱃놀이를 가지 않았거나 심각한 말더듬이인 캐럴이 이야기를 들려주길 거부했다면 그의 인생은 틀림없이 다르게 전개되었을 것이다. 물론 역사에 '만약'은 존재하지 않는다. 다행스러운 점은 비록 캐럴이 수학자로서의 삶을 살았지만 어쨌든 그의 창작에 대한 잠재력은 돌파구를 찾았다는 것이다.

언뜻 보면 이 돌파구란 아주 우연한 기회에 찾아와 노력 따위는 전혀 필요 없는 듯이 생각되기도 한다. 하지만 캐럴이 그처럼 상상력이 풍부한 이야기를 즉흥적으로 지어낼 수 있었던 것은 그의 초감각적 지각의 노력 덕분이었다. 이른바 영감이란, 사실 초감각적 지각 속에서 건져 올린 일부 조각이다. 영감은 본래 존재하지만 어떤 계기가 있어야만 드러난다.

이처럼 현재 연령, 직업, 처지에 상관없이 당신에게도 아직 발굴되지 않은 잠재력이 있을지 모른다. 이들 잠재력이 분출되도록 초감각적 지각을 강화시키는 한편 꾸준히 새로운 사물을 접해 새로운 자극을 주어야 한다. 그렇게 할 때 잠재력을 발휘할 수 있는 계기를 찾을 수 있다.

항상
불타오르는 마음

PSI

당신의 마음속에도 줄곧 간절히 하고 싶은 일이 있을 것이다. 파울로 코엘료(Paulo Coelho)는 『연금술사』에서 다음과 같이 썼다.

"사람은 일단 청년기에 들어서면 무엇이 자신의 운명인지 알게 된다. 인생에서 청년기는 무엇보다 해맑은 시기로 이때 하지 못할 일이란 없다. 사람들은 꿈을 꾸고 일생 동안 좋아하는 모든 일을 이룰 수 있기를 희망한다. 하지만 세월을 따라 어떤 신비한 힘이 운명을 실현하기란 불가능하다는 것을 증명하려 시도한다. 언뜻 보면 전혀 이로울 것 없어 보이는 힘도 실제로는 당신의 정신력과 의지력을 길러주어 자신의 운명을 어떻게 완성해나가야 할지 가르쳐준다. 왜냐하면 이 지구상에는 한 가지 위대한 진리가 존재하기 때문이다. 당신이 누구이고 무엇을 하든 무언가를 간절히 원하면 결국에는 원하는 것을 얻을 수 있다. 이 소망이 우주로부터 비롯된 것이기 때문이다. 그것이 바로 이 세상에서의 당신의 사명이다. 그렇지만 사람들은 너무 일찍 삶의 이치를 깨달아버렸다. 어쩌면 이러한 이유로 사람들은 꿈을 일찍부터 포기해버린 것일지도 모른다."

그렇다. 우리가 잠재력을 발휘하지 못하는 이유는 결코 무언가를 간절히 소망하지 않기 때문이다.

〈쇼생크 탈출〉에서 무고한 앤디가 수감된 감옥은 온갖 폭력, 누명, 경멸, 성희롱, 억압, 죽음 등이 난무하는 곳이다. 거의 모든 죄수들은 그런 생활에 천천히 적응해갔다. 어찌 보면 적자생존의 논리가 적용된 곳인지도 모른다. 그러던 어느 날 앤디는 탈출했다. 그렇다. 앤디는 모든 불가능 속에서 기적을 일궈냈다. 그가 간절히 자유를 갈망했기 때문에 가능한 일이었다.

진정한 힘은 그의 마음속 간절한 바람이었다. 마찬가지로 우리가 속박을 뚫고 기적을 이루게 하는 것 역시 간절한 바람이다. 그것이 자유에 대한 갈망이든 멋진 삶에 대한 갈망이든, 행복에 대한 갈망이든 말이다. 간절히 소망하면 당신도 반드시 당신 마음속의 쇼생크를 벗어나 자아의 탈출을 이룰 수 있다. 결코 꿈같은 이야기가 아니다.

내게는 무척 자유분방하게 사는 친구가 하나 있다. 그는 어려서부터 미국에서 자란 탓인지 근면하고 열심히 저축하는 대부분의 화교들과는 달랐다. 그는 줄곧 독신 생활을 즐기다 지금의 아내를 만났다. 신혼생활은 달콤했다. 그런데 아이를 갖게 되자 더없이 기쁘면서도 한편으로는 지금까지 느껴본 적 없는 압박감을 느끼게 되었다. 사랑스러운 아내와 어린 아이에게 더 나은 삶을 보장하려면 더 높은 수입이 있어야 했다. 그래야 적어도 지금의 생활수준을 유지할 수 있기 때문이다. 그는 아이가 태어나고 얼마 지나지 않아 1년 내 수입을 배로 올리겠다는 목표를 정했다. 친구는 내게 지금처럼 돈의 중요성을 절실히 느낀 적도, 지금처럼 더 높은 수입을 간절히 바랐던 적도 없다고 했다. 나는 친구에게 "일단 시작이 좋아, 자네가 이렇게 절실히 바라니까 원하는 바를 꼭 이룰 수 있을 거야"라고 격려했다.

그러나 사태는 내 바람과는 달리 엉뚱한 곳으로 흘렀다. 불행히도 친구가 쓴 기사에 문제가 생겼고 목표를 정한 지 보름 만에 해고를 당했다. 한때 유명 기자였던 친구는 한순간에 실업자 신세로 전락했다. 물론 그동안 쌓은 경력과 인간관계를 고려할 때 동종업계에서 새로운 일자리를 찾을 수는 있을 것으로 보였다. 하지만 상황은 다시 예상치 못한 방향으로 흘렀다.

집에서 쉬는 동안 그는 친구들과 자주 커피를 마시며 이야기를 나누었다. 그 중 친구의 처지를 알게 된 한 사람이 그에게 업종을 바꿔 영업 쪽 일을 권유했다. 높은 수입을 원한다면 수입 차이가 큰 영업 쪽으로 업종을 바꿔보는 편이 괜찮을 것 같다고 말이다. 공교롭게도 얼마 전 영업에 관한 책도 읽었던 터라 크게 마음이 동한 친구는 약간의 준비 과정을 거쳐 곧장 면접을 보러 갔다. 그 뒤로는 모든 것이 순조로웠다. 그는 어렵지 않게 면접을 통과했고 영업 쪽의 일을 시작한 후 실적도 아주 괜찮았다. 그 결과 1년이 지났을 무렵 그의 수입은 이전의 배가 되고도 남았다.

내 친구의 이야기에서 알 수 있듯이 해고를 당하고 커피를 마시고 독서를 하는 등의 일은 원래 아무런 인과관계도 없을뿐더러 시공간적으로도 전혀 관련이 없다. 그러나 어떤 힘이 그것들을 결합시켰고 그것이 다시 어떤 간절한 목표를 달성시켰다. 이것이 바로 초감각적 지각의 힘이다. 초감각적 지각은 우리가 연관성을 전혀 인식하지 못하는 모든 일을 시간과 공간을 초월해 연결시킴으로 그 모든 일들이 목표를 위해 일하게 한다. 이때 우리가 이용할 수 있는 에너지는 상상을 초월한다.

다만 초감각적 지각이 이렇게 열심히 일하게 만들고 싶다면 의식적인 노력이 필요하다. 반드시 의식적으로 간절히 갈망해야만 초감각적 지각에 강렬한 자극을 줄 수 있기 때문이다. 만약 아직도 초감각적 지각의 도움을 보지 못했다면 스스로에게 물어보자. 나는 간절히 원하는가? 정말 간절히 소망하는가? 나는 도대체 얼마나 절실히 소망하고 있는가? 산소를 갈망하듯이 갈망하고 있는가?

어떤 의미에서 보면 성공한 사람과 실패한 사람의 가장 큰 차이가 바로 여기에 있다. 성공한 사람의 마음은 항상 불타오르고 있으나 실패한 사람은 언제나 불씨가 지펴지기를 기다리기만 한다. 마음속 간절한 바람이 솟구칠 때는 절대로 그것을 억눌러서는 안 된다. 그 솟구치는 바람은 초감각적 지각이 보내는 신호로 당신이 더 나은 미래를 향해 달리게 하는 계기다. 그 흐름을 따라 행동하면 반드시 빛으로 가득 찬 인생을 맞이할 것이다.

그런 까닭에 먼저 자신의 간절한 바람을 위한 목표를 찾아야 한다. 이런 목표야말로 우리가 난관에 부딪혔을 때 헤쳐 나갈 수 있는 의욕을 주고 불가능해 보이는 일도 해내도록 만든다. 물론 일부 동기나 이유도 우리의 의욕을 불러일으킬 수 있다. 하지만 일시적일 뿐, 언제나 우리가 의욕에 넘치게 할 수 있는 것은 우리의 인생과 밀접하게 관련된 목표다. 그것은 영원히 마르지 않는 격려의 샘물과 같다. 언제든 무기력함을 느낄 때면 의욕의 샘물인 자신의 목표를 찾아서 힘을 얻을 수 있다.

아울러 자신의 간절한 바람을 좀 더 구체화시키기 위한 꿈이 필요하다. 그리고 그 꿈은 원대해야 한다. 스스로에게 내가 원하는 만큼 높아질 수 있고, 내가 원하는 만큼 멀리 갈 수 있고, 내가 원하는 만큼 멀리 볼 수 있고, 내가 꿈꾸는 만큼 이룰 수 있다고 알려주자.

그 무엇보다 가장 중요한 것은 바로 간절한 열망이다. 바람만으로는 턱없이 부족하다. 반드시 그것에 대한 간절한 열망으로 충만해야 한다. 목표를 이루기 위한 원동력이 강렬해야만 목표를 이루는 데 방해가 되는 모든 장애도 뛰어넘을 수 있다.

진정으로 초감각적 지각의 힘을 얻고 싶다면 단순한 바람 아닌 간절한 열망이어야만 한다. 그저 그런 보통의 욕망으로는 난관을 극복할 수 없다. 많은 경우 간절한 열망의 유무가 성공한 사람과 아직 성공하지 못한 사람을 가르는 차이를 낳는다.

그렇다면 어떻게 해야 간절한 열망이 생길까? 여기서 관건은 바로 동기와 꿈이다. 당신이 자신의 사명을 이미 찾았다면 간절한 열망과 같은 무언가가 있을 것이다. 만약 자신이 간절한 열망을 상실했다고 느낀다면 다시 한 번 자신의 사명을 재확인하고 그것이 당신의 직업과 목표로 연결되도록 함으로써 갈망에 불이 붙도록 해야 한다.

머릿속에 성공한
자신을 떠올려라

무언가를 간절히 원했던 적이 있다면 공상이 낯설지 않을 것이다. 공상은 잠재력을 끌어내는 과정에서 반드시 필요하다. 공상이 뚜렷할수록 현실이 될 가능성은 더 커진다. 나는 이런 특별한 공상을 성공을 위한 리허설이라고 부른다. 머릿속으로 자신이 이루고 싶은 목표를 상상하거나 머지않아 다가올 성공을 그려보기 때문이다. 자신을 이미 성공한 사람이라고 상상하거나 또는 성공한 후의 멋진 삶을 상상하는 것이다.

이쯤에서 이 말을 꼭 기억했으면 한다. 성공을 향해 나아가는 길에 구체적인 상상, 즉 머릿속으로 만들어낸 선명하고도 감동적인 화면은 최고의 무기다. 하지만 제대로 된 사용 기회조차 얻지 못하고 있다.

테니스에 대해 잘 모르더라도 피트 샘프라스(Pete Sampras)라는 이름은 들어보았을 것이다. 윔블던의 영원한 황제, 역대 최고의 테니스 선수와 같은 많은 수식어가 그의 명성을 증명한다. 그는 설령 연습일지라도 테니스 라켓을 들기 전에 미리 머릿속으로 선명한 화면을 그려본다. 마치 영화처럼 말이다. 먼저 자신이 원하는 방향으로 날아가는 공을 보는 것이다. 포물선을 그리며 날아간 공이 자신이 원하는 지점에 떨어지는 상상을 미리 해본다. 그런 다음 화면을 바꿔 따사로운 햇살 아래 상쾌한 기분으로 경기장으로 들어서는 자신을 보는 것이다. 자신이 힘껏 라켓을 휘두르는 모습과 함께 아름다운 곡선을 그리며 날아가는 공, 또 방금 전 상상한 화면이 현실이 되는 장면을 보는 것이다. 그러고 나서 마지막으로 이제 들어간다. 이제 그가 상상한 모든 화면은 현실이 된다.

이런 머릿속 리허설이 헛된 공상으로 보일른지 모른다. 하지만 당신도 시도해보면 이런 상상이 목표를 실현하는 데 도움이 된다는 것을 알 수 있다. 성공에 대한 리허설이 실감나면 날수록 잠재의식과 초감각적 지각에 미치는 영향력은 커진다. 당신도 잘 알고 있겠지만 우리의 초감각적 지각은 진짜와 가짜를 구별하지 못한다. 초감각적 지각이 보기에 우리가 어떤 일을 상상하든, 실제로 행하든, 본질적인 차이는 존재하지 않는다. 그런 까닭에 초감각적 지각은 가짜를 진짜라고 생각한다.

그렇지만 머릿속으로 리허설한 일이 실제로 일어난 것은 아니기에 실제 상황과 충돌이 발생할 수 있다. 다시 말해, 초감각적 지각 영역의 정보와 의식 영역의 인식이 잠재의식 속에서 충돌하는 것이다. 이러한 충돌에 앞서 잠재의식은 이 상황을 바꾸기 위해 노력한다. 이때 대뇌에는 아주 미묘한 변화가 발생한다.

이를테면 충돌을 피하기 위해 의식, 잠재의식과 초감각적 지각은 모든 요소를 동원해 목표를 실현할 수 있도록, 성공을 가로막는 장애물을 없애기 위해 노력한다. 이와 동시에 사고도 더욱 활성화된다. 창의력과 영감이 더 강해지는 것이다. 이른 아침에 잠에서 깼을 때 머릿속에 좋은 아이디어가 번쩍 떠오른다거나 목욕, 산책, 식사를 할 때도 생각의 불꽃이 번뜩일 수 있다. 정말 멋지지 않은가? 잊어서는 안 된다. 그 배후에 잠재의식과 초감각적 지각의 크나큰 공로가 있음을 말이다. 잠재의식과 초감각적 지각은 성공한 미래를 꿈꾸는 당신이 마음의 균형을 유지하도록 열심히 노력하고 있다.

이제 두뇌 리허설을 해보자. 내 경험에 따르면 성공적인 리허설을 위해서는 반드시 풍부한 상상이 필요하다. 예컨대 나는 강연이나 홍보 활동에 참여할 때면 집을 나서기에 앞서 먼저 성공을 위한 리허설을 한다. 즉 성공적으로 활동을 마친 장면을 리허설하는 것이다. 먼저 강연하는 내 모습을 상상한다. 상상 속의 강연하는 내 모습은 완벽하다. 이따금 열렬한 박수를 받기도 한다. 또 청중의 만족스러운 모습을 상상하고 강연이 끝난 후에 그들과 좋은 친구가 되는 상상을 하기도 한다. 강연을 마치고 강연장을 나오면 길거리에 핀 아름다운 꽃들과 유달리 파란 하늘, 미소를 지으며 어깨를 스치는 사람들에 이르기까지 인생의 아름다움을 느낄 수 있는 모든 상상을 한다. 이렇게 가볍고 유쾌한 기분으로 상상을 하면 신도 나를 돕는 듯하다. 성공을 위한 리허설 덕분에 나는 늘 성공적으로 활동을 마칠 수 있었다.

상상은 다분히 창조적인 활동이다. 당신도 성공한 뒤에 누릴 수 있는 멋진 광경을 마음속에 그려봄으로써 성공의 기쁨을 느낄 수 있다. 단, 성공했을 때의 아주 사소한 부분까지도 상상해야 한다. 보고 듣고 느낀 것, 미묘한 느낌까지 포함해서 말이다. 이 모든 세부적인 것들이 명확하면 할수록 좋다. 상상이 마치 진짜인 듯 느껴지면 가장 이상적이다.

머릿속 리허설을 더욱 성공적으로 해내기 위해서 약간의 준비가 필요하다. 예컨대 사진이나 그림 등을 모아 상상을 좀 더 구체화시킨다. 형태가 있으면 더 또렷하게 보이기에 의식, 잠재의식과 초감각적 지각의 사유도 목표에 더 집중할 수 있다.

요컨대 이런 방법은 항상 목표 의식을 일깨워서 우리의 잠재의식 속에서 끊임없이 목표를 실현할 방법을 찾게 한다. 이를 통해 자아 수양도 꾸준히 하게 된다. 이는 성공한 사람들이 내면을 정리하기 위해 자주 사용하는 방법이기도 하다. 물론 누구나 곤경에 처해 나락으로 떨어질 때도 있다. 하지만 꾸준한 상상과 연습을 통해 자신을 격려한다면 성공 확률도 향상될 수 있다.

끝을 시작 삼아
행동에 옮겨라

머릿속 성공 리허설이 끝났다면 이제 행동으로 옮길 때다. 어디서부터 시작해야 할까? 순서대로 하나씩, 아니면 색다른 방법으로?

세계적 기업들의 문화를 연구하면서 마이크로소프트사의 면접 문제를 본 적이 있다. 강도 다섯 명이 금화를 나누는 문제였다. 나는 수학에 재주가 없는 탓에 문제를 보기만 해도 머리가 어질어질했다. 다만 한 가지는 확실했다. 이처럼 복잡한 문제를 해결하려면 거꾸로 추론할 수밖에 없다는 점이다. 그렇지 않으면 지나치게 복잡한 상황 때문에 도무지 문제를 해결할 수 없기 때문이다. 지금 마이크로소프트사의 면접 문제와 정답은 생각나지 않는다. 하지만 한 가지 이치는 똑똑히 기억한다. 바로 골치 아픈 문제는 거꾸로 추론하는 방법을 통해 해결할 수 있음을 말이다. 결과를 출발점으로 삼아, 뒤에서부터 앞으로 한 걸음 한 걸음 거꾸로 유추하는 것이다. 이렇게 하면 문제 해결을 위한 키포인트를 분명히 찾을 수 있다. 이보다 더 주목할 만한 사실은 끝을 시작으로 삼는다면 초감각적 지각의 정보를 더 쉽게 받을 수 있다는 점이다. 성공한 화면은 당신의 적극성을 더 높여 의식, 잠재의식, 그리고 초감각적 지각이 당신을 위해 함께 일하도록 한다. 그렇게 되면 당연히 성공 가능성도 높아진다.

모차르트에 대해서라면 다들 잘 알고 있을 것이다. 그가 천재 작곡가임에는 의심의 여지가 없다. 신들린 듯 곡을 써내려간 모차르트를 보면서 사람들은 타고난 천재로 인정할 수밖에 없었다. 그렇다면 이 천재 작곡가는 어떻게 작곡을 했을까?

이를 두고 모차르트는 다음과 같이 말했다. "사람들은 내 예술이 아무런 노력도 없이 얻어진 것이라고 생각한다. 하지만 어느 누구도 나만큼 많은 시간과 노력을 들여 작곡을 하지 않을 것이다. 나는 유명 작곡가의 작품이라면 그 무엇이든 연구했다." 확실히 모차르트는 수많은 작곡가의 작품을 수없이 분석하고 연구했다. 다만 그는 남들과 달리 사고했다.

그는 먼저 머릿속으로 오페라의 전곡 혹은 이미 완성된 악보를 그렸다. 그런 다음 그 악보를 다시 수정할 필요가 없을 정도로 정확하게 기록했다. 다른 많은 작곡가들이 한 단락 혹은 한 음표의 배치를 두고 골똘히 고민했지만 그는 아니었다. 그는 먼저 최종 결말을 구상한 후에 이 결말을 바탕으로 각 부분을 단숨에 창작해냈다. 초감각적 지각의 힘이 있기에 가능한 일이다.

끝을 시작으로 삼는 행동이 작곡과 같은 정신적 활동에만 국한되지는 않는다. 정신적 활동이 아닌 눈에 확실히 보이는 활동이라도 가능하다. 전설적인 판매왕으로 불리는 톰 홉킨스(Tom Hopkins)의 이야기가 이를 증명한다. 대학을 자퇴한 톰 홉킨스는 건설현장에서 철근 옮기는 일을 했다. 그렇지만 건설현장 노동자가 자신이 원하는 삶이 아닌 것만은 분명했다. 그는 이 세상에 분명 자신에게 더 적합한 길이 있으리라 믿었다. 더 나은 길을 모색하던 홉킨스는 세일즈를 목표로 삼았다.

그는 목표를 판매왕으로 정했다. 그리고 이 목표를 출발점으로 계획을 세우기 시작했다. 건설현장 노동자가 판매왕이 되기 위해 어떤 연결고리가 필요할지, 또 어떤 노력을 해야 할지 곰곰이 생각했다. 그는 목표를 위해 심리학, 마케팅, 홍보학, 세일즈 기술 등 여러 가지 관련 지식을 배우고 익혔다.

결과는 어땠을까? 그는 결국 세계부동산 판매 최고기록 보유자가 되었다. 3년 동안 벌어들인 돈은 무려 3,000만 달러로 그는 불과 27세에 백만장자가 되었다. 부자가 된 그는 『세일즈 바이블』이라는 책을 써서 대중에게 세일즈를 하면서 느낀 자신의 경험과 노하우를 소개하기도 했다.

만약 초감각적 지각의 마력을 믿는다면 목표 지향식 사고의 위력을 잘 알고 있을 것이다. 이는 당신이 해야 할 일이기도 하다.

왜 끝을 시작으로 삼는 사람이 더 쉽게 성공할까? 끝은 푯대로 목표를 추구하는 사람에게 방향을 제시한다. 그리고 끝은 일종의 압박이기도 하다. 압박은 목표를 추구하는 사람이 끊임없이 노력하도록 돕는 추진력이 된다. 마지막으로 가장 중요한 것은, 끝을 시작을 삼는 사람은 세상의 모든 자원을 이용 가능한 자원으로 본다는 점이다. 이들의 능력과 자원은 헤아릴 수 없을 만큼 많다. 당연히 목표 실현도 훨씬 더 쉽다.

보통사람들은 자원 지향식 사고 경향이 강하다. 그들은 사회 통념에 따라 행동하면서 늘 자신은 좋은 배경도, 돈도, 능력도 없을 뿐만 아니라 머리까지 나쁘다고 생각한다. 자신은 아무것도 내세울 것이 없으며 무슨 일을 해도 잘 풀리지 않고 어렵기만 하다고 느낀다. 이렇게 자신의 손과 발을 꽁꽁 묶은 채 아무것도 이루지 못해 결국 후회만 남을 뿐이다.

반면 남다른 생각을 가진 사람들은 항상 통념과 달리 행동한다. 그들은 상대의 입장에서 생각하며 진심을 다해 열린 사고를 한다. 당신이 앞으로 나가면 뒤로 물러나고, 당신이 남을 따라 움직일 때 외로울지언정 고집스레 행동하며 당신이 규칙을 따를 때 구속에서 벗어나 자유롭게 행동한다. 결국 그들은 홀로 새로운 길을 개척하여 우리가 상상치도 못한 성과를 이룩한다.

그러니 서둘러 자신의 미래를 위한 목표를 설정해야 한다. 그런 다음 끝은 시작이라는 생각으로 계획을 세운다. 무슨 일이든 목표를 출발점으로 삼고 목표를 실현할 방법을 찾아야 한다. 목표 실현을 위한 조건이 명확해지면 실제로 이를 실현하기 위해 노력해야 한다. 그리고 초감각적 지각의 지시에 따라 미래의 당신을 완성하기 위해 한 걸음 한 걸음씩 앞으로 나아가야 한다.

난관을 해결하는
지혜

　인생의 사명을 좇는 동안 좌절을 겪을 수도 있고 또 속수무책으로 난관을 만날 수도 있다. 그다지 놀랄 일은 아니다. 성공이 그렇게 쉽게 이루어지는 것이면 그처럼 달콤할 수 없다. 성공하고 싶다면 먼저 성공을 위한 마음가짐이 필요하다. 성공한 사람을 관찰해보면 모두 위대한 목표와 멋진 비전이 있었음을 알 수 있다. 목표와 비전은 강력한 동기 부여가 되고, 강력한 동기는 확고한 행동으로, 그리고 이는 다시 성공으로 이어진다. 이처럼 힘이 부칠 때면 미래의 비전을 그려보는 일도 괜찮을 듯하다. 그러면 초감각적 지각이 정보를 보내어 우리에게 힘과 에너지를 줄 것이다.

〈노숙자에서 하버드로: 리즈 머리 이야기(Homeless to Harvard: The Liz Murray Story)〉라는 영화는 기적의 소녀로 불리는 리즈 머리가 직접 겪은 경험을 바탕으로 제작된 작품이다. 금발의 소녀 리즈는 뉴욕에서 태어나고 자랐다. 어머니는 마약중독과 에이즈, 그리고 정신질환까지 앓고 있었다. 아버지는 심각한 알코올 중독자로 결국 보호소에 수용되었다. 그녀를 유일하게 돌봐줄 수 있는 외할아버지마저도 이를 거부함으로써 로즈는 길거리를 전전할 수밖에 없었다. 8살 때부터 구걸하며 살던 그녀가 15살이 되었을 때 어머니가 에이즈로 세상을 뜨고 아버지마저 보호소에 들어갔다. 17살, 그녀는 공부를 시작했다. 2년 만에 고등학교 4년 과정을 마친 그녀는, 1996년 《뉴욕타임스》가 수여하는 장학금을 받고 하버드 대학교에 입학했다. 도대체 얼마나 놀라운 의지력이 있어야만 그녀처럼 될 수 있을까?

그녀는 어머니가 죽은 후 빈민가에서 생활했다. 여기서 더 이상 물러설 곳은 없었다. 그녀에게는 오직 두 가지 길밖에 없었다. 매춘부나 좀도둑이 되든지 아니면 죽을힘을 다해 사는 것이었다. 설령 죽을힘을 다해 살더라도 반드시 좋은 결과가 있으리라는 보장은 없었지만 말이다. 리즈는 학교로 돌아가 공부를 시작했고 매일 밤을 지하철에서 보내며 아르바이트를 해야 했다. 그녀는 죽기 살기로 공부했다.

리즈의 생활은 지하철에서 자면서 남들이 버린 음식을 주워 먹을 정도로 처참했다. 그러나 그녀는 꿈을 포기하지 않고 스스로를 밀어붙였다. 그녀는 다른 사람 밑이 아닌 다른 사람과 동등한 입장에 서고 싶었다. 하버드에서 최고의 교육과 환경을 경험해보고 싶었던 그녀는 꿈을 이루기 위해 자신의 모든 잠재력을 동원해 노력했다. 반드시 그래야만 했다. 다른 선택은 없었다. 그렇지만 그녀의 처지는 너무도 고달팠다. 더 이상 버티기 힘들 때마다 리즈는 어떻게 견뎌냈을까?

리즈는 힘들 때마다 미래에 하버드에서 공부하는 자신을 상상하면서 언젠가 꼭 그런 날이 오리라고 믿어 의심치 않았다. 그렇게 끝까지 버텨낼 힘을 얻었다. 그녀는 말했다. "난 불쌍하지 않아, 이게 바로 내 삶인걸. 한편으로 역경이 고맙기도 해. 역경은 어떠한 상황에서도 내가 전진하게 하니까. 물러설 곳은 없어. 난 멈추지 않고 오직 앞을 향해 나아갈 뿐이야. 난 할 수 있어. 난 지쳐 쓰러지지 않을 테야. 견뎌낼 수 있어. 난 내 꿈을 보았거든."

리즈 마리의 이야기에서 가장 감동을 주는 것은 바로 그녀의 용기다. 우리는 대부분 그녀와 같은 절박한 상황에 처해보지 않았다. 구걸할 필요도, 쓰레기통에서 음식을 주워 먹을 필요도, 도둑질을 할 필요도, 또 거리나 지하철에서 잘 필요도 없다. 그런 까닭에 그녀가 얼마나 강한 의지력으로 견뎌냈는지 가늠하기조차 힘들지도 모른다. 하지만 그녀는 대수롭지 않아 했다. 그녀의 꿈이 타협하지 않도록 항상 힘을 주었기 때문이다. 이처럼 놀라운 에너지는 그녀의 확고한 의지와 초감각적 지각에서 비롯된 것이다. 리즈는 자신의 성공을 확신했고 미래에 대한 희망적인 계획은 그녀에게 용기와 힘을 주었다.

인생과 흥정할 수 있는 사람은 없다. 우리는 살아 있는 동안 할 수 있는 한 최선을 다해야 한다. 심신이 지친다고 해서 지금까지 노력한 것들을 포기한다면 초감각적 지각의 지시도 받을 수 없을뿐더러 성공의 기회도 오지 않을 것이다. 기회의 신은 어려움과 곤경 속에서도 끝까지 포기하지 않고 노력하는 사람들을 사랑하기 때문이다.

잠재력의 발휘 정도는 개인의 신장, 체중, 학력 혹은 가정 배경이 아닌 이상과 집념에 의해 결정된다. 모든 난관을 이겨내고 성공하고 싶다면 설령 1만 분의 1의 기회일지라도 포기해서는 안 된다. 어쩌면 당신을 위해 준비된 기회일 수도 있는데 시도도 해보지 않고 포기할 텐가?

한번은 기차를 타고 보스턴에 가야 할 일이 있었다. 갑자기 생긴 일정이라 미처 기차표를 예매하지도 못했는데 하필이면 그날이 크리스마스이브라 기차표를 구하기는 더 어려웠다. 아내가 나를 대신해 기차역에 문의해 봤지만 돌아온 것은 매진이라는 대답뿐이었다. 표를 구할 수 있는 유일한 가능성은 누군가가 표를 환불하는 것이었다. 하지만 가능성은 매우 희박했고 어느 누구도 그 가능성을 보장할 수 없었다.

설사 짐을 들고 기차역에 가더라도 끝내 표를 환불하는 사람이 없다면 결국 헛걸음한 셈이었다. 이렇게 희박한 기회를 두고도 도전해야 할까? 나는 고민할 것 없이 기차역으로 떠날 준비를 했다. 마치 손 안에 기차표가 있는 사람처럼 말이다. 아내는 "기차역까지 갔는데 표를 환불하는 사람이 없으면 어떡해요?"라며 물었다. "그럼 운동했다고 생각하지 뭐." 나는 대수롭지 않은 듯 대답했다.

기차역에 도착해서 한참을 기다렸지만 표를 환불하는 사람은 없었다. 이제 기차 출발까지 10분밖에 남지 않았다. 승객들은 기차에 오르려고 줄을 서서 기다리고 있었지만 나는 여전히 아무런 소득도 없었다. 하지만 아직 기차가 떠난 것은 아니지 않은가. 10분이나 남았으니 여전히 기회는 있었다.

나는 인내심을 가지고 5분을 더 기다렸다. 그런데 기차 출발까지 5분이 채 안 남았을 때 한 여성이 급하게 달려와 표를 환불했다. 그녀는 갑자기 열이 나는 딸아이 때문에 어쩔 수 없이 표를 환불해야 했다. 그렇게 기차표를 산 나는 순조로이 기차에 올랐다.

기차에 탄 후 아내에게 전화를 걸었다. "여보, 내가 1만 분의 1의 기회를 쟁취했어. 나처럼 낙관적이고 집념이 강한 사람은 항상 성공할 수밖에 없는 법이거든."

그렇다. 바로 그것이다. 이 세상 거의 모든 일에는 무수한 가능성이 존재한다. 우리가 그 가능성을 의식하지 못한다고 해서 그것이 존재하지 않는 것은 아니다. 어떤 난관이라도 난관을 해결할 방법은 항상 존재한다. 다만 일시적으로 생각이 나지 않을 뿐이다.

이때 초감각적 지각의 도움을 받을 수 있다. 우리는 초감각적 지각이 외부 자극을 받아서 투사되도록 꾸준히 노력해야 한다. 물론 유쾌한 과정은 아닐지라도 포기해서는 안 된다. 초감각적 지각이 적절한 투사 대상을 찾았을 때 느낄 수 있기 때문이다. 난관에도 포기하지 않고 꿋꿋이 견뎌내면 무수한 자극 중 어느 하나는 당신의 초감각적 지각을 자극할 것이다.

매일 청사진을
펼쳐보라

　하루는 친구 집을 방문했다. 그녀는 때마침 보고 있던 얇은 사진첩을 흔쾌히 내게 보여주었다. 그녀는 사진첩을 자신의 꿈이 담긴 파일이라고 했다. 사진첩에는 사진 여섯 장이 있었다. 웨딩 사진, 예쁜 꽃 한 송이, 카리브 해의 어느 섬 사진, 한 여대생의 졸업 사진, 어느 회사 여성 CEO의 사진, 머리에 석사모를 쓴 여성의 사진이 순서대로 꽂혀 있었다. 그녀는 자신이 이루고 싶은 인생 목표를 여섯 장의 사진에 담았던 것이다.

　정말 멋진 방법이 아닐 수 없다. 높은 빌딩을 세우려면 가장 먼저 무엇을 해야 할까? 아무런 청사진도 없이 건물을 짓는 사람은 없다.

먼저 자신이 간절히 바라는 무언가를 시각화해야 한다. 시각화를 통해 확실한 청사진이 그려지면 당신의 소망이 더 가깝게 느껴질 수 있다. 공허한 생각만으로 초감각적 지각을 불러일으키기는 정말 어렵다.

예컨대 매일 자신 혹은 남들에게 "난 세상에서 가장 성공한 사람이 될 거야"라고 말만 할 뿐 도대체 무엇을 해야 할지 전혀 모른다면 그의 말은 한낱 허황된 꿈에 지나지 않을 것이다. 그러므로 바로 지금 종이 한 장을 꺼내어 '인생에서 가장 중요한 것', '그다음으로 중요한 것'에 대해 써보자. 자신이 진정으로 원하는 바를 또박또박 글로 써서 미래의 청사진을 완성하는 것이다.

미국의 심리학자 오리슨 스웨트 마든(Orison Swett Marden)은 이렇게 말했다. "원하는 바가 무엇이든 먼저 마음속에 그것을 깊이 각인시킬 필요가 있다. 이는 심리학에서 하나의 원칙이다."

확실히 매일 자신의 청사진을 펼쳐보는 습관은 초감각적 지각의 힘을 깨울 수 있어 대뇌의 긴장감 향상에도 효과적이다. 그러면 대뇌는 수시로 당신의 현실과 미래의 청사진 사이에 존재하는 큰 틈을 극복하려 할 것이다. 정말 멋지지 않은가? 무엇보다 중요한 점은 청사진의 실현이 더 쉬워진다는 데 있다.

원하는 것을 마음속으로 끊임없이 되뇌기만 하면 원하는 것을 얻을 수 있다. 즉 자신의 청사진을 매일 펼쳐보면 잠재의식도 당신의 목표를 둘러싸고 움직여 잠재력이 발휘될 수 있다. 납득하기 어려울 수도 있으나 사실임에 틀림없다.

나와 상담을 끝내고 돌아간 한 젊은이가 그날 당장 내게 이메일을 보내왔다. 그는 지금 막 인생 목표를 정했기에 매우 흥분된 상태였다. 미래 청사진도 상세하게 그렸다고 했다. 그리고 지금부터 이 목표를 위해 열심히 노력할 것이라고 말했다. 게다가 내게 자신의 청사진을 보여주며 조언도 함께 구했다.

그가 그린 청사진은 내용도 상세할 뿐만 아니라 시한과 달성하고 싶은 목표까지 모두 일목요연하게 잘 정리된 빈틈없는 계획이었다. 나는 그에게 아주 멋진 계획이니 잘 실행에 옮겼으면 좋겠다고 답장을 보냈다.

몇 달 후 그에게 계획은 잘 진행되고 있는지 물었다. 뜻밖에도 그는 창피해하며 이미 포기했다고 했다. 이해할 수 없는 나는 그에게 이유를 물었다. 그제야 그는 멋쩍어하며 "처음 청사진을 그렸을 때는 정말 흥분됐어요. 그런데 며칠이 지나자 흥분은 점차 가라앉고 의지도 서서히 사라졌어요. 저는 다시 예전의 행동방식과 생활리듬으로 돌아갔고 원래 세웠던 청사진도 흐지부지되어버렸어요. 제 생활은 여전히 조금도 나아질 기미가 보이지 않아요. 저 역시 예전처럼 바쁜 일상에 하루하루 쫓기며 살고 있어요."

왜 그럴까? 가장 큰 원인은 매일 자신의 청사진을 펼쳐보지 않는 데 있다. 매일 미래의 청사진을 들쳐보지 않으면 처음의 흥분은 사라지고 행동도 청사진이 이끄는 방향에서 점차 이탈하여 결국 계획 실천도 물거품이 된다.

이런 난관을 극복하는 가장 정확한 방법은 바로 가능한 한 매일 자신의 청사진을 펼쳐보는 것이다. 당신의 모든 목표가 장기적인 것이든 단기적인 것이든 하나하나 모두 기록하여 인생의 청사진을 세운다. 그런 다음 매일 자신의 청사진을 두세 번씩 펼쳐보고 잠재의식 속에 잠들어 있는 창조력을 깨워야 한다. 매일 자신의 청사진을 펼쳐 보면 자신이 무엇을 원하는지 현재 무엇을 해야 할지 명확히 할 수 있다. 또 몸의 반응도 더 민첩해져서 목적지를 향해 온힘을 다해 달릴 수 있다. 또한 언제 어디서든 미래의 청사진이 실현됐을 때의 성취감을 상상해볼 수도 있다.

마지막으로 다시 한 번 강조하면, 간절히 원하는 바가 반드시 명확해야 한다. 원하는 바를 시각화하여 만질 수 있고 느낄 수도 있다면 가장 이상적이다. 이러한 청사진이야말로 당신의 의식과 잠재의식을 자극할 수 있고 다시 초감각적 지각도 깨울 수 있다.

마이너스를
플러스로 바꾸는 힘

핵심은 초감각적 지각이 보내는 정보를 어떻게 받아들이는가이다. 그런데 여기서 한 가지 문제가 발생한다. 초감각적 지각이 보내는 정보가 항상 유익한 것은 아니라는 점이다. 어떤 정보를 전달하는가는 오로지 자기 자신에게 달려 있다. 즉 나의 의식과 잠재의식 속에 어떤 자료가 저장되어 있는가에 의해 결정된다.

많은 사람들이 "아무래도 난 안 되겠어", "나한테 그런 능력이 어디 있어" 같은 말을 자주 한다. 자신감이 부족하기 때문이다. 심리학의 측면에서 보면 "나는 안 돼"와 같은 말은 자신은 감당할 능력이 없음을 은연중에 드러내는 자기 암시다. 이런 말은 우리 앞길을 가로막는 커다란 장애물이다. 심각성을 인식하지 못할 수도 있지만 초감각적 지각은 이 정보를 무엇보다도 귀담아 듣는다. 자신이 해낼 수 있음을 스스로 믿지 않으면 초감각적 지각 역시 당신을 위해 신나게 일하지 않는다. 그렇게 되면 판단력과 행동 모두 그 영향을 받을 수 있다.

강하다고 반드시 승리하는 것은 아니다. 그렇지만 승리는 언제나 믿음이 강한 사람의 몫이다. 다시 말해 좋은 것만 받아들이면 결국 얻는 것도 좋을 수 있다는 것이다. 믿음만 있다면 말이다. 이와 반대로 믿음이 약하면 초감각적 지각조차도 우리를 도울 수 없다. 믿음이 없을 때 초감각적 지각이 보내는 정보는 엎친 데 덮친 격에 지나지 않기 때문이다.

의식 속에 걱정과 근심이 가득하면 초감각적 지각도 이에 대한 민감한 반응을 보인다. 그러면 초감각적 지각은 문제 해결에 도움이 되는 정보를 더 이상 적극적으로 보내지 않는다. 이 때문에 종종 우리는 문제 때문에 난감하다기보다 자신 때문에 당황하게 된다.

우리의 초감각적 지각과 잠재의식 속에는 무한한 잠재력과 무한한 가능성이 발굴되기를 기다리고 있다. 도무지 해결할 수 없을 것 같은 난제야말로 자신의 능력을 증명할 수 있는 기회다. 또한 이를 통해 잠재적 소질도 발견할 수 있다. 난관에 부딪혔을 때, 우리는 감당할 능력이 충분함에도 스스로 너무 심각하게 받아들이거나 지나친 고민으로 자신감을 잃어버리기 일쑤다. 자신감이 사라지면 곤경에서 오는 여러 심리적 공황을 벗어나기가 쉽지 않다.

자신에 대한 정확한 인식도, 자신은 더 잘해낼 수 있으리라는 믿음도 없는 상태에서 어떻게 다른 사람의 신임과 존중을 바라겠는가? 타인의 불신은 다시 초감각적 지각 속의 자신감 상실을 더 강화시키는 악순환을 초래한다.

　사람들은 우리가 태어나는 순간부터 여러 가지 평가를 한다. 외모는 어떠하며 말은 빨리 배우는지, 반응이 민첩한지, 머리는 똑똑한지 등이다. 하지만 이런 평가는 대부분 사람들이 별 생각 없이 되는 대로 하는 말일뿐 결코 우리를 결정짓지 못한다. 그러니 자신의 우수함을 남들이 모른다고 해서 크게 걱정할 필요는 없다. 하지만 자신이 얼마나 우수한 사람인지 스스로 모른다면 진심으로 걱정해야 한다. 존 키츠(John Keats)의 이야기는 그것을 잘 증명한다.

　내가 정말 사랑하는 영국 시인 존 키츠의 인생은 순탄치 않았다. 고아였던 그는 평생을 가난하게 살았다. 살아서는 그가 죽은 뒤에 얻은 명예를 전혀 누리지 못한 채 항상 문학비평가들의 비난에 시달려야 했다. 사랑도 뜻대로 되지 않아 매번 실연당했다. 결국 그는 폐결핵에 걸려 26세라는 이른 나이에 세상을 떠났다. 그의 인생은 보는 이로 하여금 절로 한숨짓게 한다. 입장을 바꿔 내가 키츠와 같은 운명이었다면 그 어떤 자신감도 가질 수 없었을 듯하다. 하지만 키츠의 남다름에 나는 감탄할 수밖에 없다.

　불운으로 가득한 인생이었지만 그는 어느 누구보다도 낙관적이었다. 살아생전 그의 재능을 알아봐준 사람은 몇 안 되었다. 그럼에도 그는 항상 긍정적인 태도로 "내가 죽고 나면 영국을 대표하는 유명

시인이 될 수도 있지 않을까"라고 했다고 한다. 그는 자신의 짧은 인생을 통해 정말 그 일을 이뤘다.

우리 대부분은 키츠처럼 비난과 시련에 시달리지는 않다. 키츠보다 훨씬 나은 처지에서 생활하는 당신은 키츠와 같은 강한 자신감을 가졌는가?

사람들이 "당신을 믿어요, 당신이 최고예요"라고 말할 때, 그들은 정말 우리를 믿을까? 나 스스로 "난 나를 믿어, 난 최고야"라고 말할 때, 우리는 정말 자신을 믿을가? 어려운 상황에서 자신이 한 말을 기억하는가? 남들이 우리를 믿지 않아도 자기 자신만은 꼭 스스로를 믿어야 한다. 스스로에 대한 확고한 믿음이 있을 때 초감각적 지각도 우리를 돕기 때문이다.

다른 사람의 인정과 칭찬을 받으면 우리는 기뻐한다. 하지만 주변 환경이나 사람들에게서 얻은 믿음은 결코 자기 내면의 소리만큼 강할 수 없다. 더 이상 타인의 인정 없이는 자신에 대한 믿음이 흔들리지 않는다면 우리의 초감각적 지각이 이미 자아를 인정했다는 의미다.

개인심리학의 창시자이기도 한 알프레드 아들러는 평생을 열등감 연구와 치료에 힘을 쏟았다. 아들러는 인간의 가장 놀라운 특성 중 하나가 마이너스를 플러스로 바꾸는 힘이라고 말했다. 완벽한 사람은 없다. 어떤 경우에도 자신의 결점을 이유로 불평하거나 포기하는 것이 정당화될 수 없다. 우리가 의식적으로 자신을 믿으면 초감각적 지각도 자신을 믿을 것이다. 내부에서 외부로 발산되는 힘은 우리를 전진하게 한다. 의식과 초감각적 지각은 상호작용을 주고받는 관계다. 초감각적 지각의 도움을 받아 성공하고 싶다면 자신을 믿고 초감각적 지각에 긍정적인 정보를 전달해야 한다. 그러면 초감각적 지각은 더 아름다운 미래상으로 우리에게 보답할 것이다.

인생은 이러하다. 자신감이 있는 사람은 자기 긍정을 통해 두려울 것이 없다. 그들은 타인의 말 따위에 좌지우지되어 판단력을 상실하지 않는다. 그만큼 초감각적 지각이 보내는 소리도 더 또렷할 수 있다. 이때 능동적인 초감각적 지각은 의식을 강화시켜 그들이 더 큰 자신감을 갖도록 한다. 이렇게 선순환 구조가 형성된다.

독일의 재상 비스마르크는 이렇게 말했다. "과단성 있는 판단력과 확고한 자신감을 가진 사람은 많은 기회를 가진다. 우유부단하거나 애매모호한 태도를 가진 사람들에 비할 바가 아니다."

성공한 사람이라면 누구나 내면의 소리에 귀 기울이고 초감각적 지각의 지시에 따라 자아를 지키면서 자신의 잠재적 소질을 최대한 발휘할 뿐이다.

꿈에 나타난
원소주기율표

　과학과 기업의 역사는 혁신과 관련된 이야기가 많다. 예컨대 뉴턴은 사과가 떨어지는 장면을 보고 만유인력의 법칙을 떠올렸고, 화학자 케쿨레는 뱀이 꼬리를 물고 빙글빙글 도는 꿈을 꾸고 육각형 형태의 벤젠의 고리 구조를 발견했다. 광선 여행이라는 허황된 공상을 통해 면도기 제조업체 질레트는 새로운 경영 방식을 찾았다. 이처럼 혁신은 마치 빛이 순간적으로 스치듯이 이루어진다. 왜 이러한 현상이 나타날까?

　간단히 설명해보자. 인간의 사고방식은 의식적 사고와 무의식적 사고 두 가지로 나뉜다. 의식적 사고란 무언가를 골똘히 생각하는 것으로 통제가 가능하다. 반면, 무의식적 사고는 인간이 통제할 수 없는 본능적 사고활동이다. 그런 까닭에 빛이 스치는 듯 순간적으로 나타나는 것이다.

의식적 사고와 무의식적 사고는 일을 분담한다. 의식적 사고는 주로 정보를 수집하고 정리하는 책임을 맡아 명백한 논리에 따라 사고한다. 그런데 혁신에 가까운 변화가 발생하려는 순간 의식은 하던 일을 멈춘다. 이때 의식을 대신해서 무의식이 활발하게 움직이면서 초감각적 지각이 깨어난다.

요컨대 혁신은 대부분 영감과 직관에서 비롯되며 이성적인 사유에서 벗어나 탄생한다. 영감과 직관은 우뇌의 잠재의식 속 사고에서 기원한다. 우뇌의 잠재의식 속에 저장된 막대한 정보와 유연하고 민첩한 사고방식은 초감각적 지각 탄생의 토양이 되기에 혁신에도 이롭다.

심리학계에 널리 알려진 두 가지 이야기가 있다. 첫 번째 이야기는 이렇다. 한 여자가 집으로 돌아가는 길에 강도를 당했다. 경찰에 신고한 후 사건 조사에서 그녀는 아무것도 기억하지 못했다. 너무 큰 충격을 받은 탓에 강도를 당한 과정과 강도의 생김새에 대해 아무런 기억도 하지 못했다. 경찰은 심리학자를 불러 그녀의 기억이 되살아나도록 도왔다. 최면을 통해 그녀는 그동안 기억 못했던 사실을 아주 정확하게 묘사해냈다. 경찰은 그녀의 잠재의식을 통해 표출된 정보를 토대로 사건을 해결했다.

두 번째는 어느 보모의 이야기다. 원래 글을 모르는 그녀는 어느 날 고열로 인해 반 혼수상태에 빠졌다. 그런데 갑자기 라틴어로 된 시를 암송하기 시작했다. 난해하여 뜻조차 알기 어려운 시를 완벽하게 암송하는 그녀를 보고 주인은 놀라 입을 다물지 못했다. 혼수상태에서 깨어난 보모는 자신이 어렸을 때 한 목사의 손에 자랐다고 했다. 목사가 낭송하는 라틴어 시를 듣고 자란 그녀는 무의식중에 라틴어 시를 외우고 있었다. 혼수상태에서 깨어난 그녀는 자신이 암송했던 시에 대해 전혀 기억하지 못했다. 그러니 다시 외우기란 불가능했다.

이 두 이야기를 통해 우리는 우뇌의 잠재의식 속에 좌뇌의 의식보다 훨씬 많은 정보가 저장되어 있음을 알 수 있다. 인간의 대뇌가 의식적으로 정보를 받아들이는 외에도 무의식적으로도 정보를 받아들인다는 점도 말이다. 좌뇌의 의식은 수천 개의 단어를 이용해 여과된 정보를 저장한다. 반면 우뇌는 여과되지 않은 대량의 정보를 압축하는 방식으로 모두 저장한다.

인간의 좌뇌 속에 저장된 기존의 지식이 우리의 사고패턴을 결정한다. 이에 반해 이미지를 이용해 사고하는 우뇌는 고정된 사고패턴에서 벗어나 유연하게 사고한다. 사유 속도도 우뇌가 좌뇌에 비해 훨씬 빠르다. 우뇌는 무수한 정보가 저장된 잠재의식 속에서 유용한 정보를 재빨리 선택하여 초감각적 지각을 일깨울 수 있다. 좌뇌가 할 수 없는 부분이기도 하다.

다시 말해, 우뇌의 무의식적 사고는 대량의 정보를 이용해 유연하고 민첩하게 사고한다. 따라서 혁신적인 사고도 가능하다. 반면 이

성적 사고를 하는 좌뇌는 제한된 정보량과 고정된 사유방식 및 느린 사고 속도로 인해 혁신을 가로막는 장애물이 되기 십상이다. 이렇게 볼 때 초감각적 지각은 우뇌의 무의식적 사고 속에 감춰져 있다고 할 수 있다.

다만 초감각적 지각 속에는 수많은 생각, 즉 별의별 생각이 다 존재한다. 그런데 의식은 일반적으로 매우 큰 의미를 지닌 것을 선택한다. 이를 두고 사람들은 창조적 영감이라고 부른다. 그렇다면 어떻게 초감각적 지각으로부터 더 많은 창조적 영감을 끌어낼 수 있을까?

먼저 초감각적 지각에 풍부한 자료를 제공해야 한다. 초감각적 지각의 자료는 대부분 의식에서 비롯된다. 따라서 의식 속에 무엇이 있는가가 초감각적 지각 속에 무엇이 있는가를 결정한다. 사과가 다윈의 머리 위에 떨어졌다면 그는 만유인력의 법칙을 발견하지 못했을 것이다. 그러므로 유의미한 초감각적 지각을 늘리려면 반드시 유의미한 사고와 의식을 늘려야 한다. 평소 의미 있는 문제에 대해 많이 사고하다 보면 잠재의식이 이를 도울 것이고 당신에게 필요한 혁신적 아이디어가 초감각적 지각 속에서 떠오를 것이다.

예컨대 비옷을 발명한 사람은 재봉사나 의상 디자이너가 아닌 고무공장 노동자였다. 사실 생각해보면 그다지 이상한 일도 아니다. 매일 고무를 만지는 탓에 그의 옷에는 항상 고무가 묻어 있었다. 그는 옷에 고무가 묻으면 비가 와도 옷이 젖지 않음을 무의식중에 발견했다. 고무공장 노동자는 '그럼 옷 전체에 고무를 바르면 방수가 되지 않을까?'라고 생각했다. 그는 생각에 그치지 않고 생각을 실행해 옮겼고 마침내 비옷을 발명했다.

이처럼 혁신은 결코 어려운 것이 아니다. 일상생활이나 직장생활 중에라도 예민한 마음과 예리한 두 눈만 있다면 의식 속에 대량의 정보를 쌓을 수 있다. 그런 다음 잠재의식을 통해 가공하는 동시에 초감각적 지각을 이용해 여러 가지 번뜩이는 영감을 만들 수 있다. 이렇게 만들어진 영감이 어떤 자극을 받으면 수면으로 떠오르게 된다.

이때 당신이 해야 할 일은 편히 쉬면서 몸과 마음의 긴장을 최대한 풀어 초감각적 지각이 깨어날 기회를 주는 것이다. 초감각적 지각은 항상 존재한다. 하지만 일반적으로 몸과 마음이 최대한 이완된 상태, 즉 의식의 압력이 사라져 잠재의식이 활발하게 움직일 때 출현한다.

러시아의 화학자 드미트리 멘델레예프(Dmitri Mendeleev)의 중요한 연구 성과는 실험실이나 연구실이 아닌 꿈속에서 탄생했다. 그는 꿈속에서 원소주기율표를 보았고 꿈에서 깨어난 후 의식적 가공을 거쳐 우리가 오늘날 알고 있는 원소주기율표를 완성했다. 나의 일부 작품도 마찬가지다. 가끔 여행지에서 창밖의 아름다운 풍경을 감상하다 보면, 어느 순간 머릿속에 좋은 생각이 떠오르기도 한다. 그럴 때면 나는 즉시 종이에 떠오른 생각을 기록하곤 한다. 이런 과정이 곧 혁신이다.

혁신은 잠재의식과 초감각적 지각을 이용하는 외에도 신념이 필요하다. 어떤 도전과 좌절에도 긍정적인 마음을 유지하면서 강한 인내심으로 난관을 극복해야 한다. 강한 인내심을 가진 사람이야말로 좀 더 쉽게 성공을 쟁취할 수 있는 법이다.

연습 5 | 여유 가지기

앞서 해고당한 후 수입이 더 많아진 친구 이야기를 했는데, 그는 줄곧 인생을 즐길 줄 아는 사람이었다. 이 친구가 평소 입버릇처럼 하는 말이 있다. "그렇지 않아도 고달픈 인생, 여유라도 가지고 살아야지." 친구는 이를 몸소 실천하려 노력했다. 이것이 바로 내 친구가 운 좋게도 초감각적 지각을 얻게 된 중요한 이유가 아닐까 생각한다. 긴장을 풀고 편안한 마음 상태를 유지할 때 초감각적 지각이 더 활발하게 활동한다. 이때 우리는 초감각적 지각을 인식할 수 있다.

그 친구는 다음과 같은 연습을 자주 한다. 나 역시 큰 효과를 경험했기에 여러분에게 소개하고자 한다.

1단계: 조용한 자장가 틀기

최면에 들게 한다거나 잠이 들게 도우려는 것이 아니다. 그저 편안하고 아늑한 분위기에서 몸과 마음이 최대한 이완되도록 하기 위함이다. 자장가 혹은 레퀴엠 등의 음악은 내가 연습할 때 자주 듣기도 하지만 평소 쉬는 시간이나 저녁에 잠들기 전 들을 때도 많다. 이들 음악은 초조하고 피로한 대뇌의 긴장을 풀어주어 깊은 숙면에 들도록 도와준다.

2단계: 워밍업으로 몸 풀기

먼저 워밍업으로 몸을 풀기에 적당한 장소를 선택한다. 아무런 방해도 받지 않는 조용한 곳을 선택하되 맑은 공기와 부드러운 빛이 비추는 곳이어야 한다. 편안함을 주기 위해서다. 그런 다음 가장 편안한 자세를 고른다. 서든 앉든 눕든 모두 괜찮다. 가장 편안한 자세를 잡았으면 먼저 온몸의 관절과 근육을 풀어준다. 이와 같은 워밍업 동작에 정해진 규칙이란 없다. 그저 관절과 근육이 충분히 이완되었다고 느껴지면 그만이다. 모든 동작이 천천히 느리게 이루어져야 함을 명심하자.

제3단계: 즐거운 상상을 하라

상상에 앞서 먼저 2~3분간 심호흡을 하면서 마음속으로 '릴렉스'를 되뇐다. 만약 두 눈이 산만해질까 걱정이라면 눈앞에 있는 물건에 의식을 집중시켜도 괜찮다. 꽃, 촛불, 아름다운 풍경화, 좋아하는 장난감 등 따스한 느낌을 주는 사물을 선택하는 것이 좋다. 가위, 병따개, 어지럽게 흐트러진 종이 뭉치 등 사람을 불안하게 하는 물건은 피해야 한다.

심호흡을 한 후 두 눈을 감고 한가롭고 고요한 장면을 상상한다. 가령 나는 자주 열대지방의 해변, 푸른 바다와 흰 모래, 눈이 부실 정도로 강렬하게 내려쬐는 태양 등을 상상한다. 반면 내 아내는 보통 온갖 꽃이 가득 핀 꽃밭을 상상한다.

일주일에 적어도 한 번, 혹은 마음이 어지러울 때면 언제든지 이와 같은 연습을 하면 된다.

/////////

위기를 사전에
방지하라

세상에는 너무 많은 위기가 있다. 지진, 태풍, 홍수, 화재처럼 인간에게 심각한 위협을 초
래하는 자연재해와 인간의 조작 실수나 결함 등으로 인한 인재, 이 모두가 언제든 우리
혹은 우리 사업에 치명적인 타격을 줄 수 있다. 이러한 위기를 미리 예측한다면 예상치
못한 재난 앞에서도 허둥대지 않고 침착하게 대처해 위험을 극복할 수 있다. 그러니 초감
각적 지각을 깨워야 한다. 그러면 초감각적 지각이 위기를 사전에 예방하도록 돕거나, 최
소한 위기가 초래하는 손해라도 줄여줄 것이다.

장기적인 비전과
목표를 세워라

세상에 아무 근심 걱정 없이 언제나 행복하기만 한 인생이 있을까? 그건 동화 속에나 존재하는 일이다. 지금 당신의 인생은 완벽한가? 당신이 무슨 일을 하고 어떤 일에 종사하든, 신입이든 핵심 인재든, 또 당신이 얼마나 뛰어난가에 상관없이 언제든 해고될 가능성은 존재한다. 삶은 현실이기 때문이다. 누구도 현실의 법칙을 거역할 수 없다. 고객도, 사장도 마찬가지다.

일단 회사가 위기에 빠지면 감원할 가능성이 크다. 이런 상황에서 당신은 전혀 위험하지 않다고 자신할 수 있을까? 설령 회사의 수익률이 괜찮더라도 당신의 조그만 실수로 회사에서 해고될 수도 있다.

그때 회사가 매정하다고 원망할 수 있을까? 당신보다 능력은 있되 더 적은 월급을 받고도 일할 사람이 있다면 오늘처럼 당신 자리를 유지할 수 있을까?

내일은 알 수 없는 일들로 가득하다. 알 수 없는 행복과 함께 알 수 없는 위기도 있다. 그런데 어찌 현재만 볼 수 있단 말인가?

마찬가지로 현재 직장이 안정적이라고 해서 언제까지나 지금처럼 순조로운 승진과 안락한 노후가 보장되리라고 생각하면 안 된다. 안정된 상태가 언제까지라도 유지될 것처럼 믿는 사람들에게도 뜻하지 않는 일이 종종 발생하기 때문이다.

내 이웃 앤디는 사람도 좋지만 직장에서도 근면 성실한 직원이었다. 대학에서 컴퓨터를 전공한 앤디가 졸업할 때쯤 IT 산업계는 때마침 호황이었다. 그는 별 어려움 없이 실리콘밸리의 대형 IT회사에서 프로그래머로 일하게 되었다. 막 일을 시작했을 때만 해도 그는 일에 대한 열정으로 충만했다. 신입사원 시절 그는 업무를 익히고 직장 선배들에게 무언가를 배우기 위해 아주 열심이었다.

하지만 시간이 지나면서 점점 회사의 다른 직원들처럼 현재의 자신에 만족하며 맡은 일만 잘해내면 된다는 생각에 물들어갔다. 물론 그는 프로그래머로서 자신의 업무에 매우 충실했고 성과도 나쁘지 않았다. 그렇게 점차 현재에 만족하기 시작할 무렵 그의 생활은 두 가지 일로 채워졌다. 출근하면 프로그램을 짜고 퇴근하면 소일을 즐기는 게 전부였다.

이처럼 안정된 생활이 수년간 지속되었고 앤디는 무척 만족했다.

그러던 몇 년 후 어느 날 짐이라는 동료가 앤디에게 말했다. "앤디, 그 소식 들었어? 지난번 이사회에서 나온 이야기 말이야. 최근 IT업계의 상황이 좋지 않아서 회사 업무량이 많이 줄었대. 심지어 우리 회사와 계약을 해지한 회사도 여럿이라고 하는군."

"그게 어쨌다는 거야?" 앤디는 여전히 프로그램을 짜는 데만 몰두했다.

"우리도 뭔가 다른 것을 좀 더 배우는 게 좋지 않을까 싶어. 자칫하면 감원당할 수도 있거든." 짐은 아주 진지하게 말했다.

"걱정하지 마. 업계 상황도 곧 좋아질 거야. 자네 뭘 그리 걱정하나. 매월 꼬박꼬박 월급만 나오면 그만인걸. 난 아직 프로그래밍할 게 남았으니 다음에 우리 술이나 한잔 하며 다시 이야기하지." 그제야 앤디는 고개를 들고 대수롭지 않다는 듯 말했다.

"그도 그렇긴 해. 그럼 일 보게." 짐은 이렇게 말하면서도 마음속으로는 어떻게 이 위기를 극복해야 할지 고민했다.

얼마 지나지 않아 IT업계의 불황이 시작되었고 이사회의 협의를 거쳐서 회사 직원의 10퍼센트, 특히 기술부의 직원을 감원하기로 결정했다. 이 소식을 전해들은 앤디는 행여 자신이 해고되지 않을까 전전긍긍했다.

그러나 불운을 비켜갈 수는 없었다. 앤디는 실업자가 되었다. 모든 것이 너무도 순식간에 일어났다. 안정된 직장의 프로그래머이자 두 아이의 아버지요, 한 집안의 기둥이었던 앤디는 자신이 줄곧 이 소프트웨어 회사에서 일할 수 있으리라고 믿었다. 하지만 이번 인원 감축에서 그는 첫 번째 감원 대상이 되었다. 앤디의 생활은 즉시 곤궁해졌고 그의 마음도 덩달아 엉망이 되었다.

그렇다면 짐은 어떻게 됐을까? 지난번 앤디와 이야기를 나눈 후, 짐은 위기는 언제든 찾아올 수 있으며 설령 부서의 모든 사람들이 해고되더라도 자신은 마지막까지 살아남으리라 다짐했다. 결국 짐은 업무에 더욱 매진하는 외에도 새로운 프로젝트를 신청하는 등 부서에서 가장 적극적으로 일하는 직원이 되었다. 결국 위기를 미리 예감한 짐은 성공적으로 자신의 일을 지킬 수 있었다.

그렇다. 세상에 영원한 것은 아무것도 없다. 현재만 보아서는 안된다. 아마 당신 주변에도 짐과 같은 사람이 많을 것이다. 그들은 미리 위기에 대처하면서 성공을 위한 기초를 착실히 다지고 있다. 당신이 모르는 사이에 보이지 않게 노력하고 있다. 그렇다면 당신은 어떠한가? 당신을 향한 사장의 불만을 아는가? 어떠한 위기감도 느끼지 못하는가? 여전히 아무런 문제가 없다고 생각하는가?

위기가 닥친 후에 후회하거나 공석이 생긴 뒤에야 조급하게 승진 기회를 노리는 우를 범해서는 안 된다. 회사를 계속 다니든 그만두든, 또는 승진을 원하든 약간의 위기감은 나쁘지 않다.

우리의 일생을 드넓은 우주와 비교한다면 짧은 한순간에 불과할지도 모른다. 그러나 설령 그렇다한들 한 걸음 한 걸음씩 헤쳐 나가야 하는 것이 인생이다. 큰 이변이 없는 한 우리는 수많은 내일을 겪어야 한다. 후회 없는 인생을 살고 싶다면 가능한 한 멀리 내다보고 인생의 장기적인 계획과 비전을 세워야 한다. 현재의 선택이 미래의 승패를 결정하기 때문이다.

오늘을 어떻게 보내는가에 따라 내일을 어떻게 보낼 것인지가 결정된다. 세상에 성공으로 통하는 길은 무수히 많다. 그러나 모든 길은 다른 사람이 아닌 당신 스스로 선택한 결과임을 기억해야 한다. 어떤 선택을 했는가에 따라 어떤 인생을 살지가 결정된다. 내일의 위기 앞에서 어찌할 바를 몰라 쩔쩔매고 싶지 않다면 오늘의 행복에만 사로잡혀 살아서는 안 된다. 가끔 머리를 들어 주변에 불길한 징조는 없는지 살펴보자.

해고를 예고하는
불길한 징조

    문화권마다 사람들로부터 불길한 징조로 받아들여지는 행위 또는 상황들이 있다. 그런데 내가 이야기하고자 하는 불길한 징조는 이와는 조금 다르다.

    일반적으로 뜻대로 되지 않는 모든 일, 이를테면 가족과의 이별, 사고와 질병, 금전적 손해, 다툼 등은 두 가지로 분류할 수 있다. 하나는 자연의 변화가 초래한 것, 다른 하나는 개인의 부주의가 야기한 것이다. 다시 말해 천재와 인재로 나눌 수 있다.

    유감스럽게도 천재는 우리가 통제할 수 없다. 우리는 그저 미리 예측하고 예방함으로써 그로 인한 피해를 최대한 줄일 수 있을 뿐,

그 발생을 막을 수는 없다. 가령 지진, 폭설, 이상기후 등은 우리 힘으로 어찌할 수 없는 것이다. 하지만 다행스럽게도 우리 체내에는 재난을 예감하는 본능이 존재한다. 이러한 본능은 자연재해가 발생하기에 앞서 우리가 재난을 피할 수 있도록 해준다. 우리 조상들이 매우 열악한 환경 속에서도 살아남을 수 있었던 비결이기도 하다. 그러나 콘크리트 도시 속에서 살아가는 현대인들은 자연과 너무 오랫동안 떨어져 생활한 탓으로 본능이 점점 더 무뎌졌다. 이 때문에 잠재의식 속의 경고를 받아들이기 더더욱 힘들게 되었다.

따라서 우리는 대자연과 더 자주 접촉함으로써 몸과 마음을 예민하게 유지하는 한편 외부 사물의 변화도 참고해야 한다. 우리가 살고 있는 세계의 모든 것들은 본래 서로 연결되어 있기 때문이다. 사람은 동물, 식물, 지구, 우주와 떼려야 뗄 수 없는 사이다. 평소 이들에 부지런히 주의를 기울이다 보면 모든 일에 전조가 있음을 발견할 수 있을지도 모른다.

예를 들어, 갑자기 몸에 한기가 든다거나, 이상한 소리가 자주 들린다거나, 또 밤마다 악몽을 꾼다면 아마도 좋지 않은 정보에 전염되었을 가능성이 크다. 생활의 급격한 변화, 자주 바뀌는 전화번호, 빈번한 이사 등, 이 모두는 불안한 특징을 잘 보여준다. 이런 일은 사업의 장기적인 발전뿐만 아니라 안정적인 재물운에도 불리하게 작용할 수 있다. 항상 몸에 지니고 다니는 행운의 물건을 잃어버렸다거나 집에서 기르던 애완동물이 죽었다거나 하는 일 등은 보이지 않지만 어떤 힘이 사라졌음을 예시한다. 예컨대 집 안에 도둑이 들거나 잦은 말다툼처럼 언짢은 일이 발생하거나, 식물이 말라 죽었다면 집안의 기운이 부족하고 근심거리가 생겨 건강에 이상이 생길 수 있음을 나타낸다.

이처럼 오랜 역사를 통해 알려진 불길한 징조는 우리에게 어떤 정보를 전달하는지도 모른다. 만일 우리가 사전에 예방할 수 있다면 예상되는 미래 역시 바꿀 수 있다. 그러면 원래의 불길한 징조도 한바탕 소란으로 지나갈 수 있다. 경각심을 향상시켜 대처 방법을 강구한다면 불길한 징조는 선의의 경고음이지 악몽의 시작이 아니라는 것이다.

천재에 비해 인재는 좀 더 쉽게 피할 수 있다. 본래 인재란 사람, 사건, 사물 사이의 관계와 규율을 제대로 파악하지 못해 잘못된 시공간을 선택한 결과로 예상치 못한 말썽이 생기는 것이다. 가령 기업에서 중요한 전략을 결정하는 직원이 경솔하게 내린 결정이 전도유망해 보이던 기업의 미래를 망치기도 한다. 수천 명 심지어 수만 명의 운명이 한 사람의 잘못된 결정으로 인해 바뀔 수도 있다. 마치 운명의 손이 이 모두를 조종하는 것처럼 보인다. 하지만 시간과 공간의 쇠사슬에서는 무슨 일이든 발생할 수 있다. 이 운명이라는 비극적이고도 희극적인 트래지코미디는 모두 인간 자신이 연출한 것이다.

그런 까닭에 자신의 휴대전화번호가 길한지 어떤지 살피기보다는 자신의 인간관계에 불길한 징조는 없는지 더 관심을 기울여야 한다. 요컨대 살얼음판을 걷는 듯한 위기감을 유지하면서 항상 주변상황을 예의주시해야 한다. 언제든지 위험에 대처할 수 있도록 미리 준비해야만 불길함으로부터 자신을 지킬 수 있다.

만일 당신이 회사원이라면 적어도 아래에 제시된 몇 가지 불길한 징조는 주의해야 한다.

1. 심상치 않은 회사 상황

이직하는 직원 수가 갑자기 증가했다거나 우수 인재 유출 있거나, 복지 관련 예산, 접대비, 교통비가 줄었거나 창고에 저장된 재고가 쌓였다면 기업의 상황이 그다지 좋지 못함을 설명한다. 회사 이사회의 등기이사가 대거 바뀌었다거나 회사 약관이 계속 바뀐다거나, 잦은 본사 이전 등은 의심할 바 없이 회사에 이미 적신호가 켜졌음을 의미한다. 회사 명의의 부동산이 줄고 거래처와의 결제에서도 현금 대신 어음 결제가 늘었으며 원래의 결제 기한인 월말을 넘겨서도 결제를 계속 미룬다면 이 모두는 자금 부족을 나타낸다. 이와 같은 이상 현상이 갈수록 많아진다거나 점점 더 빈번해진다면 당신도 미리 대처 방법을 강구해야 한다.

2. 회사에서 푸대접을 받을 때

어느 날 상사가 당신을 중요한 업무에서 제외시킨다거나 앞으로 있을 중요 프로젝트에 참여시키지 않는다면 이상 신호다. 당신이 더 이상 필요하지 않다는 의미다. 사실 상사의 냉대는 아주 중요한 정보다. 이 밖에도 칭찬 없이 질책만 듣는다거나 상사 앞에서 안절부절못한다거나, 맡은 업무가 일정 범위를 벗어나지 못한다면 상사가 당신에게 더 이상 무언가 가르치기를 거부한 것이다. 이 또한 위험 징후다.

대부분의 사람은 직장에서 자신의 위치 변화를 감지하지 못한 채 발등에 불이 떨어져서야 알아차리는 경우가 많다. 반면, 어떤 사람들은 이력서를 잘 보이는 서랍 속에 넣어두고 늘 직장을 옮기려면 어떤 능력이 필요할지 고민하며 자신을 다그친다. 이런 태도로 생활하는 사람은 상사들이 꼭 필요로 하는 인재가 된다.

3. 사회에서 필요로 하지 않는 사람

내 주변에는 비자발적 실업 중년 여성들이 많이 있다. 그녀들은 대부분 회사의 사무원으로 간단한 사무를 보거나 복사 등과 같은 잡무에 종사했었다. 그러나 컴퓨터의 보급으로 점차 기계가 그녀들 업무를 대신하게 되었다. 그럼에도 조금의 절박감도 못 느낀 그녀들은 관련 기술을 익히지 않았다. 결국 그녀들은 해고당했고 컴퓨터를 능숙하게 다루는 젊은이들이 그녀들을 대신했다. 이와 같은 일은 흔히 볼 수 있다. 안정된 직장을 가진 사람 대부분이 자신은 회사에서 꼭 필요한 인재라고 여기며 외부 환경이나 시장의 요구에 무관심하다. 그러나 안타깝게도 오늘날처럼 과학기술이 하루가 다르게 발전하는 시대에 직장인이라면 누구나 수많은 위기에 처해 있다고 할 수 있다. 어느 공정 하나, 기술 하나만 간단해져도 회사와 시장은 당신을 더 이상 필요로 하지 않을 수 있기 때문이다.

이에 다음과 같은 조언을 해주고 싶다. 항상 구직 시장에서 자신의 가치가 얼마쯤 되는지 비교해야 한다. 이를 위해 예민하게 살펴보면서 자신이 보유한 기술이 시장에서 얼만큼의 경쟁력을 가지는지 알아야 한다. 그러면 외부 환경이 어떻게 변하든 상황에 맞게 적절히 대처할 수 있다.

가령 선배나 동료를 교훈으로 삼아, 미리 불길한 징조를 감지해 예방한다면 이처럼 골치 아픈 일은 당신에게 생기지 않을 것이다.

즉각 반응으로
최악의 상황을 비켜가라

위기를 직감했다면 어떻게 해야 할까? 어느 누구도 그저 앉아서 죽기만을 기다리지는 않을 것이다. 아무런 행동도 취하지 않는다면 뻔히 눈뜨고 재난이 닥치기를 기다리는 꼴밖에 안 된다. 우리의 목적은 위기를 예측하는 것이 아니라 예방하는 데 있다. 위기를 예측한 후 걱정하고 두려워해봐야 아무런 도움이 안 된다. 불평도 소용이 없기는 마찬가지다. 흔히 운명은 한 길을 막으면 다른 한 길을 열어준다고 한다. 우리가 해야 할 일은 바로 열린 길을 찾아서 시의적절하게 반응하는 것이다.

"곤경에 빠졌을 때 불평하지 말고 묵묵히 교훈을 받아들여라." 빌

게이츠(Bill Gates)의 이 명언은 우리에게 평소 불평만 일삼을 것이 아니라 생각하고, 푸념하는 대신 행동으로 실천해 옮겨야 한다는 가르침을 준다. 우리는 어려움과 좌절에 굴하지 않고 삶이 주는 각종 도전에 용감하게 맞서야 한다. 그리고 언제나 당당함을 유지해야 한다. 이는 사업에서 성공의 기초가 된다. 굳이 사업이 아니라도 건강한 인생의 필수조건이다. 이런 카리스마와 에너지가 있어야만 미리 예측한 위기 앞에서 더 성공적으로 대처할 수 있다.

최근 당신이 '난 이미 젊지 않아'와 같은 위기의식을 느낀다면, 먼저 이에 대해 분석해보도록 하자. 확실히 30대인 당신은 과거 20대 때와는 생각하는 것이 다르다. '내 인생은 그냥 이렇게 끝나는 건가?' 당신도 스스로에게 이런 질문을 해본 적 있을 것이다. 그렇지만 대답은 결코 간단하지 않다. 대답의 관건은 인생의 중요한 두 가지 위기 전환점에서 정확한 선택을 했는가이다.

30세를 전후한 시기, 곧 28세에서 32세에 이르는 시간은 인생의 첫 번째 전환점이다. 30세가 되기 전 사람들은 비교적 쉽게 이직을 한다. 이에 대해 의아하게 생각할 사람은 없다. 이 시기는 끊임없이 배우면서 자신이 발전할 수 있는 공간을 찾는 시기이기 때문이다. 그렇지만 30세가 되기까지 직장을 한 번도 옮기지 않았다면, '한 회사를 너무 오래 다닌 게 아닐까?' 하는 압박감을 느낄 수 있다. 반면 너무 자주 이직을 했다면, '지금 내 인생이 제대로 된 방향으로 가고 있는 걸까?' 하는 압박감을 느낄 수도 있다.

40세 전후, 다시 말해 38세에서 42세에 이르는 시간은 인생의 또 다른 관문이다. 40세가 되면 사람들이 당신의 인생을 평가하기 시작하고, 일반적으로 45세는 가장 활발하게 일할 때다. 비록 예외가 있긴 하지만, 이 이후로 직장에서 더 큰 두각을 나타내기는 어렵다. 이 시기에 가정과 직장에서 오는 여러 가지 압박을 잘 이겨내는 것은 당신의 진취적인 마음과 재충전 여부에 달려 있다.

나이를 두려워할 필요는 없다. 나이 자체는 위기가 될 수 없다. 두려워할 것은 고정된 생각이다. 마음을 다잡고 새로운 것을 배운다면 위기감도 없을 것이다. 끊임없이 자신을 계발해야만 시대에 뒤처지지 않음을 명심해야 한다. 자신이 현재 어떤 연령대인지 정확하게 인지한 후, 할 일을 하면서 시대에 발맞추어 나가기 위해 노력하면 된다.

가령 최근 당신이 걱정하는 위기가 '직장을 옮기는 게 쉽지 않아'와 같은 이직 문제일 수 있다. 하루가 다르게 급변하는 현대사회에서 평생직장 개념이 이미 사라졌음은 당신이 더 잘 알고 있을 것이다. 회사에서 큰 신임을 받더라도 회사 상황이 어려워지면 어쩔 수 없다. 따라서 직장을 밥그릇이 아닌 진정한 자신의 일로 생각해야 한다. 또한 제2의 전문성, 이를테면 영어, 사교 기술 등을 지속적으로 배우고 준비해야 한다. 무엇보다 중요한 것은 지금부터라도 구직 시장에서 자신만의 브랜드를 구축해야 한다는 점이다. 자신만의 브랜드를 구축하면 직장에서의 위기는 성공적으로 해소될 수 있다. 사실 자신만의 브랜드를 구축하면 당신이 어떤 상황에 처해도 누군가는 반드시 당신에게 새 직장을 소개해줄 것이다. 자신만의 브랜드를 유지하는 비결은 무척 간단하다. 언제까지 시간이 기다리지 않는다는 긴장감과 열정 및 능동적인 태도를 유지하면 된다.

직장에서 겪는 여러 가지 위기 외에 일상생활에서도 초감각적 지각이 필요하긴 마찬가지다. 초감각적 지각을 통해 우리의 행복, 기쁨과 직결된 수많은 위기를 미리 예측하는 동시에 제때 반응할 수 있어야 한다.

어느 날 나는 친구 피터의 집을 방문했다. 그런데 웬일인지 거실 벽에 항상 걸려 있던 부부 사진이 보이지 않았다. 부부 사이에 무슨 문제가 생겼음을 암시하는 불길한 징조임에 틀림없었지만 일단 모른 척했다. 식사를 하는 동안 피터는 언제나 그렇듯이 버터를 식탁 곳곳에 흘렸다. 약간의 강박증이 있는 피터의 아내 메이는 평소와 달리 아무런 잔소리도 하지 않은 채 냉담한 태도로 식탁을 깨끗이 정리했다.

이쯤 되니 나의 걱정은 더 심해졌다. 그의 아내가 잠시 자리를 비운 사이 나는 피터에게 물었다. "너희 부부 사진 어쨌어?" 피터는 무슨 뚱딴지같은 소리냐며 "무슨 사진?" 하고 되물었다. 그제야 부부 사진이 없어진 것을 깨달은 피터는 벽에 걸려 있던 두 사람의 사진이 언제 사라졌는지조차 모르고 있었다.

피터의 어리둥절한 표정은 나를 더 불안하게 했다. 나는 다시 물었다. "내가 참견할 일은 아니지만 요즘 두 사람 사이는 괜찮아?"

그는 여전히 영문을 모르겠다는 표정을 지으며 "정말 좋아. 요즘 우린 싸우지도 않는 걸. 메이가 더 이상 잔소리를 하지 않으니까 나도 살 것 같아"라고 말했다.

메이의 잔소리가 곧 피터와 그들의 결혼생활에 대한 애정이자 소통하려는 의지의 표현임을 그는 모르고 있었다. 메이의 냉담한 태도는 이미 그녀가 노력하기를 포기했으며 피터와는 더 이상 할 말이 없다는 뜻이었다.

여기까지 들은 나는 피터에게 진심으로 결혼생활에 대해 다시 한 번 심각하게 고민해보라고 말해주었다. 부부 사진이 사라진 것, 메이가 더 이상 피터와 다투지 않는 것, 이 모두는 그들 부부 사이에 심각한 문제가 있음을 증명해준다. 피터가 사태의 심각성을 빨리 깨달아 아내에게 좀 더 관심을 기울인다면 어쩌면 그들의 관계가 회복될지도 모를 일이었다. 내가 할 수 있는 것은 여기까지였다. 이제 남은 것은 피터가 얼마나 노력하는가에 달려 있었다.

그러던 어느 날 나는 결국 그들이 이혼했다는 소식을 들었다. 세심하지 못한 피터는 내 말을 건성으로 들어 넘겼고, 그들의 관계는 결국 돌이킬 수 없는 지경에 이르고 말았다.

사실 운명은 우리가 상상하는 것만큼 그렇게 잔혹하지 않다. 부부가 이혼이라는 최악의 상태에 이르기 전, 운명은 초감각적 지각을 통해 우리에게 무언가 문제가 생겼으니 변화를 시도해야 함을 암시해준다. 다만 어떤 사람들은 이런 정보를 감지한 후 즉각 반응함으로써 최악의 상태가 발생하지 않도록 미연에 방지하지만, 또 다른 어떤 사람들은 보고도 그냥 넘김으로써 초감각적 지각의 노력을 헛수고로 만든다. 이에 초감각적 지각도 더 이상 앞으로 닥칠지 모를 위기를 예방하기 위한 해결책을 찾기 위해 노력하지 않게 된다. 그 결과 막상 위기가 닥치면 손쓸 틈이 없어진다.

상황에 맞춰
자신을 조절하라

위기의 징조가 나타났을 때 사전에 바로바로 제거할 수 있다면 얼마나 좋을까. 그런데 초감각적 지각이 적절한 투사물을 찾시 못하면 위기를 제때 감지하지 못한다. 그렇더라도 전혀 방도가 없지는 않다. 초감각적 지각의 도움을 받아 상황에 따라 자신을 조절하면 된다.

수년 전, 새로운 상사가 부임한 뒤 내 친구 존은 줄곧 기분이 좋지 않았다. 그의 처지가 순식간에 예기치 못한 상황으로 바뀌었기 때문이다. 존은 근면 성실했다. 말수가 적고 무뚝뚝한 편이었지만 자기가 맡은 일은 훌륭하게 해냈다. 이전 상사는 존을 매우 신임했고 승진 기회가 있을 때마다 매번 그를 빠트리지 않고 추천했다. 그런데 새로

부임한 상사 눈에 비친 존은 완전히 다른 모습인 듯했다. 새 상사의 눈에 존의 장점은 전혀 보이지 않고 오로지 단점만 보이는 것 같았다. 꽤 젊은 새 상사는 유쾌하고 활기찬 분위기와 활달하면서도 자신감 넘치는 사람을 좋아했다. 그가 보기에 존은 너무 침울하기도 했지만 어떤 도전정신이나 창조성도 찾아볼 수 없는 사람이라 내심 마음에 들지 않았던 것이다.

존이 인생의 중대한 위기를 만난 것임에 틀림없었다. 회사의 명성과 그의 직책을 생각했을 때 그만두기에는 아쉬웠다. 이제 그는 두 가지 선택, 즉 떠날 것인지 남을 것인지를 두고 결정해야만 했다.

존은 오랫동안 창업을 꿈꿔왔지만 줄곧 꿈만 꿀 뿐이었다. 이유는 아주 간단하다. 그는 매우 신중한 사람으로 무슨 일을 하든 조심스러운 성격 탓에 모험심이 조금 부족했다. 존은 창업을 하는 사람은 많지만 성공하는 사람은 극소수에 불과함을 누구보다도 잘 알고 있었다. 매번 창업을 하려다가도 돈을 벌지 못하면 어쩌지, 동업자를 잘못 만나면 어쩌지, 실패하면 내가 이겨낼 수 있을까 등에 대해 걱정했다. 그동안 인생이 무척 순조로웠던 탓에 미래를 알 수 없는 창업에 선뜻 발을 들여 놓지 못했던 것이다. 그렇게 그의 마음속에서 오랫동안 자리 잡고 있던 창업 구상은 줄곧 머릿속에서 생각으로만 멈춰 있었다.

하지만 지금 새로 부임한 상사로 인해 이 모든 걱정은 대수롭지 않은 것이 되어버렸다. 새 상사는 점점 더 존을 못마땅해하는 듯 수차례 공개적으로 그를 질책하기도 했다. 이 모든 것이 존에게 '떠날 때가 되었다'라고 말하고 있었다.

매사에 신중에 신중을 기하던 존도 내면의 소리에 따라 단호하게 사표를 던졌다. 어떻게 창업해야 할지 비록 구체적인 계획은 없었지만, 당시 그의 마음은 오히려 아주 평온했다고 한다. 그와 같은 평온함과 자신감이 어디서 비롯된 것인지 모르겠지만 마치 아주 강력한 힘이 자신을 지지하고 있는 듯했다. 존의 그 이후 이야기는 동화처럼 아름다운 결말로 끝났다. 그는 성공했고 존경받는 기업가가 되었다.

물론 존은 상사의 눈치를 살피며 회사에 그대로 남을 수도 있었다. 어쨌든 회사에서 존은 업무적으로 큰 문제가 없었기에 아무리 상사라 해도 마음대로 그를 해고할 수는 없었을 것이다. 갑자기 닥친 위기 앞에 존은 상황에 맞춰 자신을 변화시켰다. 그는 잠재의식 속에서 오랫동안 창업을 꿈꿨고 그 힘은 매우 강력했다. 이 때문에 때마침 기회가 찾아왔을 때 초감각적 지각은 그에게 신호를 보냈을 뿐만 아니라 이 방향을 따라 열심히 나아갈 힘을 주었다.

일반석으로 당신이 초감각적 지각에 순응하면 초감각적 지각도 긍정적 피드백을 적극적으로 받아들인다. 그리고 격렬한 자극을 받으면 당신에게 끊임없이 더 많은 정보를 전달할 수 있다. 이들 정보는 모두 성공에 도움이 되는 것이다.

한데 유감스럽게도 우리 주변에는 쓸데없는 고집을 부리는 사람들이 적지 않다. 그들은 기존의 방법을 고수하며 변화를 거부한다. 이처럼 초감각적 지각의 경고를 무시한 사람들은 그것의 도움은커녕 위기가 가져온 좌절 속에서 발버둥 칠 수밖에 없다.

인생은 본래 단계에 따라 적절히 조절해나가는 과정이다. 인생의 각 단계마다 현실에 기초한 서로 다른 정보가 초감각적 지각 속에 존재한다. 우리는 초감각적 지각에 따라 자신의 생활태도, 업무태도 및 심리상태를 끊임없이 조절해야 한다. 상황에 따라 모든 것이 자연스럽게 흘러갈 때, 물고기가 물을 만난 듯 활기에 넘칠 수 있다.

나는 잘못된 길을 꿋꿋하게 간다고 해서 그 잘못된 길이 바른 길이 된다고는 생각하지 않는다. 지구를 한 바퀴 돌지 않는 이상 점점 더 도달하고자 하는 목표와 멀어질 뿐이다. 내가 결코 해낼 수 없는 일이라면 나는 포기를 선택할 것이다. 이러한 선택은 강한 의지와 모순되지 않는다. 초감각적 지각이 그만 포기할 때라고 알려주는 데 쓸데없는 고집은 부려서 뭐하겠는가?

누구에게나 위기는 찾아올 수 있다. 이러한 위기는 정상적인 삶과 일에 영향을 미쳐 우리의 인생계획을 망치기도 한다. 위기가 닥치면 우리의 의식은 적극적으로 대책을 세운다. 그리고 잔잔한 연못 같은 초감각적 지각에도 물결이 일게 된다. 위기가 주는 자극으로 인해 초감각적 지각은 당신에게 더 많은 정보를 내보낸다. 이때 마음을 차분히 가라앉히고 그 소리에 귀 기울여야 한다.

내 주변에는 다음과 같은 사람들로 넘쳐난다. 예컨대 직장에서 자신이 맡은 책임을 다하기 위해 최선을 다할 뿐만 아니라 의욕도 넘치지만, 정작 어려운 문제 앞에서는 이미 수차례 시도를 통해 아무런 효과가 없음이 증명된 방법인데도 여전히 강한 인내심을 가지고 이를 고수하는 사람들 말이다. 그들은 별다른 성과도 없는 방법 앞에서 초조해하며 자신을 어떻게 조절해야 할지, 방법을 어떻게 바꿔야 할지 모른 채 그저 조바심만 내며 언젠가 기적이 나타나기만을 기다린다. 잘하고 싶은 마음은 꿀떡같으나 진전은 더디기만 하니, 마음만 앞설 뿐 뾰족한 해법이 없는 것이다.

사실 모든 좌절과 난관은 일종의 위기라고 할 수 있다. 만약 한 가지 방법을 세 번이나 사용했지만 아무런 효과도 없다면 나는 더 이상 그 방법을 시도하지 않는다. 왜냐하면 잠재의식 속의 어떤 힘이 나를 저지하기 때문이다. 내 내면의 소리가 내게 이 방법은 문제가 있거나 그다지 좋은 생각이 아니라고 알려 준다. 그러면 나는 처음으로 다시 돌아가서 새로운 방법을 찾아야 한다.

결국 나는 스스로 자기암시라는 습관을 기르게 되었다. 어떤 방법이 효과가 있는지 여부에 대해 자발적으로 주의하는 것이다. 사람들은 급변하는 외부환경을 도무지 종잡을 수 없어한다. 하지만 나는 이와 같은 오랜 습관으로 인해 더 예민한 감각을 갖게 되었고 더 많은 초감각적 지각을 받아들일 수도 있다. 이 때문에 나는 위기 앞에서 다른 사람보다 더 빨리, 더 정확하게 자신을 조절할 수 있게 되었다.

성공한 사람들이 겪은 실패 혹은 실수가 보통 사람들보다 반드시 적다고는 할 수 없다. 다만 그들은 비상한 두뇌와 남다른 모험심을 가졌다. 바로 자아, 자기 내면, 초감각적 지각에 대한 충실함이다. 초감각적 지각에 충실한 그들은 위기를 만났을 때 마음속 초감각적 지각이 보내는 정보에 귀 기울여 그것의 지시에 따라 자신을 변화시킨다. 성공할 때까지 말이다.

이런 의미에서 볼 때, 한 사람의 성공 여부는 날카로운 상황 감지와 이성적인 현실상황 분석 및 자기 내면의 초감각적 지각이 내는 소리를 얼마나 용감하게 따르는가에 달려 있다.

기다림이
나쁜 것만은 아니다

내가 처음 책을 출판하던 때 나는 철부지 젊은이에 불과했다. 당시 나는 처녀작을 대단히 흡족해하며 빨리 세상에 내놓고 싶은 마음뿐이었다. 하지만 출판사는 그렇게 생각하지 않는 듯했다. 출판사에서 퇴짜를 여러 번 맞은 후, 마침내 한 출판사가 출판을 고려해보겠다며 일단 기다려보라고 했다. 얼마나 기다려야 하는지에 대해서는 정확한 답을 주지 않았다. 나는 편집자에게서 내 책이 그다지 중요한 것도, 반드시 우선적으로 출판해야 할 이유도, 큰돈을 들여 광고할 필요는 더더욱 없다는 뜻을 눈치 챌 수 있었다.

나는 이러한 상황에 크게 실망해 위기의식을 느꼈다. 게다가 언제까지 기다려야 하는지도 알 수 없었다. 그렇게 괴로운 며칠이 지나고 어느 정도 안정을 되찾은 나는 내면의 소리에 귀 기울였다. "내가 제대로 못한 거야. 무언가 문제가 있는 게 틀림없어."

어차피 기다려야 했기에 다시 한 번 원고를 자세히 살펴보기로 했다. 그렇게 읽고 또 읽었지만 전체적으로 만족스러웠고 딱히 개선되어야 할 점도 찾지 못했다. 하지만 나는 그 원고를 한편에 제쳐두고 새 작품 구상을 시작했다.

3개월 후 새 작품이 반쯤 완성되었을 무렵 갑자기 머릿속을 번쩍하고 스치는 생각이 있었다. 어렴풋하게나마 어떤 생각이 떠올랐다. 그때 창작 중이던 작품과는 전혀 관련이 없었지만 직감적으로 그 중요성을 느낀 나는 곧바로 기록했다. 그런 다음 곰곰이 생각해보니, 아직도 출판되지 못한 채 출판사에서 고이 잠들어 있는 나의 처녀작과 관련된 생각이었다.

처녀작 원고를 꺼내어 다시 읽기 시작한 나는 눈앞이 환해짐을 느낄 수 있었다. 뜻밖에 생각난 아이디어로 인해 내 책은 빛을 더하는 듯했고 나는 즉시 원고 수정에 들어갔다. 새롭게 고쳐 쓴 원고를 다시 출판사에 보냈고, 이번에는 아주 명쾌한 대답을 들을 수 있었다. 그들은 책 출판과 홍보 등에 필요한 사안을 곧바로 처리하겠다고 했다. 지금 생각해보면 만약 그때 3개월을 기다리지 않고 책이 출판되었더라면 내 책은 그다지 주목받지도 또 좋은 반응을 얻지도 못했을 것이다. 그랬다면 아마 내 인생 여정도 지금과 달리 고쳐 써야 했을 것이다.

내가 출판을 기다린 과정은 성공을 기다리는 과정이라 할 수 있다. 고개를 숙이고 성공할 날을 기다리는 과정은 길고도 고통스러운 시간이다. 이 때문에 많은 사람들이 그 과정을 이겨내지 못하거나 중도에 포기하고 만다. 그러나 인생이란 여정은 온갖 풍파와 기쁨이 얽히고설킨 체험으로 성공은 아주 기나긴 기다림 끝에 찾아오는 경우가 많다. 화산이 폭발하면 천년 동안 쌓인 에너지가 분출되듯이 말이다. 세상을 살면서 누구도 외로움을 피할 수는 없다. 인내하며 기다릴 때, 또 외로움을 이겨내야만 인생의 아름다움도 만끽할 수 있다.

성공 앞에서 이러하다면 위기 앞에서도 마찬가지다. 위기 앞에서 꿋꿋하고 침착한 태도야말로 성공의 서막이라고 할 수 있다. 한 땀 한 땀 정성 들여 지은 돛은 빠르고 안전하게 우리를 성공의 피안으로 데려다줄 것이다. 그렇지 않은가? 조급함, 명예, 이익만을 따지는 마음으로 만든 배가 풍랑과 물결이 거친 위기의 바다를 어떻게 잘 헤쳐 나갈 수 있겠는가?

위기 앞에서 누구나 고통스럽게 발버둥 치며 분투하는 과정을 거치기 마련이다. 그런데 이는 우리를 더 강하게 단련시켜 성장하도록 하는 과정이기도 하다. 우리에게 필요한 것은 인내심이다. '참아낼 수 있는 것'이 바로 능력이다. 기다림의 과정은 몸과 마음이 온갖 시련을 겪는 시기라고 할 수 있다. 이때 초감각적 지각은 망망대해처럼 넓고 끝없는 정보의 바다 속에서 위기 극복을 도울 수 있는 정보의 조각들을 건져내고 맞추어 당신을 위한 책략을 수립하게 해준다.

이러한 의미에서 보면 기다림은 반드시 필요하다. 초감각적 지각은 적당한 투사물을 찾았을 때만 감지할 수 있기 때문이다. 다시 말해, 우리에게는 기다림이라는 계기가 필요하다.

위기가 주는 고통은 위기를 기분 좋게 받아들이기 어렵게 만든다. 그런 까닭에 대다수의 사람들은 어떤 대가를 치르더라도 최대한 빨리 위기에서 벗어나고자 한다. 그렇지만 조바심을 내면 낼수록 자신의 목표에서 더 멀어진다. 위기가 초래한 부정적인 감정에 점령당하는 순간 평정심을 잃기 때문이다. 그러면 의식과 초감각적 지각 모두 오류를 범하게 된다. 대책을 찾기 위해 안간힘을 써야 할 초감각적 지각이 복잡한 감정에 휘말리게 된다. 이러한 상황에서 분별력을 잃은 초감각적 지각은 어찌할 바를 몰라 허둥거리게 된다. 즉 당신이 더 쉽게 실수를 범할 수 있다는 의미다.

그러므로 기다림 앞에서 기다림이 꼭 나쁜 것만은 아니라는 점을 자신에게 알려줄 필요가 있다. 위기에 맞서 힘든 세월을 견뎌내면 든든한 후원자인 초감각적 지각이 생기게 된다. 만약 당신에게 믿음이라는 동반자가 있다면 침착한 마음 상태를 유지할 수 있어 초감각적 지각이 활동하기에 더 유리한 환경이 조성된다. 그리고 이를 통해 가장 훌륭한 대책이 수립될 수 있다.

위기를 기회로 바꾼
긍정의 힘

　대부분의 사람은 위기가 현실로 닥친 상황을 상상하기조차 꺼린다. 바람도 파도도 없는 고정된 생활 궤도에 익숙해져버린 탓이다. 우리는 아침에 일어나 밥을 먹고 회사에 출근한다. 그리고 퇴근하면 다시 밥을 먹는다. 집 안에 틀어박혀 드라마나 오락 프로그램 등을 보며 하릴없이 시간을 보낸다. 이튿날이면 다시 어제와 똑같은 생활을 반복한다. 이런 한가로운 생활이 계속될수록 '위기'라는 두 글자는 까마득히 잊어버리게 된다.

　그런데 어느 날 이처럼 조용한 생활에 돌연 물결이 일기 시작한다. 비록 여전히 여유로운 생활을 하며 어제와 똑같은 오늘을 반복하고 있지만 귓가는 더 이상 평온하지 않다. 기업 파산, 노동자 해고, 통화 팽창 등 일촉즉발의 위기감이 감돌고 마음은 불안하기 그지없다. 뭐라도 하지 않으면 앞날을 장담할 수 없을 것만 같다.

그런데 어떤 이는 오히려 위기에 감사해야 한다고 말하기도 한다. 언뜻 이해가 가지 않는데 도대체 왜일까? 위기가 그에게 새로운 인생과 새로운 기회를 주었을 뿐만 아니라 새로운 세계를 열어주었기 때문이다.

내 친구 윌리엄의 이야기다. 그는 위기를 기회로 바꾼 산증인인 셈이다. 윌리엄은 대학을 졸업하자마자 이른바 잘나가는 기업에 취직을 했고 여유로운 중산층 생활을 누릴 수 있게 되었다. 그러던 어느 날 너무도 갑자기 아무런 준비도 안 된 그에게 위기가 닥쳤다. 한때 거칠 것 없이 잘나가던 회사가 무너졌고 법정 파산보호신청을 하게 되었다. 생존을 위협하는 심각한 위기 앞에서 윌리엄은 새로이 삶과 현실을 마주해야 했다.

바로 이 위기가 그에게 새로운 인생과 새로운 기회를 주었다. 그는 위기를 딛고 일어나 새로운 세상을 보게 되었다. 처음 위기가 닥쳤을 때 그가 억지로 삼켜야 했던 눈물은 후에 노력의 땀방울이 되어 흘러나왔다. 노력의 땀방울은 그가 어린 새싹에서 하늘을 찌를 듯이 큰 나무로 자라는 데 양분이 되었다.

이후 매번 위기가 닥칠 때마다 절박함으로 가득 찼던 윌리엄의 머릿속에는 더 이상 예전의 시름과 막막함은 찾아볼 수 없었다. 그 대신 기쁨과 용기가 흘러넘쳤다. 윌리엄은 위기감이 전혀 없는 삶을 또 다시 살게 된다면 다시는 삶의 흥미를 찾지 못할 것이라고 말한다.

사실 윌리엄은 친구들 사이에서 특별히 재주가 뛰어난 사람도, 사회 적응력이 특별한 사람도 아닌 모든 것이 평범하기 그지없는 사람이었다. 만일 그가 위기를 만나지 않았더라면 그의 일생도 평범한 그 상태에서 멈추었을 테고 그에게 부자가 된다는 것은 한낱 꿈에 불과했을지도 모른다. 그러나 위기는 그의 인생을 바꾸고 그의 미래를 새롭게 썼다.

위기가 두려운가, 아닌가는 위기를 어떻게 처리하는가에 달려 있다. 위기가 닥쳤을 때 냉정함을 잃지 않고 정확한 결정을 내린다면 위기가 주는 긍정적인 효과를 누릴 수 있다.

위기는 우연이 아닌 필연이라는 점을 잊어서는 안 된다. 사업이든 개인의 발전이든 우리는 끊임없이 위기와 싸워 이겨내야 한다. 그러므로 위기의 존재를 인식했다면 평소 자신의 위기 대처 능력을 향상시키기 위해 더 노력해야 한다. 이와 함께 실제로 위기가 닥치면 긍정적인 심리 상태를 유지해야 한다. 흔히 위기 속에 전환의 기회가 숨어 있기 때문이다.

인류 사회의 진보를 돌이켜보면 매 단계마다 위기가 함께했음을 알 수 있다. 인류는 항상 위기를 재점검의 기회로 삼았다. 위기는 따끔한 일침을 가함으로써 우리가 부단히 전진하도록 다그친다. 일반적으로 사람들은 위기를 달가워하지 않지만 그렇다고 두려워할 필요도 없다. 위기의식은 인간의 타성과 맹목성의 치료제이자 변혁의 가장 큰 동기 중 하나이기도 하다. 미래의 전망성과 도전성 및 창조성을 풍부하게 갖춘 위기의식과 위기 해결 능력이라면 당신의 경쟁력을 향상시키는 데도 아주 효과적일 수 있다.

언젠가 미국 뉴욕 시의 수도관이 파열되는 사건이 있었다. 번화한 대도시에 침수 사태가 발생해 거리와 골목 모두 물에 잠겼다. 때문에 거리의 상점을 찾는 고객은 거의 없었다. 상점들은 잇달아 문을 닫고 영업을 중지할 수밖에 없었다. 그것이 큰 영업 손실로 이어질 것은 불을 보듯 뻔했지만 어쩔 수 없는 노릇이었다.

그런데 그 중 햄버거를 파는 한 패스트푸드 가게만은 예외였다. 물론 이 가게를 찾는 손님도 없기는 마찬가지였다. 수도관 보수 노동자들이 배수 작업을 하는 사이 정부기관 사람들도 지원 작업을 하느라 모두들 분주히 움직였다. 이를 지켜보던 햄버거 가게 사장은 어차피 고객도 없고 점원들은 놀고 있으니 차라리 보수 작업을 하는 사람들에게 점심시간을 이용해 햄버거를 나눠주는 편이 낫겠다고 생각했다. 햄버거 가게 사장의 이런 행동은 수많은 언론 매체의 보도로 이어졌고 그 홍보 효과는 무엇과도 비교할 수 없이 컸다.

세상을 살다 보면 누구나 위기를 만나기 마련이다. 위기에 처하는 순간 우리는 좌절과 고통 및 자신의 나약함을 깨닫게 된다. 심지어 두려움을 느끼기도 한다. 이러한 두려움 때문에 위기에 맞설 용기를 잃으면 자신이 처한 위기를 똑바로 직시하지 못하게 된다. 그러나 미국의 대통령 프랭클린 루스벨트가 말한 것처럼 "유일하게 두려워해야 할 대상은 두려움 그 자체"뿐이다.

사실 위기의 대부분은 우리가 생각하는 것만큼 그렇게 심각하지 않다. 긍정적인 심리 상태만 유지한다면 잘 극복해낼 수 있다. 객관적인 두려움은 피할 수 없다. 우리 마음속의 모든 것을 허문다 해도 살아 있는 한 두려움을 제거할 수는 없다. 제아무리 똑똑한 사람일지라도 혀를 날름거리는 아나콘다나 한 번도 본 적 없는 외계생명체를 본다면 두려움에 떨기는 마찬가지다. 하지만 주관적인 두려움은 풍부한 경험과 인지 능력의 향상을 통해 제거할 수 있다. 풍부한 경험을 쌓으려면, 즉 하기 싫은 일일수록 더 해야만 경험으로 축적될 수 있다. 내가 관찰한 바에 따르면 성공한 사람들은 당신보다 잘해서라기보다는 일단 과감하게 도전하기 때문에 성공했다. 그들의 확고한 신념과 뚜렷한 목표는 모든 근심과 두려움 같은 부정적인 생각을 저지할 수 있다.

실제로 우리는 위기에 감사해야 한다. 위기가 닥쳤을 때 나타나는 적당한 긴장감은 대뇌의 높은 경각심을 유지시켜주고 주의집중력도 향상시켜준다. 뿐만 아니라 신체와 심리 상태를 재조정함으로써 긍정적인 힘을 불러일으켜 잠재력을 발굴할 수도 있다. 생리학자들은 인간은 정상 상태에서 대뇌 에너지의 10퍼센트 정도만 방출하고 나머지 90퍼센트의 에너지는 저장해두었다가 위기가 닥쳤을 때 대뇌 속 에너지를 집중적으로 방출한다는 사실을 밝혀냈다. 그리하여 평소에는 해낼 수 없는 불가능한 일을 해낸다거나 혹은 기적을 창조해낸다는 것이다. 어떤 압박감이나 긴장감도 없는 사람이 자신과의 싸움에서 이기거나 어려움을 극복하고 기적을 만들어내기는 어렵다. 위기가 닥치면 당신의 의식, 잠재의식, 초감각적 지각이 효과적으로 발휘된다. 그러면 당신의 에너지도 자연히 더 강해지지 않을까?

늑대 한 마리가 당신 뒤를 쫓는 상상을 해보자. 아마 놀라우리만큼 빠른 속도로 달리는 자신을 발견하게 될 것이다. 위기란 바로 당신을 쫓는 늑대라고 할 수 있다. 직장에서든 일상에서든 위기가 주는 긴박한 상황은 나태함과 부정적인 마음을 버리고 적극적이고 긍정적인 태도로 자신이 가진 잠재력을 최대한 발휘할 수 있게 해준다.

예측, 변화,
그리고 성과

　어쩌면 당신은 제법 안정된 생활을 하면서 시간과 힘을 들여 자신이 원하는 삶을 향해 한 걸음씩 천천히 걸어가고 있을지도 모른다. 또 어쩌면 명예와 이익에 집착하지 않고 소박한 생활에 만족하며 많은 것을 바라지 않을지도 모른다. 그러나 이것이 위기는 존재하지 않는다는 뜻은 아니다. 단지 위기가 아직 당신 곁에 찾아오지 않은 것 뿐이다. 만약 초감각적 지각이 보내는 경고를 받아들이지 않는다면 언젠가 위기가 조용히 일격을 가할 날이 올 것이다.

　예쁜 꽃과 박수소리에 둘러싸여 있을 때, 잇따른 성공에 자만하고 있을 때, 넘지 못할 고비는 없다며 자아도취에 빠져 있을 때, 항상 가슴에 손을 얹고 정말 나에게 위기란 없는 것일까 하고 자문해보아야 한다.

내 경우를 예로 들어보자. 비록 지금 내 생활은 행복하고 미래도 아름다울 것 같지만 나는 자주 스스로에게 묻는다. '만약 출판사에서 갑자기 계약을 파기하면 나는 어떤 대책을 세워야 할까? 만약 책이 잘 팔리지 않으면 앞으로 어떻게 생활해야 할까? 만약 어느 날 더 이상 책을 쓰지 않는다면 난 무엇을 해야 할까? 만약 내 건강에 문제가 생기면 어떻게 남은 가족들의 생계를 보장할 수 있을까?' 나는 세상에 영원히 변하지 않는 것은 없다고 믿는다. 그것이 사람이든 일이든 언제든 변할 수 있다. 이 때문에 나는 수많은 가능성에 대해 끊임없이 고민한다. 무수히 많은 가설 속에서 무엇이든 하나는 미래를 예측할 수 있기 때문이다.

무슨 일이든 '만일 ○○○하면 어쩌지?'와 같은 위기의식이 필요하다. 이런 위기의식과 함께 충분한 대비를 위해 어떻게 하면 좋을까? 와 같은 물음을 언제나 손에 꽉 쥐고 있어야 한다.

위기를 슬기롭게 극복하기 위해서 기울어져가는 빌딩을 일으켜 세우듯 엄청난 힘이 필요하지는 않다. 그저 비가 오기 전에 창문 단속을 하듯 미리 대비하는 의식만 있으면 된다. 이미 돌이킬 수 없는 상황에 이르러서야 인생에 만회할 수 없는 거대한 블랙홀이 생겼음을 발견하는 실수를 범해서는 안 된다. 그런 실수는 어느 누구에게나 마른하늘에 날벼락일 수밖에 없다. 가령 블랙홀이 아직 작을 때 발견했다면 있는 힘을 다해 구멍을 메우도록 노력하면 그만이지 않겠는가.

하지만 안타깝게도 인간의 가장 큰 병은 자만심과 나태함 그리고 귀찮아하는 마음이다. 많은 사람들은 이미 문제의 존재를 알고 있지만 그대로 방치하기 일쑤다. 그 결과 문제는 점점 더 많이 쌓이고 커져서 심각한 상태에 이르게 되고 결국 해결할 수 없는 지경이 된다. 이때 누구를 원망하겠는가? 위기의 존재를 예측하고도 그것이 다가오도록 그냥 내버려두었다면 그때는 아무도 당신을 도울 수 없다.

어떤 이는 자신이 변화를 거부한 것이 아니라 위기가 주는 두려움 때문에 어쩔 수 없었노라고 말할지도 모른다.

무엇이 가장 두려울까? 사람이 귀신을 무서워하는 이유는 귀신을 잘 모르기 때문이다. 잘 모르는 모든 사물은 우리에게 그것을 통제할 능력이 없음을 나타낸다. 이러한 느낌은 인간을 무기력하게 만든다. 이런 무기력함은 두려움을 가중시킨다. 비록 위기가 우리 삶에 크고 작은 손해를 입히기는 하나 가장 두려운 대상은 아니다. 우리가 가장 받아들이기 힘든 것은 바로 위기를 제거할 수도 예측할 수도 없다는 데 있다. 재난이 닥치기를 가슴 졸이며 기다릴 수밖에 없는 탓에 더 고통스러운 것이다.

이미 무언가가 잘못되어가고 있다는 것을 발견했다면 초감각적 지각이 변화를 꾀해야 할 때가 되었음을 알려주는 것이다. 이때 당신은 누구보다도 명확하게 자신이 어떤 변화를 꾀해야 하는지 알 것이다. 의식 속에 존재하는 나태함을 극복하고 내면의 소리에 귀 기울여 초감각적 지각의 지시에 따라 자신을 변화시키기만 하면 위기도 피해

갈 수 있다. 그다지 어려운 일이 아니다.

로즈는 무척 총명한 젊은이였다. 한데 그에게는 큰 단점이 하나 있었다. 사람들과 논쟁하기를 즐긴다는 점이었다. 더 심각한 점은 정작 본인은 그 사실을 전혀 모른는 것이었다. 그러던 어느 날 나는 더 이상 참지 못하고 그에게 호되게 한마디했다. "계속 이런 식이라면 언젠가는 큰 코 다칠 거야. 지금까지 자네와 의견이 다른 사람치고 자네에게 상처받지 않은 사람은 없을 거야. 자네 의견이 얼마나 대단한지 모르겠지만, 이제 그것을 감당할 사람은 없다네. 자네 친구들도 자네와 함께 있기를 부담스러워할 정도니 말이야. 자네처럼 잘난 사람에게는 아무도 무언가를 가르쳐준다거나 알려주려고 하지 않을 걸세. 만약 그랬다가는 애만 쓰고 좋은 소리를 듣기는커녕 도리어 기분만 상하게 될 테니 말이야. 그러니 자네는 더 이상 새로운 지식을 흡수하지 못할 걸세. 그런데 자네의 오래된 지식에는 한계가 있다는 점을 잊지 말게나."

내 이야기가 끝난 후, 그는 뒤도 돌아보지 않고 가버렸다. 이 일을 계기로 로즈가 나를 다시 찾지 않는다면 그런 친구 하나쯤은 잃더라도 특별히 안타까워할 이유가 없다고 생각했다. 반대로 그가 내 말을 듣고 조금이라도 변한다면 나는 더 이상 바랄 것이 없었다. 이렇게 직설적인 충고를 좋아할 사람이 없다는 것을 나도 잘 알고 있었다. 그럼에도 나는 그에게 진심 어린 한마디를 할 수밖에 없었다. 그날 이후로 약 3개월 동안 나는 로즈를 만나지 못했다. 나는 친구 한 명을 잃었다고 생각했다.

그런데 3개월이 지난 어느 날 로즈가 나를 찾아왔다. 놀랍게도 독단적이고 오만했던 모습은 온데간데없이 사라지고 겸손하고 신중한 사람이 되어 있었다. 그는 내게 말했다. "지난번 자네 이야기를 듣고 정말 아차 싶더군. 내가 생각해도 확실히 그랬어. 나 자신의 인간관계가 위기에 직면했음을 알았을 때 당황스럽더군. 예전의 까칠하고 따지길 좋아하는 내 성격이 나한테 아무런 도움도 되지 않는다는 걸 알게 되었어. 그래서 이 어른스럽지 못한 태도를 바꾸기로 결심했지.

난 한 가지 원칙을 세웠어. 더 이상 남을 이기려고 애쓰지 않겠다는 거야. 글이든 말이든 너무 단정적인 어조로 이야기하지 않기로 결심했어. 이를테면 '당연히', '틀림없이' 대신 '내 생각에는', '가령', '그 일은 이렇게 하는 게 좋을 것 같아' 혹은 '아마도 그런 것 같아'처럼 말하는 거지. 또 수긍이 가지 않더라도 절대 곧바로 반박하거나 잘못을 지적해 바로잡으려 하지 않을 거야. 대답할 때도 '이런저런 상황에서라면 그 의견도 틀리지 않겠지만 지금과 같은 상황에서는 조금 다른 것 같아' 식으로 표현하는 거지. 태도가 바뀌니 대화 분위기도 바뀌더군. 예전보다 훨씬 화기애애해졌거든. 성숙한 태도로 의견을 이야기하니 상대도 내 의견을 쉽게 받아들일 뿐만 아니라 불필요한 신경전도 줄어들었어. 설사 내가 틀렸더라도 크게 난감한 상황은 벌어지지 않게 되었어. 그리고 내가 옳을 경우 상대는 나와 논쟁하기보다는 내 의견에 동의를 표할 때가 더 많아졌어.

사실 처음에는 이런 변화가 낯설고 불편했어. 그런 변화가 내가 가진 본성과 충돌했거든. 그렇지만 시간이 지날수록 나도 습관이 되었어. 변화의 장점은 너무도 분명했어. 비록 내가 예전만큼 막힘없이 능숙하게 이야기를 잘하는 것은 아니지만 오히려 더 많은 사람들의 폭넓은 지지를 얻게 되었지. 게다가 주변 사람들이 나와 대화하기를 즐긴다는 것을 확실히 느낄 수 있게 되었어."

로즈의 변화를 보면서 나는 너무 기뻤다. 모름지기 사람은 이래야 한다. 일도 마찬가지다. 예측 능력의 중요성은 바로 로즈의 조기 반응에서 알 수 있듯이, 모든 일에서 다른 사람보다 한발 앞서가면 다른 사람보다 백배 많은 성과를 올릴 수 있다는 점이다. 당신이 벌써 시장의 발전 방향과 미래의 결과를 예측했다면 다른 사람들보다 더 일찍 그리고 더 빨리 자신을 변화시키고 책략을 재조정해야 한다.

그런 까닭에 초감각적 지각이 강한 사람들은 대개 특별한 예측 능력을 가지고 있다. 그들은 아주 사소한 일에서도 힌트를 얻어 정확히 예측하고, 예측 뒤에는 곧바로 적극적으로 행동한다. 그러므로 아무리 심각한 위기라도 또 제아무리 변화무쌍한 세상사라 할지라도 그들에게 치명적인 타격을 입힐 수 없다.

연습 6 | 명상으로 느끼기

내 이웃 앤디와 그의 동료 짐의 이야기를 기억하는가? 앤디의 이야기를 들은 후 나는 앤디의 동료 짐을 찾아갔다. 그에게서 어떤 깨달음을 얻을 수 있을지 궁금했기 때문이다. 짐의 이야기는 별로 새로울 것이 없었다. 그러나 한 가지 주목할 만한 점은 그가 평소에 요가를 좋아하며 자주 명상을 한다는 사실이다.

이는 정말 중요한 정보가 아닐 수 없었다. 명상은 긴장을 풀어줄 뿐만 아니라 우리가 더 큰 존재감을 느끼고 에너지도 더 집중되도록 한다. 이러한 상태라면 초감각적 지각을 더 쉽게 감지할 수 있다. 만약 당신도 짐과 같이 위기를 사전에 제거하고 싶다면 자주 명상하는 습관을 기르는 것도 나쁘지 않다.

1단계: 명상에 들어가기

따스한 빛을 내는 촛불은 명상에서 없어서는 안 될 요소다. 먼저 탁자 혹은 의자 위에 촛불을 켜고 가장 편안한 자세로 그 앞에 앉는다. 이때 의자가 아닌 바닥에 앉는 것이 좋다. 평소의 단정한 자세는 잊어버리고 자신이 가장 좋아하는 자세로 앉으면 된다. 촛불의 위치는 시선보다 높지 않게 유지한다.

자세를 잡고 앉은 다음 눈을 감고 신체가 자연스럽게 이완되도록 천천히 그리고 편안하게 호흡한다. 어느 정도 긴장이 풀렸다고 생각되면 눈을 뜨고 촛불 가운데의 파란색 불꽃을 가능한 한 오랫동안 응시한다. 이때 눈은 되도록이면 깜빡이지 않도록 한다. 아마 처음에는 오래 지속하기 힘들 수도 있다. 하지만 천천히 나처럼 눈 한 번 깜빡이지 않고 오랫동안 응시하는 것도 가능해진다.

눈을 깜빡여야겠다고 느껴지면 눈을 감은 채 머릿속으로 되도록 길게 촛불의 형상을 명상한다.

2단계: 의식을 원위치로 돌려라

촛불 명상을 하다 보면 집중력이 흐트러질 수도 있는데 그렇더라도 조급해할 필요 없다. 자신의 의식이 어디에 있는지 유의한 다음 그것을 분류하여 이름을 붙여준다. 이를테면 경청, 느낌, 사고 등과 같이 말이다. 이렇게 이름을 붙이는 과정은 한편으로 자신의 의식이 어디에 있는지 명확하게 할 수 있고 또 다른 한편으로 잡념이 생기는 것을 막아준다.

자신의 의식이 어디에 있는지 명확해졌다면 경청과 사고 등을 통해 다시 의식을 명상 상태로 되돌린다. 의식 집중을 통해 호흡을 가다듬은 후 다시 머릿속에서 촛불의 형상을 찾도록 한다.

3단계: 다시 명상하기

아무리 긴장을 풀고 깊은 명상에 잠겼더라도 시간 차이는 있겠지만 촛불 형상은 언젠가는 사라지기 마련이다. 나의 경우는 일반적으로 7~8분 정도가 지나면 머릿속에서 더 이상 촛불 형상을 찾을 수 없게 된다. 그러면 나는 눈을 감고 2분 동안 긴장을 푼 후 다시 눈을 뜨고 1단계의 동작을 반복한다. 나는 매번 의식적으로 가능한 한 명상 시간을 더 길게 유지하기 위해 힘쓴다. 시간적인 제한은 없지만 적어도 5분 이상은 지속해야 한다.

이와 같은 명상은 매일 하는 것이 좋다. 시간이 허락한다면 나는 매일 아침 일어나서 간단한 세수와 양치질 후, 또는 아침을 먹기 전에 30분씩 명상을 한다. 저녁에도 잠들기 시간 전에 30분씩 명상을 한다. 너무 바쁠 때면 구체적인 시간을 정하기보다는 일정에 따라 가능한 한 30분 정도 시간을 내서 연습한다. 그런데 만약 도저히 아무에게도 방해 받지 않고 30분 동안 명상할 시간이 없다면 짧게는 단 몇 분이라도 명상을 한다. 되도록 매일 명상하는 습관을 유지해야만 더 큰 효과를 얻을 수 있다.

끊임없이
프시를 강화하라

사람은 누구나 의식과 초감각적 지각을 가지고 있다. 만약 마음속 바람이 의식의 작용이라면, 의식은 당신이 가고 싶은 곳이 어디인지 가리켜줄 것이다. 한편 일이 이루어지는 것은 초감각적 지각의 공로라고 할 수 있다. 초감각적 지각은 밤낮으로 길을 재촉해 당신이 가고 싶은 곳으로 데려가줄 것이다. 초감각적 지각이 가진 여러 신기한 매력의 이끌림으로 당신의 초감각적 지각에 대한 갈망은 더 절실해졌을 것이다. 초감각적 지각을 성공적으로 깨웠다면 강화를 위해서도 끊임없이 노력해야 한다. 그러면 초감각적 지각이 내는 소리도 점점 더 또렷해질 수 있다.

무엇이 행운을
가로막는가

　모두가 타고난 행운아라고 생각하지는 않지만 일부 행운아들이
존재하는 것만은 확실하다. 물론 그들도 태어날 때부터 행운아는 아
니었다. 스스로를 인정하며 꾸준히 자신의 행운을 실현한 덕분이다.
쉽게 말해 그들은 초감각적 지각을 훌륭히 이용해 자신의 인생을 창
조했고 또 현실의 자기 자신과 자기 자신의 현실도 창조해냈다.

　거듭 강조했듯 초감각적 지각은 우리 마음속에 존재한다. 초감각
적 지각을 믿고 안 믿고, 원하고 안 원하고는 모두 스스로 결정할 일
이다. 초감각적 지각이 당신의 결정을 받아들이기만 하면 결과를 당
신에게 보여줄 것이다. 초감각적 지각은 사람들이 불필요한 좌절을

경험하지 않도록 상황에 맞게 유리한 기회를 만들어준다. 이 때문에 초감각적 지각의 도움을 받는 행운아들의 인생은 행운으로 가득하다. 그렇다면 당신은 자신이 행운아라고 생각하는가? 만약 그렇지 않다면 당신의 행운을 가로막는 것은 무엇인가?

영국의 리처드 와이즈먼(Richard Wiseman)은 심리학계의 괴짜 교수로 유명하다. 그는 잉글랜드 하트퍼드셔 대학교에 행운 실험실을 건립하고 700여 명의 지원자를 모집해 행운 실험을 진행했다.

이 행운 실험에서 와이즈먼은 1단계에서 설문지를 통해 자신의 연구 대상 중에서 두 집단의 사람들을 골라냈다. 한 집단은 이른바 행운아다. 행운아들은 자신의 운에 매우 만족하면서 스스로를 운이 좋은 사람이라 생각했다. 다른 한 집단은 이른바 불운아다. 불운아들은 스스로의 인생을 아주 불행하거나 운이 별로 없다고 생각하는 사람들이었다.

이 두 집단의 사람들을 선별한 후 와이즈먼은 2단계로 다시 지원자 700명 모두에게 복권을 사도록 했다. 결과는 행운아의 당첨률이 불운아보다 조금도 더 높지 않았다. 행운아들은 복권 당첨률에 별로 신경 쓰지 않으며 여전히 자신은 행운아라고 생각했다. 반면 불운아 집단은 보편적으로 자신은 정말 운이 없다고 생각했다.

3단계에 들어간 와이즈먼은 모든 실험 참가자들에게 성격에 관한 설문지를 나눠주었다. 설문지에 타인과의 협력 능력(이타성, 진실성, 우호성 등), 책임감, 정서적 안정성, 외향성, 개방성(새로운 사물이나 체험에 대한 개방성 정도)라는 다섯 가지 방면이 포함되었다. 이 설문지를 통해 와이즈먼은 개인의 성격을 알아보고자 했다.

와이즈먼은 설문지 조사 결과를 통해 행운에 대한 새로운 사실을 알 수 있었다. 즉 외향성, 개방성, 낙관성, 정서적 안정성 모두에서 행운아의 점수가 불운아에 비해 높았다. 행운아들이 비교적 높은 점수를 받은 이 네 가지 항목은 모두 초감각적 지각과 관련이 있다.

먼저 외향성에 대해 살펴보자. 행운아의 외향성은 아주 강했다. 그들은 일반적으로 뛰어난 사교능력을 갖추고 있어 타인과 자주 연락하면서 눈빛, 언어 및 몸짓으로 활발하게 교류한다. 곧 외부세계로부터 더 많은 정보를 얻을 수 있음을 의미한다. 이들 정보는 한편으로는 그들에게 더 많은 기회를, 다른 한편으로는 초감각적 지각의 판단 근거 자료가 된다. 외부세계 정보에 대한 이해가 높을수록 미래에 대한 예측도 더 정확해진다.

다음으로 개방성이다. 행운아는 개방적인 태도를 가지고 있었다. 즉 그들이 평소 사람 혹은 새로운 사물에 대해 개방적이고도 수용적인 태도를 가진다는 의미다. 그들의 이러한 태도는 다채로운 생각으로 이어져 초감각적 지각이 더 쉽게 발휘되도록 한다. 개방적인 태도를 가진 그들은 초감각적 지각이 보내는 정보를 그냥 흘려 넘기지 않고 더 쉽게 믿고 수용한다.

이어서 낙관성에 대해 살펴보자. 여기서 낙관적이라 함은 좋은 일 앞에서는 진심으로 기뻐하고 역경 앞에서도 긍정적인 자세로 자신에게 유리한 요소를 찾는 것을 말한다. 이 때문에 그들의 내면은 항상 편안한 상태를 유지하여 초감각적 지각이 큰 부담 없이 일할 수 있다.

마지막으로 정서적 안정성이다. 불운아들 중 많은 이들이 심한 감정 기복을 느낀다. 심한 감정 기복은 긴장되고 불안한 생활로 이어져 긴장을 풀기 더 어렵게 만든다.

앞서 살펴본 초감각적 지각에 관한 지식을 기억하고 있다면 정서적으로 안정된 사람이 왜 더 많은 기회를 갖는지 이해할 수 있을 것이다. 초조함은 사람의 주의력을 분산시킨다. 반면, 긴장이 이완된 상태라면 초감각적 지각이 보내는 정보를 더 쉽게 받아들일 수 있다. 사람들이 생각지도 못한 이들 정보 속에 뜻밖의 기회가 숨어 있다. 바로 이들 기회를 잘 포착하는 사람들이 대중의 눈에 비친 행운아가 된다.

이제 왜 어떤 이들은 항상 행운이 따르는데 또 다른 어떤 이들은 그렇지 않은지에 대해 이해할 수 있을 것이다. 이상의 내용을 종합해 보면 자주 웃으면서 타인과 눈빛으로 교류하고, 긴장을 풀어 새로운 것에 대한 호기심을 가지고 자유롭게 사고해야 한다. 또한 언제든 자신의 기대치도 재조정할 수 있어야 한다. 그렇게 하면 초감각적 지각이 활발하게 움직이는 환경이 조성되어 초감각적 지각이 더 강화될 것이고, 더 정확한 정보와 더 효과적인 제안을 포착할 수 있다. 이제 그 무엇도 당신의 행운을 가로막지 못할 것이다.

미래를 예측하는
연습을 하라

우리는 매일 수많은 작은 예측을 한다. 그렇지만 이런 작은 예측은 무의식중에 일어나는 것이어서 우리의 초감각적 지각을 강화하는데 크게 도움이 되지는 않는다. 우리에게 필요한 것은 진정한 예측 능력이다.

2004년 12월 인도양에서 쓰나미가 일어났다. 구조요원들은 헬기와 구조선을 타고 노스 센티넬 섬(North Sentinel Island)에 접근을 시도했다. 인명 피해 상황을 조사하기 위해서다. 그러나 원주민들의 무차별 화살 공격을 받은 구조요원들은 결국 섬에서 철수할 수밖에 없었다. 사실 노스 센티넬 섬의 원주민들은 쓰나미가 몰려오기 전 이미 바다에서 멀리 떨어진 내륙의 높은 지대로 안전하게 대피했다. 원주민들이 어떻게 쓰나미를 예측했는지에 대해서는 오늘날까지도 여전히 미스터리다. 감히 어느 누구도 그들에게 접근하여 어떻게 쓰나미를 예측했는지에 대해 묻기를 꺼려하기 때문이다.

우리에게 필요한 것은 이처럼 강렬하고도 신기한 예측 능력이지 의식에 기초한 추측이 아니다. 당신은 자신에게 이와 같은 능력이 있다고 믿는가? 어쩌면 당신은 이미 이러한 능력을 사용하고 있는지도 모른다. 단지 스스로 의식하지 못하는 것일 뿐.

믿든 안 믿든 미국 노스웨스턴 대학교(Northwestern University)의 한 과학자는 1978년부터 2010년 사이의 26가지 관련 데이터 분석을 통해 다음과 같은 사실을 확인했다.

"인간은 정확한 미래 예측 능력을 가지고 있다. 인체는 심폐, 피부와 신경계통의 순간적인 변화를 통해 아무런 단서가 없는 상황에서도 앞으로 발생할 중대 사건을 예측할 수 있다."

예를 들어보자. 당신도 다음과 같은 경험을 해보았을 것이다. 남몰래 무언가를 할 때, 바삐 움직이는 손과 달리 몸은 고도의 긴장감을 유지한 채 시시각각 주변의 동태를 살핀다. 만약 주변에서 조금이라도 이상한 낌새가 느껴지면 재빨리 하던 일을 멈추고 감추게 된다. 이를테면 근무 시간에 이어폰을 끼고 게임을 하는 직원은 사장이 자신을 향해 다가오는 것을 듣지도 보지도 못한다.

"그렇지만 연구는 만약 그가 자신의 신체를 잘 조절하기만 하면 머지않아 발생할 변화를 미리 알아차리고, 사건 발생 2~10초 전에 하던 게임을 끄고 원래 자신이 작성해야 할 서류를 펼칠 수도 있다는 점을 보여준다."이라고 신경계통학자 줄리아 모스브릿지(Julia Mossbridge)는 말했다. 그녀는 정신과 신체가 어떤 상호작용을 통해 결정에 영향을 미치는지를 연구하는 모스브릿지 인스티튜트(Mossbridge Institute LLC)의 책임자다.

모스브릿지 교수는 사실 머지않은 미래를 예측하는 일은 흔히 볼 수 있다고 생각한다. 폭풍우가 내리기 전 잔뜩 낀 먹구름과 습한 기운 등을 통해 곧 폭풍우가 휘몰아칠 것을 감지할 수 있는 것처럼 말이다. 그러나 이러한 환경이 주는 단서가 없더라도 인간은 이를 미리 예측할 수 있다. 인간의 신체에 예측 반응이 존재하기 때문이다.

모스브릿지 교수의 실험 연구 결과는 이 사실을 뒷받침한다. 연구팀은 실험 참가자들에게 무작위로 일종의 자극물, 이를테면 사람을 우울하게 만드는 사진 혹은 흥분시키는 사진을 보여주었다. 그리고 사진을 보여주기 10초 전에 이미 실험 참가자들의 심혈관, 뇌파 및 피부의 전자 수치 모두에서 뚜렷한 변화가 발생한다는 사실을 발견했다. 이 결과는 사람의 신체가 감각의 변화를 일으키는 물품을 사전에 알아챘다는 의미다.

"이 결과는 일종의 예감으로, 인체는 아무런 단서가 없는 상황에서도 미래에 일어날 중요한 사건에 대해 예고하는 동시에 뚜렷한 생리적 변화를 보입니다. 또한 이는 일종의 행위이기도 합니다. 심폐, 피부와 신경계통이 공통으로 반응하여 형성된 것이기 때문입니다." 모스브릿지 교수는 "오늘날의 생리학 연구 성과만으로는 아직 이와 같은 현상의 원인을 해석할 방법이 없습니다. 그렇지만 양자의학이라면 어느 정도 설명이 가능할 것입니다"라고 덧붙였다.

만약 예측 능력의 존재를 믿지 않는 사람이 있다면 그에게 격렬한 승부가 벌어지는 운동장에 가서 직접 관찰해보기를 권한다. 경기에서 활발하게 움직이는 선수는 예견 능력이 뛰어나면서도 육감이 예리한 사람임에 분명하다. 어떤 선수들은 마치 공이 어디로 날아갈지 정확히 알고 있는 것처럼 공을 따라 뛰는 것이 아니라 공이 그를 따라 뛰는 것처럼 보이기도 한다. 믿지 못하겠는가? 못 믿겠다면 다음에 축구경기를 볼 때 자세히 관찰해보았으면 한다.

사람들은 예측 능력이 뭐 별거냐고, 공이 채이기도 전에 공의 방향을 알아채는 것은 연습이 누적된 결과로 운과 확률의 문제일 뿐이라고 말할지도 모른다. 앞서 설명한 행운에 관한 이야기를 기억하고 있는가? 운이 좋은 사람일수록 자신을 도와주는 불가사의한 힘을 더 강하게 느낄 수 있다.

그럼 이제 예측에 대한 모든 의혹을 거두고 미래를 예측하는 연습을 해보자. 연습 방법은 아주 간단하다. 더 많이 관찰하고 더 많이 사고하기만 하면 미래 예측에 도움을 주는 정보가 더 자주 출현한다.

예측 능력은 예리하고도 뛰어난 관찰 능력에서 비롯된다. 그러므로 미래를 예측하는 연습은 먼저 자신의 예리한 관찰력을 기르는 데서 시작해야 한다. 이미 설명했지만 초감각적 지각을 깨우고 싶다면 삶을 더 자세히 관찰해야 한다. 그럼 미래를 예측하는 연습을 시작하기 전에 다시 한 번 간단하게 정리해보도록 하자.

먼저 자신에게 익숙한 사람 혹은 환경에서 시작하도록 한다. 이를테면 침실, 사무실의 책상, 동료나 친구 등은 모두 아주 좋은 대상이다. 사무실 책상 위에 놓인 문구류의 위치에 어떤 변화가 있는지, 오늘은 도로의 차 막힘이 덜하다든지, 빌딩 앞 꽃가게의 장미가 몇 송이 피었는지 등을 말한다. 이러한 것들이 하잘것없이 느껴지고 미래와 전혀 관계가 없는 것처럼 보일 것이다. 하지만 당신이 정말 예리한 관찰력을 가지고 있다면 관찰과 미래는 모두 마음과 관계가 있음을 발견할 수 있다.

다시 말해, 관찰이란 마음으로 보는 행위다. 즉 단순히 보는 것이 아니다. 계단을 관찰할 때도 마찬가지다. 계단의 개수, 높이 등을 헤아려보지 않고 그저 보기만 한다면 단순한 계단에 불과할 뿐이다. 이두 가지 상황이 초감각적 지각에 전달되었을 때 결과는 완전히 다를 수 있다.

미래 예측 능력을 향상시키기 위한 가장 좋은 방법은 마음으로 관찰하는 습관을 기르는 것이다. 아주 평범한 사물일지라도 의식적으로 그 특징을 세세하게 관찰함으로써 사람들이 관심을 두지 않는 부분까지도 자세히 살펴야 한다. 비교 또한 관찰력을 훈련하는 좋은 방법이다. 예컨대 오늘은 창문 위의 먼지가 어제와 어떻게 다른지 관찰하는 것이다. 무언가를 관찰할 때는 사물의 내재적 본질뿐만 아니라 변화를 발견하는 데도 역점을 두어야 한다. 이렇게 할 때 초감각적 지각에 더 풍부하고 더 전면적인 자료를 제공할 수 있을 뿐만 아니라 자신의 예측 능력 향상을 위한 훌륭한 기초도 다질 수 있다.

한데 관찰력만으로는 부족하다. 이른바 예측이란 사실 대뇌가 수집한 정보를 자발적으로 정리하고 종합한 다음 초감각적 지각의 형식으로 나타나기 때문이다. 이어서 직관력을 높이기 위해서도 노력해야 한다.

사람의 5가지 감각기관은 본래 아주 민감하다. 우리는 종종 아이들의 믿기 힘든 예측 능력에 놀라기도 한다. 그런데 신체 기능의 퇴화와 함께 아이들의 이러한 예측 능력도 점차 사라진다. 이제 우리가 해야 할 것은 우뇌를 계발함으로써 이러한 직관력을 다시 되찾는 것이다. 앞서 이야기했듯이 대뇌의 주파수가 알파파를 유지할 때 대뇌는 우주와 동시에 움직이게 된다. 그러면 이미 형성된 초감각적 지각을 더 쉽게 외재화할 수도 있고 예감도 더 쉬워진다. 따라서 정신적 긴장이 최대한 이완된 상태에서 이러한 예측 연습을 해보자.

가령 관람하던 영화를 잠시 멈추고 등장인물들의 다음 행동을 상상해보자. 여기서 주의해야 할 점은 '분석'이 아닌 자신이 관찰한 기초 위에서 상상하는 것이다. 영화의 후속 줄거리 예측 정확률이 점점 더 높아지면 생활 속의 사건, 이를테면 내일 어떤 사람을 만나게 될지, 무슨 일이 생길지 등의 난이도가 높은 일을 예측해보도록 한다. 처음 예측의 결과가 빗나갔다고 해서 신경 쓸 필요는 없다. 꾸준히 실천하면서 끊임없이 바로 잡아가는 것이 핵심이다.

끊임없이 감각을
수정하라

　미래를 예측하기란 무척 어려운 일이다. 수많은 불확실성이 존재하기 때문이다. 월스트리트 역사상 가장 성공한 펀드매니저 피터 린치(Peter Lynch)도 1987년 주가 대폭락을 예측하지 못했음을 솔직하게 인정했다. 그는 예측이란 항상 빗나갈 수 있다고 말했다.

　우리는 예측에 대한 올바른 태도를 가져야 한다. 피터 린치의 이야기를 통해 나는 지나간 일은 이미 역사가 되었지만 미래는 아직 무한한 가능성을 가지고 있다는 말을 하고 싶다. 어떠한 예측도 100퍼센트 정확할 수는 없다. 단지 우리는 발생 가능한 것 가운데 한 가지를 느낄 수 있을 뿐이다. 모든 예측은 동일한 한 사물에 대해 예측 당사자의 입장과 복잡한 외부환경이 번갈아 영향을 미치는 것이다. 따라서 정확한 예측을 하기란 상당히 어렵다.

프레드 콜브(Fred Kolb)는 퇴직한 안전기사다. 그는 나사(NASA)에서 30년 가까이 일했다. 그 중 몇 년은 미국의 유인 우주왕복선인 챌린저호 발사 프로젝트에 팀원으로 참가하기도 했다. 그는 챌린저호 폭발사고 5년 전에 이미 심령술사 알렌 본(Allen Von)과 또 다른 심령술사 바이비 재거(Baivy Jaegers)가 챌린저호 폭발이라는 비극적 사고를 예언했다고 말했다. 심령술사 재거의 설명은 이러하다.

"나는 왼손에 편지봉투를 들고 무언가를 느끼기 시작했다. 내가 맨 먼저 본 것은 우주 영상이었다. 우주 영상이 지금 내가 하는 일과 아무런 연관이 없음을 나는 잘 알고 있었다. 그 후 나는 로켓과 우주왕복선을 보았다. 로켓이 우주왕복선보다 훨씬 뚜렷하게 눈에 띄었고 그 부근에는 고리모양의 물건이 보였다. 그것이 무엇인지 모르겠지만 뭔가를 밀봉하는 데 사용하는 것처럼 보였다. 그런데 그 고리모양의 물건이 제대로 밀봉되지 않아 연료가 밖으로 새어 나왔고, 이내 거대한 폭발로 이어졌다. 이것이 바로 내가 본에게 말한 내용이다. 나는 내가 느낀 장면을 그대로 묘사했을 뿐이다."

당시 안전기사였던 콜브는 '재거의 말이 사실일까? 이러한 정보는 어디서 오는 걸까?' 라고 생각했다. 정말 황당하기 그지없는 심령술사들의 의견을 나사가 귀담아들을 리 만무했다. 콜브는 반신반의했지만 안전을 위해 이 문제를 고민했다. 아무리 생각해봐도 문제가 발생할 소지가 있는 것은 접합용 패킹인 오링밖에 없었다. 콜브는 로켓 추진 시스템 담당 기술자를 찾아가 이 문제에 대해 상의했다. 하지만 상대는 대수롭지 않은 듯 듣고 넘겨버렸다. 콜브 자신도 확신할 수 없던 터라 이 일은 그렇게 흐지부지되어버렸다.

5년 후인 1986년 1월 28일 발생한 챌린저호 폭발사건은 미국항공우주국 역사상 최악의 사고로 챌린저호가 폭발하는 순간의 극적인 모습이 TV방송으로 실황 중계되어 그 충격이 한 세대의 머릿속에 고스란히 남게 되었다. 이후 사고조사위원회는 10억 달러의 가치를 가진 우주왕복선을 폭발에 이르게 한 원인이 겨우 900달러 가치밖에 안 되는 합성고무 패킹이었음을 발견했다. 놀라움을 금치 못한 콜브는 마음속 깊이 죄책감과 자책감을 느꼈다. 만약 그때 그가 두 심령술사의 말을 믿고 좀 더 적극적으로 대처했더라면 어쩌면 이 큰 비극을 막을 수 있었을지도 모르기 때문이다.

만약 콜브에게 다시 한 번 기회를 준다면 그는 당시 반신반의하던 종전의 태도를 바꿀 것임에 틀림없다. 그렇지만 만약은 아무런 의미가 없다. 우리는 역사로부터 교훈을 배울 수밖에 없다.

대뇌는 우리가 동의하지 않는 관점이라면 습관적으로 걸러내버리고 자신이 옳다고 여기는 것만 남겨둔다. 정확한 초감각적 지각을 얻으려고 무턱대고 의식 중 자신의 견해와 일치하는 관점만 찾는다면 그다지 큰 의미가 없다. 하지만 당신이 원하기만 하면 자신과 다른 관점을 찾는 것은 얼마든지 가능하다. 우리는 외부세계의 정보를 이용해 자신의 판단을 수정할 수 있다. 콜브의 사례에서 알 수 있듯이 두 심령술사가 제공한 정보는 사실 그냥 보아 넘겨서는 안 되는 것이었다.

설령 다른 사람들과 대화를 해도 그저 피동적으로 받아들일 것이 아니라 상대의 이야기를 들으며 머릿속으로 이어질 다음 대화 내용에 대해 끊임없이 예측함으로 자신의 예측을 계속 수정해야 한다. 이런 적극적인 메커니즘을 통해 소리가 있는 자연언어를 더 빨리 그리고 더 효과적으로 이해할 수 있다. 마찬가지로 초감각적 지각에도 귀기울여야만 정확한 정보를 효과적으로 받아들일 수 있다.

우리의 의식은 이미 충분히 복잡하다. 그런데 잠재의식은 이보다 더 복잡하며 초감각적 지각은 이보다 훨씬 더 복잡하다. 그런 까닭에 초감각적 지각을 지각하고 강화하는 과정은 한곳에 중점을 두어야 한다.

가령 동시에 네 곳의 음악방송을 듣는다고 생각해보자. 이때 라디오는 제대로 된 어떤 음악소리도 들려줄 수 없다. 들리는 것이라곤 그저 뒤죽박죽 엉망인 잡음일 뿐이다. 대뇌도 이와 마찬가지다. 반드시 자신의 뇌파를 라디오 방송국 한곳에 맞춤으로써 그 외의 라디오 수신에 방해가 되는 신호를 제거해야 한다.

사람은 보통 한가로울 때 감각 혹은 감정 속의 특히 두드러지는 현상에 주의를 집중한다. 우리의 의식이 약해지고 혼란스러울 때 이와 같은 현상이 나타난다. 따라서 생각을 깨끗이 정리해 잠재의식이 명확하고도 유용한 정보를 받아들여 대뇌의 올바른 창고 속에 저장하도록 해야 한다. 그러면 우리의 초감각적 지각도 정보를 더 빨리, 더 효과적으로 받아들이고 처리할 수 있다.

덧붙여 자신의 감각을 수정할 때는 주변 사람들과 일정한 거리를 유지해야 한다. 대중의 의견은 당신의 마음이 아닌 물질적 조건에서 출발하기 때문이다. 자신의 마음을 가장 잘 이해할 수 있는 것은 자신뿐이다. 외부세계의 간섭을 피해 조용히 내면세계로 깊이 파고들어야만 또렷하게 초감각적 지각을 느낄 수 있다.

마지막으로 한 가지 더 강조하고 싶은 것이 있다. 고층빌딩을 세우려면 반드시 다양한 건축 재료, 인테리어 재료, 설계 지식, 건축 기술, 각종 건축 기계뿐만 아니라 경영 기술 등도 함께 보유하고 있어야 한다. 마찬가지로 자신의 감각을 바꾸고 싶다면 끊임없이 새로운 것을 배우고 익혀서 초감각적 지각에 더 많은 기본 상식, 전문 지식, 싱공 지식 및 관련된 최신 정보를 입력해주어야 한다. 이때 더 풍부하고도 전면적인 소재가 있다면 초감각적 지각도 더 큰 효율성, 창조성, 현실성을 갖추게 될 것이다.

초감각적 지각과
대화하라

매번 일과 휴식 시간이 무질서한, 이를테면 본능이나 생각나는 대로 아무렇게나 맥없이 생활하는 사람들을 볼 때면 안타깝기 그지없다. 그들은 마시고 싶으면 마시고 먹고 싶으면 먹으면서 하고 싶은 대로 아무 생각 없이 생활한다. 이렇게 제멋대로인 생활이 정말 자기 마음대로 사는 것일까? 사실 그들의 마음도 꼭 이렇게 살고 싶지는 않을 것이다.

초감각적 지각이 보내는 소리에 귀 기울여 자신이 무엇을 원하는지, 무엇을 하고 싶은지, 무엇을 거부하는지, 무엇이 두려운지 등에 대해 이해한다면 마음의 부담도 줄일 수 있다. 마음이 만족스러우면 마음의 안정과 평화도 더 쉽게 찾아온다. 초감각적 지각과 대화할 줄 모르는 사람은 자신의 마음을 보살필 줄 모르는 사람이다. 그런 사람의 마음에는 그릇된 욕망과 환상 그리고 불편한 감정들로 가득 차서 생활도 엉망이 되기 쉽다.

초감각적 지각과 대화하는 법을 배우는 일은 건강한 삶을 영위하기 위해 매우 중요하다. 초감각적 지각과 대화할 때 비로소 우주의 소리를 들을 수도, 생명과 영혼의 소리를 들을 수도, 자신을 반성할 수도, 또 자신이 성공에 다가가는 소리도 들을 수 있다.

고타마 싯다르타(Gotama Siddhrtha) 왕자는 출가한 후 보리수 아래 자리를 잡고 49일 동안 사색에 정진해 마침내 깨달음을 얻어 부처가 되었다. 석가는 보리수 아래서 49일 동안 무엇을 했을까? 그 해답을 알 수는 없다. 하지만 나는 석가가 자신의 영혼, 자신의 초감각적 지각과 대화했으리라고 믿는다. 뛰어난 인물들은 자기 자신과 대화하는 기회를 무척 소중히 여긴다.

예컨대 세계의 수많은 종교 지도자들은 종종 대중 틈에서 벗어나 홀로 자기 영혼과 대화하는 시간을 가진다. 그렇게 한동안의 시간이 흐르면 그들은 다시 대중에게 돌아와서 자신의 영혼과 대화하며 얻은 여러 가지 깨달음을 사람들과 나눈다. 이슬람교의 창시자 무함마드(Muhammad)는 매년 라마단 기간이면 세속적 생활에서 벗어나 히라 산에 있는 동굴에서 자기 영혼과 교류하는 명상생활을 했다.

18세기 프랑스의 천재적 사상가 루소 역시 마찬가지다. 루소는 명상이 미래의 인생에 얼마나 중요한지 너무도 잘 알고 있었다. 오랫동안 자기 자신과의 깊은 대화를 시도한 그는 가장 위대한 계몽사상가가 될 수 있었다. 그들은 모두 자기 삶의 공간을 한없이 확장함으로써 인류의 위대한 정신적 지도자가 될 수 있었다.

우리는 자신이 가진 힘을 경시하는 경향이 있다. 하지만 진정으로 우리를 도울 수 있는 것이 있다면 바로 우리 자신이다. 자신의 초감각적 지각과 대화한다면 현실의 어려움을 해결하는 데도 도움이 될 수 있다.

모두 잘 알고 있듯이 의식의 배후에 있는 잠재의식 속에는 우리가 일생 동안 경험하여 인식하고 이해한 모든 정보가 보관되어 있다. 그것이 의식적이건 무의식적이건 모두 말이다. 그뿐만 아니라 보관된 정보를 자동적으로 조합하고 배열 분류하여 새로운 견해를 생성하기도 한다. 우리는 잠재의식에게 지령을 내릴 수 있다. 성공에 대한 꿈이나 직면한 난제를 명확한 지령으로 만들어 의식을 거쳐 다시 잠재의식에게 보내면 된다. 그런 다음 긴장을 풀고 초감각적 지각이 주는 해답을 기다리면 그만이다. 이를 테면 반복적으로 '새로운 시장을 개척하려면 어떻게 해야 할까?'와 같은 지령을 내릴 수 있다. 또는 간단하게 '내 수중에 있는 이 원고의 서문을 어떻게 시작하면 좋을까?' 등과 같이 좀 더 작은 지령을 내릴 수도 있다.

초감각적 지각과 대화를 하는 동안 이런 문제의 해답이 천천히 나타날 것이다. 이 때문에 한 가지 문제에 대해 골똘히 생각하다 보면 꿈속이나 아침에 막 잠에서 깨어났을 때 혹은 목욕할 때, 혹은 길을 걷다가도 머릿속에 해답 혹은 영감이 어느 순간 떠오를 수 있다.

나에게는 한 가지 습관이 있다. 바로 이런 때를 대비해 항상 노트를 들고 다니는 것이다. 이렇게 하면 언제든지 초감각적 지각이 선사하는 선물을 받을 수 있다.

더 중요한 점은 자신에게 약간의 시간을 주는 것이다. 자신의 영혼이 해방될 수 있도록 하찮은 일에서 벗어나 반드시 해야 할 일에 주의를 집중하도록 한다. 또한 자신의 과거, 현재와 미래를 똑똑히 살펴 영혼의 공간이 점점 더 넓어지게 해야 한다. 당신을 성공으로 이끄는 힘은 바로 이 공간에서 비롯되기 때문이다.

조셉 머피(Joseph Murphy)는 원래 화학을 공부했다. 한데 피부암을 앓게 되었고 모든 약을 다 써봤지만 아무런 효과도 없이 오히려 병은 점점 더 악화되기만 했다. 그는 매일 두세 번씩 기도하며 '나는 반드시 좋아질 수 있어, 나는 반드시 좋아질 거야'라며 스스로에게 말했다. 그렇게 그는 매일 5분 정도 기도를 했고 3개월 후 어떠한 치료도 받지 않았지만 병이 씻은 듯이 나았다. 그 후 조셉 머피는 화학 연구 대신 잠재의식에 대해 연구하면서 『잠재의식의 힘』이라는 책을 쓰기도 했다. 듣기로 이 책은 수많은 사람들의 운명을 바꿔놓았다고 한다.

머피의 병은 어떻게 나은 것일까? 이것이 바로 초감각적 지각의 신기한 힘이다. 초감각적 지각과의 반복적인 대화를 통해 의식이 보낸 신호를 초감각적 지각과 잠재의식이 받아들였고 병도 완쾌될 수 있었다. 그런 까닭에 이 심리학자는 "우리는 희망과 기대로 충만한 말로 끊임없이 잠재의식과 이야기를 나누어야 한다. 그러면 잠재의식은 생활을 더욱 활기차게 만들 것이고 당신의 희망과 기대는 실현될 수 있을 것이다"라고 말한다.

쉽게 말해서 초감각적 지각은 마치 만능기계처럼 어떠한 바람도 모두 실현시킬 수 있다는 것이다. 하지만 누군가 그것을 조종해야만 하는데 그 사람은 바로 당신 자신이어야 한다. 당신이 초감각적 지각을 제어할 마음이 있다면 초감각적 지각이 좋은 이미지 혹은 암시를 받아들이게 하면 된다.

가령 성공을 원한다면 초감각적 지각에 '나는 성공할 수 있어, 나는 성공할 수 있어, 나는 반드시 성공할 거야'라고 말하고, 돈을 많이 벌고 싶다면 '나는 돈이 많아, 나는 돈이 많아, 나는 반드시 돈이 많을 거야'라고 말하고, 실적 향상을 원한다면 '내 실적은 계속 향상될 거야, 계속 향상될 거야, 내 실적은 반드시 계속 향상될 거야'라고 말하고, 돈을 모으고 싶다면 끊임없이 자신에게 '나는 저축을 잘해, 나는 저축을 잘해, 나는 저축을 잘해'라고 말하면 된다.

이렇게 끊임없이 반복되는 연습과 입력을 통해 당신의 초감각적 지각이 이러한 지령을 받아들이면 모든 사고와 행동도 이들 생각에 맞추어 움직이게 된다. 이를 통해 당신은 목표를 향해 목표를 달성할 때까지 앞으로 나아갈 힘을 얻게 된다.

어떤 사람은 초감각적 지각과 대화를 하는데도 아무런 효과가 없다고 한다. 무슨 이유 때문일까? 꾸준함이 부족한 탓이기도 하지만 초감각적 지각 속의 자신을 존중할 줄 모르기 때문이기도 하다. 항상 압박감을 가중시키거나 부정적인 말로 초감각적 지각 속의 자신을 심하게 억압한다면 초감각적 지각은 당신에게 협력하지 않는다.

그러므로 우리는 자주 초감각적 지각과 대화를 하는 외에도 긍정적인 정보를 전달하도록 유의해야 한다. 이러한 정보의 반복 횟수가 많아지면 초감각적 지각도 그것을 받아들여 긍정적인 심리를 유지하게 된다. 긍정적인 심리는 당신에게 자신감, 꿋꿋함, 행복감, 그리고 열정을 주어 당신의 능력이 끊임없이 쏟아져 나오도록 한다. 긍정적인 심리는 생활에 활기를 불어넣는다. 또한 긍정적인 심리에서 비롯되는 낙관적이고도 자신감 넘치는 태도로 사고력은 한층 더 예리해진다. 이로부터 초감각적 지각은 더 정확하고 더 강렬해질 수 있다. 이것이 바로 그 무엇보다도 멋진 선순환의 구조다.

모든 부정적인
암시를 버려라

초감각적 지각과 대화할 때 긍정적인 정보가 전달되면 선순환이 형성된다. 그런데 만일 실수로 부정적인 암시가 전달된다면 어떤 부정적인 결과가 나타날까?

한 여자아이는 항상 마음속으로 '넌 예쁘지 않아, 너에게 장점이라곤 없어'라고 말했다. 그녀는 열등감과 위축감에 빠졌고 불행히도 정말 장점이라곤 찾아볼 수 없는 사람이 되어버렸다. 이처럼 우리가 부정적인 자아상을 바꾸지 않는다면 남들도 당신이 자신을 대하는 방식 그대로 당신을 대하게 된다. 그러면 당신은 '난 태어날 때부터 이랬어'라고 믿게 된다. 사실은 그런 것이 아닌데 말이다.

부정적인 암시는 초감각적 지각에게도 부정적인 정보를 전송한다. 그리고 이러한 정보가 되풀이되는 횟수가 늘어나면 부정적인 심리가 형성된다. 부정적인 심리로 인한 지나친 의심, 낙담, 공포, 초조, 상실, 좌절 등은 온몸을 무기력하게 만든다. 당연히 자신의 능력도 제대로 발휘할 수 없다.

우리는 직장에서 자주 '이 일은 난 못해, 그 일도 못해, 이 일은 내 능력 밖이야, 그 일은 상상하기조차 싫어'라며 자신의 능력을 부정하는 정당한 이유를 찾아내어 자신은 할 수 없다고 이야기한다. 그럼 당신은 정말 못하는 것일까? 정답은 그렇지 않다. 만약 당신이 정말로 시도해보았다면, 정말로 해보았다면 그 일을 충분히 해낼 수 있을 뿐만 아니라 아주 훌륭하게 잘해냈을지도 모른다. 그렇다면 당신은 왜 하지 않는 것일까? 바로 부정적인 암시로 인한 열등감 때문에 자신의 능력을 제한하고 있기 때문이다.

부모로서 제대로 된 자격을 갖추지 못한 사람들은 아이들을 이렇게 대한다. 그들은 아이가 실수로 그릇을 깨트렸을 때, "바보야, 어쩜 이리도 조심성이 없니?"라고 말한다. 아이가 문제를 틀렸을 때도, "바보야, 이렇게 간단한 문제도 틀리니?"라고 말한다. 매번 아이가 자신의 기대에 못 미칠 때면, 이런 부모들은 무신경하게 바보라는 말을 함부로 내뱉는다. 어쩌면 그들은 이 말에 별 문제가 없다고 생각할지도 모른다. 그러나 그들은 이 말이 되풀이되는 횟수가 많아질수록 그것이 아이의 잠재의식 속에 각인될 수 있다는 사실을 모른다. 이 정보가 아이의 잠재의식, 심지어 초감각적 지각 속에 깊이 뿌리를 내리는 순간 아이는 정말 바보가 된다. 이때 분별력이 없는 초감각적 지각은 직무 유기를 하게 되고 잠재의식 속의 부정적 정보는 아이의 성장과 발전에 영향을 미칠 수 있다.

이제 아이가 무언가를 할 때면 마음속에 다음과 같은 소리가 들리게 된다. '난 항상 조심성이 없어, 나 같은 바보가 무슨 공부를 잘하겠어……' 이런 상태가 계속되면 자신감을 잃은 아이는 점점 더 열등감에 빠지게 되고 자신은 안 된다고 생각한다. 이처럼 강력한 정보가 초감각적 지각 속에서 강한 영향력을 발휘하면 아이는 정말 말 그대로 바보가 되는 것이다. 이러한 이치는 실제 생활에서 여러 번 검증된 사실이다.

친구의 딸 린다가 코넬 대학에 입학해 중국에서 막 미국으로 왔을 때다. 친구는 내게 자신의 딸을 좀 돌봐달라고 부탁했다. 나는 린다가 이미 성인인 데다 영리하고 똑똑하기까지 해서 걱정할 필요가 없다고 생각했다. 하지만 친구의 부탁을 거절할 수 없었기에 나는 다시 다른 친구에게 린다를 부탁했다.

얼마가 흘렀을까. 나는 린다를 부탁한 친구에게 그녀의 근황을 물었다. 친구는 "오케이(OK)"라고 말했다. 미국인들이 쓰는 오케이라는 말에는 왜 그런지 자세한 이유를 설명하기는 곤란하지만 약간의 실망스러운 의미가 담겨 있다고 할 수 있다. 다만 서구 사람들은 상대의 기분이 상하지 않게 부정적인 말투나 단어의 사용을 꺼려서 그렇게 표현한 것뿐이었다. 그런 까닭에 친구가 린다에 대해 '오케이'라고 말한 데에는 그녀의 행동이 그다지 만족스럽지 않다는 뜻을 내포하고 있었다.

나는 주말에 린다와 함께 식사를 하면서 그녀가 이곳에서 어떻게 생활하고 있는지 물어보기로 했다. 린다를 만난 나는 습관적으로 "옷이 참 예쁘구나"라며 말을 건넸다. 미국에서는 설사 엘리베이터에서 직장 동료를 만나더라도 서로에게 "오늘 옷이 정말 예뻐", "지난번 회의 때 정말 멋졌어" 등과 같은 칭찬의 말을 주고받는 것이 일반적이다. 하다못해 상사가 아랫사람을 불러서 질책할 일이 있더라도 먼저 그의 실적부터 칭찬하기 마련이다. 이 때문에 나 역시 이런 칭찬 문화에 익숙해졌던 것이다. 린다는 "예쁘긴요, 그저 평범한 옷인걸요"라며 대답했다. 그것이 동양인들의 습관적인 대답이라는 것을 잘 알고 있기에 나 역시 별로 개의치 않았다.

식사 주문을 할 때였다. 린다는 메뉴를 고른 후 나에게 "저는 영어를 잘 못하니까 아저씨께서 제 대신 주문 좀 해주시겠어요?"라며 말했다. 그 순간 나는 린다의 문제가 무엇인지 알 수 있었다. 사실 린다에게 무슨 특별한 문제가 있지는 않았다. 다만 그녀 스스로가 자신을 그저 그런 사람처럼 보이게 행동하고 있었다. 나는 린다에게 질문을 했다. "영어에는 한 가지 특별한 현상이 있어. 이를테면 영어에서 너(you), 우리(we), 그들(they), 그(he), 그녀(she)와 같은 대명사는 모두 대문자로 쓸 필요가 없지만 오직 한 글자, 바로 I는 대문자로 써야 한다는 거지. 즉 '나'는 반드시 대문자로 쓴다는 거야. 왜 그런지 생각해본 적 있니?"

린다는 역시 총명한 아이였다. 린다는 "서구는 나를 우선으로 하는 개인주의가 널리 퍼져 있기 때문이에요"라고 말했다. 나는 린다에게 "내가 생각하기에 너는 이러한 현상을 제대로 이해하지 못했거나 받아들이기 힘들어하는 것 같구나. 확실히 서구 사람들은 자존감이 강해. 중국인들에게는 쉽지 않은 일이지. 중국 문화에서는 황제조차도 자신을 '과인(寡人)'(덕이 적은 사람이라는 뜻으로, 군주가 자기를 낮추어 이르던 말-옮긴이) 또는 '고(孤)'(예전에 임금이 스스로를 겸손히 일컫던 말-옮긴이)라고 불렀으니, 중국 문화에서는 겸손이 미덕이었던 거야. 겸손을 부정하려는 것이 아니야. 하지만 이러한 현상이 사람들에게 부정적인 심리적 암시를 주는 것 같지 않니? 서구 문화는 긍정적인 사고를 강조해. 그래서 그들은 솔직하게 자신의 부족한 점을 인정하지. 그렇지만 긍정적인 말투로 표현하는 것에 더 익숙하단다. 다시 말해, 우리가 항상 자신은 안 된다고 말하면, 그들은 그것이 진짜라고 믿는다는 거야"라고 말해주었다.

젊은 사람들은 길게 얘기하는 것을 좋아하지 않는다는 사실을 잘 알기에 간단하게만 언급한 후 더 이상 말하지 않았다. 그러나 이 문제는 동양인들이 특별히 주의해야 할 문제라고 생각한다. 동양인은 툭하면 "별말씀을요, 별것 아닙니다", "저는 안 됩니다", "저는 잘 못합니다", "과찬이십니다"와 같은 말을 한다. 그런데 이런 말이 거듭되면 우리 잠재의식 속에 각인되고 초감각적 지각 속에서 강화된다.

여기서 문제는 우리의 초감각적 지각은 옳고 그름을 구분하지 않는다는 것이다. 초감각적 지각은 긍정적이든 부정적이든, 좋든 나쁘든 가리지 않고 모두 흡수한 후 의식을 건너뛴 채 직접 우리의 행위를 지배하거나 혹은 사람들의 다양한 심리상태에 영향을 미친다. 그렇다면 만일 우리가 이미 부정적인 암시를 받았다면 어떻게 해야 할까? 그것을 제대로 처리하지 못했을 때, 그 결과는 아주 끔찍할 수 있다는 점을 잊지 말아야 한다.

내게는 줄곧 행복한 결혼생활을 유지해온 친구 한 명이 있었다. 그러던 어느 날 아내와 함께 여행을 떠난 내 친구는 호기심에 떠돌이 집시에게 점을 보았다. 집시는 두 사람이 서로 안 맞을 뿐만 아니라 부부로서도 최악의 상대라고 말했다. 당시 두 사람은 내게 웃으며 이런 말도 안 되는 소리 따위는 전혀 믿지 않는다고 했다. 물론 두 사람에게는 오랜 시간 동안 지켜온 변함없는 사랑이 있었지만 어쨌든 이와 같은 부정적인 정보는 잠재의식 속으로 침투한다. 두 사람이 정말 전혀 개의치 않을 수 있을까? 이 부정적 암시가 정말 그들에게 아무런 영향도 미치지 않을까?

불행히도 나의 이런 걱정은 기우로 그치지 않았다. 여행에서 돌아온 부부는 조금만 다투어도 그 원인을 '우리 두 사람이 맞지 않는' 탓으로 돌렸다. 심지어 '우리 둘은 원래 만나지 말았어야 해'라는 말까지 나왔다. 이제 두 사람이 말다툼 뒤에도 서로의 상처 받은 마음을 달래기 위해 예전만큼 노력하지 않았으리라는 것은 짐작하고도 남음이다. 지금 두 사람은 이혼 수속을 밟고 있는 상태다.

점쟁이 집시의 점치는 능력이 너무도 정확한 것일까? 아니면 그의 암시가 성공한 것일까? 당신이라면 어떤 암시를 받아들이겠는가? 궁정적인 것을 받아들일 것인지 아니면 부정적인 것을 받아들일 것인지는 모두 당신 자신에게 달려 있다.

그러므로 우리는 적극적으로 성공을 부르는 긍정적인 암시를 통해 실패를 부르는 소극적이고 부정적인 암시를 엄격히 통제할 수 있도록 자신을 훈련해야 한다. 소극적이고 부정적인 암시가 나타나는 순간 억제하고 회피함으로써 그것이 당신의 생각에 나쁜 영향을 미치지 않도록 해야 한다. 과거 자신도 모르게 흡수한 부정적인 잠재의식은 영원히 꺼내보지 말고 잊어버리거나 잠재의식이라는 깊은 바다 속에 꼭꼭 숨겨두어 초감각적 지각이 그것을 발견하지 못하도록 해야 한다.

좀 더 자세히 말하면, 원래 잠재의식 속에 있는 긍정적인 요소를 소중히 다루는 동시에, 성공에 긍정적인 영향을 미치는 새로운 정보를 끊임없이 입력하여 긍정적인 성공 심리가 우리 마음에 중요한 위치를 차지하여 가장 뛰어난 잠재의식이 되도록 해야 한다. 더 나아가 긍정적인 심리가 우리 행동의 직접적인 습관과 초감각적 지각을 지배하도록 해야 한다. 이와 동시에 모든 부정적인 감정 정보를 통제해야 한다. 부정적인 정보가 제멋대로 우리의 잠재의식에 들어오는 것을 막아야 함은 물론이다. 특히 그것이 초감각적 지각을 건드리게 내버려둬서는 안 된다.

프시와 건전한 관계를
유지하라

당신이 그림처럼 아름다운 풍경이 펼쳐진 샌프란시스코에 온 여행객이라면, 대번에 샌프란시스코는 정말 아름다운 도시라는 결론을 내렸을 것이다. 깨끗한 거리와 아름다운 조경, 웅장한 빌딩숲, 예쁜 주택 등을 보았기 때문이다. 이 모든 것은 의식적 작용의 결과로 객관적 심리 현상에 속한다.

그렇지만 지금 당신에게 필요한 것은 초감각적 지각이라는 일종의 주관적 심리 현상이다. 초감각적 지각은 감각기관이 아닌 직관을 통해 주변 환경을 인식한다. 그곳은 감정을 생산하는 곳이자 기억의 저장고다. 주관적 심리는 사물을 관찰하는 데 시각을 사용하지 않는다. 초인의 시력과 초인의 청각을 가지고 있기 때문이다. 당신의 주관적 심리는 당신의 육체를 떠나 아득히 먼 곳까지 떠다니면서 당신에게 아주 실제적이고도 정확한 정보를 가져다줄 수 있다. 주관적 심리를 통해 당신은 타인의 마음을 읽을 수도, 봉투에 든 편지를 읽을 수도, 또 금고 안에 든 물건을 볼 수도 있다. 당신의 주관적 심리는 교류하지 않고도 타인을 이해할 수 있다. 이것이 바로 우리에게 초감각적 지각이 필요한 이유다.

그런데 초감각적 지각을 원하는 당신은 정말로 자신의 초감각적 지각을 존중하고 있는가? 그것이 진실된 소리를 내도록 허락하고 있는가? 당신이 그것을 현혹시키고 있는 것은 아닌가?

누구에게나 어린 시절은 가장 순수한 시기다. 아이들이 어떻게 행동하는지 한번 생각해보자. 아이들은 배가 고프면 밥을 꿀떡꿀떡 삼키며 입에 밥을 머금은 채 두 눈은 밥을 응시한다. 그러나 그 모습에서 부끄러운 기색은 조금도 찾아볼 수 없다. 이때 아이에게 느낌을 물으면 아이는 반드시 배가 고프다고 말할 것이다. 아이들의 표현에 거리낌이란 조금도 없다.

반면, 우리 성인은 절대 그럴 수 없다. 만일 자신이 아이와 똑같이 행동했다면 남들의 눈총을 받을 것이 빤하기 때문이다. 이 때문에 성인은 마음속 깊은 곳에 자리한 가장 본능적인 생각을 억누른 채 하고 싶은 말이 있더라도 더 이상 가볍게 내뱉지 않게 된다. 그렇게 우리는 자신을 숨기고 또 속이는 법을 배운다. 이런 상태로 오랜 시일이 지나면 자신의 초감각적 지각조차도 도대체 무엇이 자신의 진실된 생각인지 헷갈리게 되고 만다.

초감각적 지각은 신처럼 모르는 것이 없다. 하지만 철없는 어린아이처럼 옳고 그름을 분별할 수 없기도 하다. 판단력과 선택 능력도 없어서 당신이 말하는 대로 실행할 뿐이다. 이처럼 초감각적 지각은 당신이 유도하는 대로 만들어질 수 있다. 이처럼 초감각적 지각은 판단력이 없으므로 긍정적인 면을 강화하고 부정적인 면을 제거하도록 해야 한다. 매일 이런 노력을 통해 초감각적 지각과 건전하고도 긍정적인 교류를 해야 한다.

초감각적 지각과 교류하기 전에 다시 한 번 강조할 것이 있다. 초감각적 지각은 당신과 논쟁할 능력도 논쟁할 방법도 없다. 이 때문에 초감각적 지각은 설령 당신이 잘못된 제안을 하더라도 그것을 그대로 받아들일 뿐만 아니라 그에 상응하는 결과를 보여준다. 이 때문에 초감각적 지각과 상호 교류가 필요하다. 가령 잘못된 관념을 전달해서 바로잡고 싶다면 초감각적 지각에게 건설적이고 건전한 사상을 끊임없이 반복적으로 전달해야 한다. 그러면 초감각적 지각도 다시 새로운 사고를 받아들인다. 긍정적인 생각을 받아들이도록 명령을 내리는 순간 당신도 긍정적인 느낌을 받을 수 있다. 다만 반드시 초감각적 지각과 긍정적인 상호작용을 해야 함을 잊지 말자.

일반적으로 5가지 감각이 활동을 멈추는 순간, 초감각적 지각은 가장 활발하게 움직인다. 다시 말해 객관 심리가 활동을 정지하거나 휴식할 때 주관 심리의 지혜가 가장 잘 드러난다.

초감각적 지각의 이런 특징을 바탕으로 독자들에게 녹음기를 이용한 최면요법을 소개하고자 한다. 원리는 간단하다. 사람이 깊은 잠에 들기 전이나 잠에서 덜 깬 상태야말로 초감각적 지각이 가장 활발하게 움직이는 시간이다. 무의식의 최면상태인 이때 대뇌에 이미 녹음한 내용을 들려줌으로써 암시를 받아들이도록 하는 것이다. 이러한 최면 상태에서 암시를 받아들이면 깨어난 후 최면상태에서 받아들인 암시에 따라 실행하게 된다. 자신이 어떤 사람이 되기를 원하는가에 따라 그에 맞게 자신에게 암시를 주면 된다. 이러한 상호작용이야말로 가장 간단한 방법이다.

다음으로 우리는 의식이 있는 상태에서도 초감각적 지각과 상호작용해야 한다. 정신이 깨어 있을 때 초감각적 지각과의 상호작용을 포함한 모든 의식적 활동은 대개 의식이 지배한다. 따라서 이러한 상호작용은 언뜻 보기에 아무런 효과가 없는 듯이 보일 수도 있다. 하지만 이들 정보는 당신의 내면 깊숙이 뿌리를 내리고 있다가 당신이 긴장을 풀고 편안하게 휴식을 취할 때, 대뇌가 이들 저장된 정보를 신속하게 처리하여 초감각적 지각을 형성하게 된다.

대체로 우리의 초감각적 지각은 다음의 10가지 사물 혹은 현상에 대해 가장 민감하게 반응한다. 그것은 믿음, 사랑, 욕망, 음악, 우정, 서약, 고통스럽거나 괴로운 경험, 자기 암시, 공포, 신경을 자극하는 물질이다. 그 중 믿음과 사랑이 가장 강력한 힘을 발휘한다.

그러므로 초감각적 지각과 상호작용하고 싶다면 믿음을 잊어서는 안 된다. 믿음이 생각과 결합될 때 잠재의식은 곧 두근거림을 느끼게 되고, 그것이 다시 초감각적 지각 속에서 막강한 힘이 된다.

예컨대 누구에게나 일이 뜻대로 안 풀릴 때가 있다. 이처럼 패배감에 빠져 우울해 하는 자신에게 "이게 가장 최악이야, 이보다 더 나쁠 수는 없을 거야"라고 말해보자. 이미 가장 최악의 일이 일어났는데 무엇이 더 두렵겠는가? 가장 밑바닥까지 떨어진 이상 이제는 바닥을 치고 올라갈 일만 남았다. 진짜로 운수가 사납다고 느낄 때면 자신에게 이와 같은 심리 암시를 하는 것이다. 그러면 마음속 안도감은 배가되고 자신에 대한 믿음도 생긴다.

또 다른 예를 들어보자. 가령 당신이 나는 수줍음도 많고 성격도 내성적이야. 내 장점이라곤 상냥함 밖에 없어'라고 생각한다고 하자. 좋다. 상냥함은 당신의 장점이다. 그럼 자신에게 반복적으로 "나는 아주 상냥해. 난 남들보다 훨씬 상냥해"라고 말하자. 설령 상냥함이 무슨 대단한 장점까지는 아닐지라도 이렇게 반복적으로 자극을 준다면 자연스럽게 단점은 한쪽으로 물러난다. 대신 장점이 당신 마음속에 점점 더 중요한 자리를 차지하여 자신감을 강화시켜준다. 이때 당신의 초감각적 지각은 아주 쉽게 이 정보를 자각할 수 있게 된다.

요컨대 초감각적 지각과 상호작용할 때, 한편으로는 어린아이가 자신의 속마음을 거리낌 없이 표현하듯이 자신의 진심을 있는 그대로 받아들여야 한다. 그것을 억제한다거나 거칠게 부정해서는 안 된다. 다른 한편으로 초감각적 지각에 긍정적인 관념을 불어넣음으로써 영향력이 확대되도록 해야 한다. 그러면 초감각적 지각의 도움을 받아 감정과 의지에도 영향력이 발생한다.

대뇌의
주인이 되어라

'정화'라고 하면 대다수 사람은 먼저 독소 제거 또는 몸속 정화를 떠올린다. 확실히 건강한 신체를 유지하려면 몸속 정화가 필요하다. 그렇다면 건강한 영혼을 위해서라면 당연히 대뇌를 정화해야 하지 않을까?

대뇌의 건강과 활력 유지는 초감각적 지각을 강화하는 데 결정적인 역할을 한다. 일부 사람들은 자주 머리가 띵하고 어질어질한 느낌을 받는데 이런 상태로 어떻게 초감각적 지각이 보내는 정보를 받을 수 있겠는가? 미국의 철학자이자 심리학자인 윌리엄 제임스는 이렇게 말했다. "미국인의 과도한 긴장, 불안함, 초조함과 고통스러운 표정은 나쁜 습관일 뿐, 그 이상도 그 이하도 아니다."

사실 그게 어디 미국인뿐이겠는가?

긴장된 생활 속에서 여유를 가지기란 결코 쉽지 않다. 하지만 이러한 노력은 그럴 만한 가치가 충분히 있다. 이를 통해 당신의 생활에 혁명적인 변화를 가져올 수 있다.

윈스턴 처칠은 2차 세계대전 기간 동안 매일 16시간씩 일해야 했다. 어쩌면 당신도 할 수 있다고 말할지도 모르겠다. 그렇다. 내가 스무 살 정도였으면 나라도 가능했을 것이다. 그러나 그때 처칠은 이미 60세가 넘은 나이였다. 게다가 그는 그 기나긴 날 동안 매일 조금도 흐트러짐 없이 16시간을 일했다. 이는 누구나 할 수 있는 일이 아니다. 비결은 무엇일까? 바로 잘 쉬는 것이다. 왜 그럴까?

그의 하루 일과표를 보면 쉽게 이해할 수 있다. 처칠은 매일 오전 11시 전까지 항상 침대에 있었다. 잠을 자는 것이 아니라 침대에서 업무를 보았다. 그는 침대에서 서류를 보거나 전화를 하고 명령을 내리기도 했으며 심지어 회의를 열기도 했다. 점심을 먹은 후 그는 다시 침대로 돌아왔는데 이때는 정말 쉬기 위해서였다. 그는 한 시간 정도 낮잠을 자며 대뇌가 철저히 이완되도록 했다. 그는 8시에 저녁을 먹기 전에도 다시 두 시간을 잤다. 그가 이렇게 한 이유는 육체적 피로가 아닌 정신적 긴장을 풀고 대뇌가 편히 쉬도록 하기 위함이었다. 그에게 이는 매우 중요한 일이었다.

미국의 사업가이자 석유왕으로 불린 존 록펠러(John Davison Rockefeller)도 마찬가지다. 미국 역사상 최고 부자로 꼽히는 그는 98

세까지 장수하여 많은 사람들의 부러움을 사기도 했다. 그와 처칠의 공통점은 바로 대뇌가 충분한 힘을 가지고 각종 도전에 맞설 수 있도록 했다는 점이다. 록펠러는 매일 정오가 되면 반드시 30분 정도 낮잠을 잤다고 한다. 이를 통해 대뇌의 긴장을 풀었던 것이다. 그가 낮잠 자는 동안 걸려오는 전화는 그 누구라도 받지 않았다고 한다.

기나긴 인생, 괴로운 일들로 낙담할 때도 분명 있다. 이때 당신을 구할 수 있는 방법이 바로 자신의 대뇌를 정화시킴으로써 고통으로부터 벗어나는 것이다.

심리치료사들은 우리가 느끼는 피로는 대부분이 정신과 감정적 요소에 의한 것이라고 말한다. 영국의 저명한 정신분석학자 해드필드(J.A. Hadfield)는 그의 저서『권력심리학(The Psychology of Power)』에서 이렇게 말한다. "대부분의 피로는 심리적인 영향에서 비롯된다. 사실 순수하게 생리적인 이유에서 비롯된 피로는 극히 일부다." 또 다른 미국의 정신분석학자 브리어(Brier) 박사의 설명은 더욱 자세하다. 그는 다음과 같이 말한다. "앉아서 일하는 어떤 건강한 사람이 피로한 경우 그 피로는 100퍼센트 심리적 요소에 의한 것으로, 다시 말해 감정의 영향 때문이다."

어떤 심리적 요소가 앉아서 움직이지 않고 일하는 사람들을 피로하게 만드는 것일까? 기쁨? 아니면 만족감? 그것은 답답함과 번민이라는 환영받지 못하는 감정이자 쓸모없는 느낌이다. 지나친 조급함, 초조함, 근심과 같은 감정들은 모두 앉아서 일하는 사람들을 기진맥진하게 만드는 심리적 요소다.

우리의 대뇌는 마치 스펀지처럼 주변의 에너지를 모조리 흡수할 뿐만 아니라 극도로 예민하여 주위의 언어, 사상, 행동, 감각 등 모든 것을 빨아들인다. 만약 당신이 정확한 가치관과 건전한 신념을 가지고 있다면 뇌파는 아주 안정적일 수 있다. 이와 반대로 이리저리 흔들리면서 신념조차 확고하지 않다면 뇌파 역시 불안정하고 혼란하기 그지없다. 그동안 당신이 이러한 점을 인식하고 있었는지는 모르겠지만 적어도 지금 이 순간부터라도 의식적으로 자신의 생각과 감정을 반성하고 고칠 수 있어야 한다. 당신의 말 한마디, 행동 하나까지 모두 대뇌에 엄청난 영향을 미치기 때문이다.

사람들이 내게 일상 속의 온갖 스트레스로 인한 괴로움을 호소할 때면 나는 그들에게 똑같은 제안을 한다. "배표 한 장을 사서 바다로 나가보세요. 그리고 배의 선미에 서서 세차게 일렁이는 파도를 보면서 마음속으로 모든 걱정거리를 깊은 바닷속에 던져버리는 상상을 하세요. 마음속의 근심이 모두 깨끗이 사라질 때까지 반복적으로 상상하세요."

이 방법이 효과가 있음은 이미 많은 사람들에 의해 증명되었다. 내 말에 따라 실제로 이렇게 실천해본 사람들은 모두 매우 효과적이었다고 말한다. 자신의 영혼이 정말 정화된 듯한 느낌을 받았다는 것이다. 단지 의식 속에 존재하는 동작만으로도 마음속의 번뇌를 깨끗이 제거할 수 있다. 그렇다. 그것은 정말 가능한 일이다.

쓰레기도 분류가 필요하듯이 성질이 다른 쓰레기는 서로 다른 방법으로 깨끗이 정리해야 한다. 마찬가지로 의식 속에 존재하는 쓰레기는 당연히 의식 속의 동작으로 처리해야 한다.

다시 본론으로 돌아와서 그렇다면 정말 근심은 마치 물건처럼 바닷속으로 던져버릴 수 있을까? 이는 사실 불가능하다. 나는 그저 마음이 심란한 사람들이 자신의 갑갑한 심정을 털어놓을 수 있는 적절한 방법을 제시한 것뿐이다. 이렇게 마음속의 번뇌를 쏟아내고 나면 기분도 한결 나아지고 걱정거리도 사라지기 때문이다.

살다 보면 항상 우리가 가진 경험, 고정관념, 심지어 복잡한 감정들에 겹겹이 포위되어 대뇌는 편히 쉴 기회가 없다. 마치 과부하에 걸린 기계처럼 이렇게 계속해서 돌아가다 보면 언젠가 대뇌가 파업하는 날이 올 것이다. 그러므로 우리는 자신에게 긴장을 풀 수 있는 여유를 주는 동시에 대뇌에게도 약간의 시간과 공간을 줌으로써 자신의 소울이 심호흡할 수 있도록 해야 한다.

자기 대뇌의 주인이 되기 위해 우리는 자신의 대뇌가 무한한 가능성과 잠재력을 가진 객관적인 존재라는 사실을 인정해야 한다. 이미 대뇌가 각성되었다면 부당한 욕망과 감정 속에 존재하는 좋지 못한 습관을 한순간에 제거할 수 있다. 다만 대다수의 사람들이 단번에 이러한 경지에 이르기는 어렵기 때문에 우리가 앞서 배운 명상을 통하여 대뇌를 지속적으로 정화시키고 관리해야 한다.

우리의 대뇌는 자아의 지배를 받는다. 대뇌의 진정한 감각을 되찾기만 하면 초감각적 지각도 끊임없이 강화될 수 있다. 그렇게 되면 당신은 불량한 정보의 영향에서 벗어나 언제나 자신에게 힘을 주는 정보를 선택할 수 있다. 이때 당신은 대뇌의 진정한 주인이 되는 것이다.

친구의 딸 린다는 지난번 나와 식사를 한 후 자신도 서양인들의 낙관적이고 긍정적인 태도로 말을 하고 생각하는 연습을 했다고 한다. 그러나 뿌리 깊게 박힌 문화적 관념을 하루아침에 바꾸기란 쉽지 않은 일이다. 가끔 그녀는 자신도 모르게 반사적으로 부정적인 말이 튀어나오곤 했다. 초조해진 그녀는 도대체 어떻게 해야 좋을지 모르겠다고 내게 물었다. 나는 린다에게 잠시 이 문제를 한편에 제쳐두고 먼저 대뇌를 조용히 쉬게 하는 연습을 해보도록 권했다. 이 연습을 꾸준히 하면 대뇌는 새로운 정보를 더 쉽게 받아들이고 린다가 걱정하는 문제도 해결할 수 있다.

만약 당신이 정신노동자, 이를테면 사무직, 프로그래머 등이라면 이 연습을 통해 대뇌가 충분한 휴식을 취하게 할 수 있다. 이를 통해 효과적으로 대뇌를 보호할 수 있을 뿐만 아니라 더 정확한 초감각적 지각도 얻을 수 있다.

1단계: 그린 음악을 들어라

당신의 주변 환경이 끔찍할 정도로 엉망이어서 보이지 않게 정신을 소모시킨다면 대뇌를 수양할 수 있는 그린 음악을 많이 들어서 대뇌의 해독을 도울 수 있다.

나는 보통 모차르트의 피아노 협주곡을 듣는다. 모차르트의 피아노 협주곡은 주변 환경이 소란스럽더라도 주의력 집중을 돕는다. 이 때문에 나는 대뇌 해독이 필요할 때면 피아노 협주곡을 배경 음악으로 선택한다.

2단계: 머리 마사지를 통해 긴장을 이완시켜라

마사지의 효과는 굳이 설명하지 않아도 너무 잘 알고 있을 것이다. 마사지는 스트레스를 해소시킬 뿐만 아니라 대뇌의 사유 활동을 활발하게 함으로써 대뇌의 쓰레기를 깨끗이 제거하는 데도 도움이 된다. 나는 일반적으로 열 손가락을 가볍게 머리카락 속에 집어넣은 후 번갈아가며 한데 모은다. 그런 다음 열 손가락을 가볍게 위쪽으로 15~20회 정도 끌어 올린다. 이어서 손목에 힘을 빼고 손바닥 본래의 무게에 의지하여 손바닥 한가운데로 머리 부분을 가볍게 15~20회 정도 두드리면 된다.

3단계: 잡념을 없애고 대뇌를 정화하라

대뇌가 피로하고 머리가 무겁게 느껴질 때면 장소에 상관없이 편안한 자세를 하고 조용히 앉아서 앞서 배운 명상과 긴장을 이완시키는 방법으로 머릿속의 의식을 깨끗이 정리하여 대뇌에 여백을 만들도록 한다. 이렇게 3~5분 정도 지속하다 보면 대뇌가 훨씬 상쾌해지는 것을 느낄 수 있다.

조용한 환경을 찾아 앉아서 명상할 여건이 안 된다면 주먹을 쥐고 가볍게 뒤통수를 두드리거나 손가락 끝으로 두피를 가볍게 마사지한다. 이 또한 대뇌의 긴장 완화를 돕고 대뇌 속의 쓰레기와 독소를 청소하는 데 효과적인 방법이다.

프시

초판 1쇄 인쇄 2017년 4월 15일
초판 1쇄 발행 2017년 4월 20일

지 은 이   페이얼투
옮 긴 이   조영숙
펴 낸 이   김승호

기   획   안진환
책임편집   민기범
편   집   서진
편집진행   이언경
마 케 팅   김정현 김천윤
디 자 인   이창욱

주   소   경기도 파주시 문발로 203 2F
대표번호   031-927-9965
팩   스   070-7589-0721
전자우편   edit@sfbooks.co.kr

펴 낸 곳   스노우폭스북스
출판신고   2015년 8월 7일 제406-2015-000159

ISBN 979-11-959633-6-2 03320
값 15,000원